최신 **Programming** **Java** 프로그래밍

한정란 著

람다식   자바

e -> { }   ( ) -> { }

Java™

Lambda Expressions

 21세기사

머리말

컴퓨터에서 작업을 수행하다 보면 여러 가지 종류의 다양한 응용 소프트웨어를 만날 수 있다. 이러한 소프트웨어들은 프로그래머의 기술에 따라 사용자가 효율적으로 편리하게 이용할 수 있게 작성할 수 있다. 사용자가 소프트웨어를 쉽고 빠르게 작성하기 위해서 객체 지향 프로그래밍 방법을 사용한다. 객체 지향 프로그래밍은 다른 프로그래밍 방법보다 간편하고 편리하게 프로그램을 작성할 수 있도록 도와준다.

C++, C# 등 많은 객체 지향 프로그래밍 언어 중 자바는 다양한 기능을 제공하고 있어 사용하면 할수록 흥미를 주는 언어라 할 수 있다. 이러한 다양한 기능들은 사용자가 편리하게 프로그램을 작성할 수 있도록 도움을 주지만 한편으로 언어를 처음 배우는 초보자에게는 어려운 측면들이 많이 있다.

이 책은 언어를 처음 접하는 초보자가 쉽게 자바 기능을 익힐 수 있도록 도움을 주는 교재이다. 자바를 처음 접하는 초보자에게 자바를 쉽게 사용할 수 있도록 간단한 예제 위주로 자바의 각 기능들을 아주 자세하게 설명하고 있다.

특히, 자바 최신 버전에서 사용하는 기능을 추가하여 함수 프로그래밍이 가능한 람다식(Lambda expressions), 자원 자동 관리, 인터페이스의 default 메소드나 static 메소드 같은 최신 기능을 사용하는 예제 프로그램을 제공하고, 람다식을 사용해 이벤트를 간단하고 쉽게 처리할 수 있도록 다양한 예제 프로그램을 제공한다.

1장에서는 자바의 기초가 되는 개념을 설명하고 있다. 2장에서는 자바 프로그램 구조에 대해 기술하고 있다. 3장에서는 객체와 클래스에 대해 설명하고 있다. 객체 지향 개념을 다루면서 객체를 표현하는 클래스에 대해 간단한 예제를 통해 클래스와 객체 개념을 쉽게 이해할 수 있도록 한다. 4장에서는 자바 프로그램을 작성하는데 사용하는 기본 명령문들의 기능과 다양한 연산자를 설명하고 있다. 5장에서는 자바 프로그램을 작성하는데 필요한 제어문의 기능을 예제를 통해 익히도록 한다. 6장에서는 객체 지향 언어의 재사용성을 높이기 위해 상속하는 방법을 기술하는데, 슈퍼 클래스에서 새로운 서브 클래스를 생성하는 방법을 살펴본다. 7장에서는 인터페이스와 함수 인터페이스를 활용한 람다식에 대해 설명하고, 인터페이스에서 default 메소드나 static 메소드를 정의하고 이 메소드들을 활용해 프로그래밍하는 방법을 설명하고 있다. 8장에서는 자바에서 제공하는 다양한 패키지들을 살펴보고 새로운 패키지를 생성하는 방법을 기술하고 있다. 9장에서는 예외처리와 스레드에 대해 설명하는데, 람다식을 사용해 스레드를 작성하는 방법을 기술한다. 10장에서는 GUI 프로그래밍을 작성하기 위해 사용하는 자바 GUI 스윙과 레이아웃에 대해 설명하고 있다. 11장에서는 버튼, 레이블, 텍스트필드, 텍스트영역, 체크박스, 라디오버튼 등의 스윙 컴포넌트를 사용해 사용자 인터페이스를 작성하는 방법에 대해 살펴본다. 12장에서는 ActionEvent, ItemEvent, MouseEvent, KeyEvent 등의 이벤트를 처리하는 이벤트 프로그래밍 방법에 대해 설명하고, 특히, 같은 예제에 대해 람다식을 사용해 이벤트를 처리하여 전통적인 방법보다 더 간단하고 쉽게 이벤트를 처리하는 방법을 기술한다. 13장에서는 Graphics 클래스를 활용해 선, 사각형, 원, 타원, 호, 다각형 등의 다양한 그림을 그리는 방법에 대해 살펴보고, 람다식을 사용해 이벤트를 처리하고 두 가지 종류의 그림판 프로그램을 제공한다. 14장에서는 제네릭 프로그래밍과 제네릭을 활용한 Vector, ArrayList, Set, Map 등의 컬렉션을 활용하는 방법에 대해 설명한다. 15장에서는 입출력 스트림을 사용해 텍스트 파일과 이진 파일에서 입출력하는 방법에 대해 살펴본다.

이 책이 나오기까지 도움을 주신 분들에게 감사하고 책을 제작하는 과정에 협조하여 주신 21C 출판사 여러분에게 깊이 감사드린다.

2020년 2월

저자 씀

목 차

01 JAVA 기초 ·· 11

1.1 자바 ··· 11

1.2 자바 응용 프로그램 ··· 13

1.2.1 응용 프로그램 ··· 14

1.2.2 애플릿 ··· 16

1.3 자바 개발 도구 ··· 19

1.4 이클립스 ··· 21

1.4.1 이클립스 설치 ··· 22

1.4.2 이클립스 실행 ··· 24

1.4.3 프로젝트 생성 ··· 26

1.4.4 자바 파일 작성 ··· 30

1.4.5 자바 프로그램 실행 ··· 33

02 자바 프로그래밍 ··· 38

2.1 자바 프로그램 구조 ··· 38

2.2 자바 어휘 ·· 41

2.2.1 식별자 ··· 42

2.2.2 키워드 ··· 43

2.3 리터럴 ··· 44

2.3.1 정수 리터럴 ··· 44

2.3.2 실수 리터럴 ··· 48

2.3.3 논리 리터럴 ··· 49

2.3.4 문자 리터럴 ··· 50

2.3.5 문자열(String) 리터럴 ··· 51

2.4 주석문 ··· 52

2.5 표준 입출력문 ·· 54

2.5.1 입력 메소드 ··54

2.5.2 출력 메소드 ··58

2.6 자료형 ···62

2.6.1 기본 자료형 ···62

2.6.2 참조형 ··66

03 객체와 클래스 ···**84**

3.1 클래스 작성 ···85

3.1.1 객체 생성 ···88

3.2 멤버 변수 ···91

3.3 메소드 ···96

3.3.1 메소드 작성 ···96

3.3.2 매개변수 전달 방법 ···100

3.3.3 생성자 ··105

3.3.4 메소드의 복귀형 ··109

3.3.5 메소드 중복(overloading) ··112

3.4 객체 배열 ···113

3.5 내부 클래스 ··119

3.5.1 내부 클래스의 정의 ··119

04 명령문과 연산자 ···**127**

4.1 자바 명령문 ··127

4.1.1 배정문 ··128

4.1.2 혼합문 ··130

4.2 연산자 ···132

4.2.1 산술 연산자 ···132

4.2.2 관계 연산자 ···134

4.2.3 논리 연산자 ···136

4.2.4 증가 감소 연산자 ··139

　　　4.2.5 비트 연산자 ··140

　　　4.2.6 조건 연산자 ··144

　　　4.2.7 배정 연산자 ··146

　　　4.2.8 캐스트 연산자 ··148

05 제어문 ···**153**

　5.1 제어문의 종류 ··153

　5.2 조건문 ··154

　　　5.2.1 if 문 ··154

　　　5.2.2 중첩(nested) if 문 ···157

　　　5.2.3 switch 문 ··162

　5.3 반복문 ··166

　　　5.3.1 for 문 ··166

　　　5.3.2 for-each문 ··172

　　　5.3.3 while 문 ··176

　　　5.3.4 do-while 문 ··178

　5.4 분기문 ··181

　　　5.4.1 break 문 ··181

　　　5.4.2 continue 문 ··184

　　　5.4.3 return 문 ··186

06 상속 ···**191**

　6.1 서브 클래스 ··191

　　　6.1.1 서브 클래스 작성 ··193

　　　6.1.2 서브 클래스의 멤버 변수 ··196

　　　6.1.3 서브 클래스의 생성자 ··199

　6.2 메소드 상속 ··203

　6.3 추상 클래스 ··207

07 인터페이스와 람다식 ·· **213**

7.1 인터페이스 선언 ·· 213

7.2 인터페이스 구현 ·· 215

7.3 인터페이스 상속 ·· 218

7.4 default 메소드와 static 메소드 ·· 225

7.5 람다식 ·· 229

　7.5.1 람다식이란? ·· 230

　7.5.2 함수형 인터페이스 ·· 231

08 패키지 ·· **240**

8.1 패키지 선언 ·· 240

　8.1.1 이클립스에서 패키지 만들기 ·· 242

8.2 패키지 사용 ·· 244

8.3 자바 언어 패키지 ·· 245

　8.3.1 Object 클래스 ··· 246

　8.3.2 System 클래스 ·· 247

　8.3.3 래퍼 클래스 ·· 248

　8.3.4 String 클래스와 StringBuffer 클래스 ························ 252

　8.3.5 Math와 Random 클래스 ·· 257

　8.3.6 Arrays 클래스 ·· 258

　8.3.7 Calendar 클래스 ·· 260

09 예외처리와 스레드 ·· **267**

9.1 예외 발생 ··· 267

9.2 예외 처리 ··· 269

9.3 스레드 ·· 272

　9.3.1 스레드 ·· 272

　9.3.2 스레드의 생성 ·· 273

9.4 람다식 사용 스레드 ·· 282

10 자바 GUI 스윙 ·· 287

10.1 GUI 스윙(Swing) ··287

10.1.1 스윙을 이용한 화면 구성 ·······················289

10.1.2 스윙 GUI 프로그램 작성 ·······················290

10.2 레이아웃 ··300

10.2.1 FlowLayout ··301

10.2.2 BorderLayout ······································304

10.2.3 GridLayout ···309

10.2.4 컴포넌트의 위치와 크기 지정 방법 ···············312

11 스윙 컴포넌트 ··318

11.1 버튼(JButton) ··318

11.2 레이블(JLabel) ··321

11.2.1 이미지 레이블 생성 ·······························322

11.3 텍스트필드(JTextField) ·······························325

11.4 텍스트영역(JTextArea) ·······························327

11.5 체크박스(JCheckBox) ·································329

11.6 라디오버튼(JRadioButton) ···························333

11.7 리스트(JList) ···336

11.8 콤보박스(JComboBox) ································338

11.9 메뉴 만들기 ··340

11.10 팝업 다이알로그 만들기 ···························· 344

12 이벤트 프로그래밍 ·····································353

12.1 이벤트 처리 ··353

12.2 람다식 사용 이벤트 처리 ·····························359

12.3 ActionEvent 처리 ····································361

12.4 ItemEvent 처리 ······································389

12.5 ListSelectionEvent 처리 ·····························398

12.6 MouseEvent 처리 ··· 402

12.7 KeyEvent 처리 ·· 413

13 그래픽 ··· **420**

13.1 Graphics 클래스 ·· 420

13.2 선 ·· 422

13.3 사각형 ·· 423

13.4 원, 타원, 호 ·· 428

13.5 다각형 ·· 437

13.5.1 addPoint() 메소드 ·· 438

13.2.2 배열 사용 ··· 439

13.6 이미지 그리기 ·· 441

14 제네릭과 컬렉션 ··· **481**

14.1 제네릭 ·· 481

14.2 컬렉션 ·· 483

14.2.1 Vector ··· 484

14.2.2 ArrayList ·· 492

14.2.3 Set ·· 497

14.2.4 Map ·· 500

14.2.5 Iterator 순차 검색 ··· 503

15 파일 입출력 ··· **508**

15.1 입출력 스트림과 텍스트 파일 입출력 ··································· 508

15.1.1 텍스트 파일 입력 ··· 508

15.1.2 텍스트 파일 출력 ··· 513

15.2 이진 파일 입출력 ··· 515

15.2.1 이진 파일 출력 ·· 515

15.2.2 이진 파일 입력 ·· 516

15.3 스트림 결합 ··· 519

15.4 파일 클래스 ··· 522

01 JAVA 기초

1.1 자바

자바는 썬마이크로시스템즈(Sun Microsystems)[1]의 제임스 고슬링이 1991년 개발한 객체 지향 언어(Object Oriented Language)이다. TV, VCR 등의 가전제품에 내장된 소프트웨어를 개발하는 그린 프로젝트에서 처음으로 자바를 사용했고, 이 후 다양한 하드웨어 장비들에 사용할 수 있도록 빠르고 효과적이며 이식성이 높은 언어로 자바를 개발했다.

다양한 웹 브라우저의 출현으로 그린 프로젝트는 가전제품을 위한 언어가 아닌 웹 브라우저를 위한 언어로 방향을 전환하면서 썬마이크로시스템즈에서 이 새로운 언어를 자바로 명명했다.

자바는 플랫폼 독립적인 특성으로 웹 애플리케이션 개발에 가장 많이 사용하는 프로그래밍 언어 중 하나이고, 모바일 기기용 소프트웨어를 개발할 때에도 널리 사용하고 있다.

자바의 기본 구문은 기존의 대표적인 프로그램 언어인 C나 C++ 언어와 매우 유사하므로 이 프로그램 언어에 익숙한 사람이면 누구나 쉽게 자바를 배우고 이해할 수 있다. 자바는 C나 C++ 언어에서 프로그램 버그의 주요 원인이 되는 포인터 기능을 제공하지 않고, 프로그램에서 사용하지 않는 객체를 회수해 기억장소 관리를 자동으로 처리해 준다.

자바는 자료 추상화[2](data abstraction), 상속[3](inheritance), 다형성[4](polymorp

---

1) 2009년 오라클에서 썬마이크로시스템즈를 인수해 현재는 오라클에서 자바를 제공하고 있다.

2) 자료 구조와 자료를 사용하여 수행할 수 있는 연산(메소드)을 함께 정의하는 것으로 객체 지향 언어에서는 클래스를 정의할 때 자료 추상화를 사용하여 새로운 클래스를 정의할 수 있고 마치 시스템에서 제공하는 새로운 자료형인 것처럼 사용할 수 있다.

3) 상속은 부모에게 재산을 물려받듯 어떤 클래스를 정의할 때, 기존에 있는 클래스의 자료(멤버 변수)

hism)을 지원하는 객체 지향 언어로 기존의 절차적 언어에 비해 모듈화가 쉽다.

객체 지향 기술은 30여년의 기간을 거쳐 마침내 자바를 통해 프로그래밍의 주류가 되고 있고 분산 환경, 클라이언트-서버 기반 시스템을 요구하는 흐름이 자바의 객체 기반 패러다임과 적절하게 부합하고 있다. 자바는 친숙하고 효율적인 객체 기반 개발 환경을 제공한다.

자바 응용 프로그램에는 일반 프로그래밍 언어처럼 실행하는 응용(application) 프로그램과 웹 브라우저에서 실행하는 애플릿(applet), 웹 응용 프로그램으로 서블릿5)(servlet)과 JSP6)(Java Server Page) 등이 있다. 자바 프로그램을 위한 패키지를 많이 개발하여 자바 언어로 소프트웨어를 개발하는 것이 한결 간단해졌으며 많은 응용 프로젝트에 자바를 활용하고 있다.

JVM(Java Virtual Machine)과 플랫폼 독립적인 특성

자바 가상 기계(JVM: Java Virtual Machine)의 추상 기계 코드(Abstract Machine Code)인 바이트코드(bytecode)로 자바를 컴파일한 후 바이트코드를 바로 실행한다. 바이트코드는 플랫폼에 상관없이 효율적으로 코드를 사용하기 위해 설계된 아키텍처 중립적인 코드를 말한다. JVM이 설치된 경우 자바 바이트코드를 인터프리터 방식으로 한 문장씩 해석해서 바로 실행할 수 있다.

따라서, 각 플랫폼에 독립적인 바이트코드를 생성하여 자바를 실행하므로 자바 가상 기계가 설치된 모든 컴퓨터에서 자바를 실행하는 것이 가능하다. 자바는 다양한 하드웨어에서 동작하고 다양한 운영체제7)(OS: Operating System)에서 실행 가

와 연산(메소드)을 물려받아 재사용하는 것이다.

4) 다형성은 적용하는 객체에 따라 메소드의 의미가 달라지는 것으로 같은 이름의 메소드가 여러 개 존재할 수 있다.

5) 서블릿은 웹 서버나 응용 프로그램 서버에서 실행하고 서버에서 데이터베이스를 액세스하거나 전자 상거래 프로세스를 수행하는 자바 응용 프로그램이다.

6) JSP는 동적 웹 페이지를 쉽고 빠르게 개발하기 위한 방법을 제공하는데 서블릿보다 웹 페이지를 쉽게 생성할 수 있고 자바 소스 코드를 내장한 HTML 페이지이다.

7) 운영체제는 컴퓨터를 효율적으로 운영하기 위한 프로그램으로 컴퓨터를 켜면 메모리에 로드되어 컴퓨터를 전반적으로 통제하고 관리하여 사용자가 컴퓨터를 손쉽게 이용할 수 있도록 제어한다. 운영 체제에는 윈도우, 유닉스, 리눅스 등이 있다.

능한 언어이다.

네트워크 환경과 보안성

자바는 네트워크 환경에서 운영하는 언어로 다른 언어보다 안전성이 있어 실행 컴퓨터의 환경을 변경할 수 없도록 설계되어 있다. 신뢰도가 높은 소프트웨어를 작성할 수 있도록 자바를 설계하여 시스템에서 재빨리 오류들을 찾아준다.

분산 환경에서 작동하는 자바는 언어와 실행시간 시스템 안에 보안 기능을 포함하면서 자바를 설계하여 외부로부터 침해받지 않는 안전한 프로그램을 개발할 수 있도록 도와준다.

멀티스레드 지원

자바 프로그램 내에 여러 개의 스레드(thread)[8]가 동시에 존재하여 여러 가지 작업을 실행하므로 각 스레드에서 독립적으로 서로 다른 일을 처리할 수 있다. 자바의 멀티스레딩(multi-threading) 기능을 사용하면 동시에 많은 스레드를 실행할 수 있는 프로그램을 만들 수 있다.

특히, 자바 8부터 람다식(Lambda expressions)을 사용해 스레드를 간단하게 작성할 수 있다.

1.2 자바 응용 프로그램

자바로 만들 수 있는 응용 프로그램에는 데스크탑 응용 프로그램(application), 애플릿(applet), 서블릿(servlet), JSP(Java Server Pages), 모바일 응용 프로그램 등이 있다. 데스크탑 응용 프로그램은 일반적인 프로그래밍 언어처럼 실행하는 프로그램이고 애플릿은 웹 브라우저에서 실행하는 프로그램이다.

서블릿은 웹 서버나 응용 프로그램 서버에서 실행하고 서버에서 웹페이지를 동

---

8) 스레드는 순차 프로그램과 유사하게 시작, 실행, 종료의 순서를 갖고 특정한 작업을 실행하는 제어의 흐름이다.

적으로 생성하거나 데이터베이스를 액세스하거나 전자 상거래 프로세스를 수행하는 자바 응용 프로그램이다. 서블릿은 자바 코드 안에 HTML 태그를 삽입하며 자바로 작성하고, 서블릿의 확장자는 "java"이다.

JSP는 서블릿의 단점을 보완하고자 만든 서블릿 기반의 스크립트 기술로 자바 소스 코드를 내장한 HTML 페이지이다. 서블릿의 경우 자바에 대한 전문적인 지식이 필요하여 JSP를 대신 사용하는데, JSP는 서블릿을 작성하지 않고도 간편하게 웹 프로그래밍을 구현하게 만든 기술이다. JSP는 동적 웹 페이지를 쉽고 빠르게 개발하기 위한 방법을 제공하는데, 서블릿보다 웹 페이지를 쉽게 생성할 수 있고 확장자는 "jsp"이다.

모바일 응용 프로그램을 개발할 때 자바를 사용하는데, 자바 ME JDK 배포판을 다운받아 안드로이드에서 모바일 앱을 개발할 수 있다.

1.2.1 응용 프로그램

간단한 메시지를 출력하는 응용 프로그램 예제인 "Hello.java" 프로그램을 작성하여 보자.

✎ 예제 1-1 Hello.java

```java
public class Hello {
    public static void main (String args[]){
        String msg = "Java Programming";
        System.out.println("Hello!");
        System.out.println(msg);
    }
}
```

실행결과

Hello!
Java Programming

"Hello.java" 예제는 "Hello!" 와 "Java Programming"이라는 문장을 출력하는 간단한 자바 프로그램이다. 모든 자바 프로그램은 클래스를 정의하여 작성하고, 클래스 안에 자료를 정의하는 멤버 변수 선언부와 메소드가 있다.

하나의 자바 프로그램에는 main() 메소드가 반드시 있어야하고 이 메소드가 프로그램을 실행하는 시작 루틴이 된다. 즉, main() 메소드의 첫 번째 명령문부터 실행한다.

main() 메소드 앞에는 항상 "public static void" 라는 키워드가 붙는데 "public"은 다른 모든 곳에서 사용할 수 있는 접근 가능한 정도를 나타내는 것이고 "static"은 정적 메소드를 나타내고 "void"는 main() 메소드를 호출한 후 복귀할 때 반환하는 값이 없음을 나타낸다.

"Java Programming"이라는 문자열을 출력하기 위해 문자열을 저장할 수 있는 String 클래스의 참조변수인 msg에 "Java Programming"이라는 값을 저장하고 있다. 문자열을 출력하기 위해서 System.out.println()이라는 메소드를 사용한다.

"System.out.println("Hello!");" 문장처럼 ( ) 안에 이중인용부호 " "를 사용하여 출력하고자하는 문자열을 " " 안에 직접 기술한다.

"System.out.println(msg);" 문장처럼 출력할 문자열을 저장하고 있는 변수 이름을 사용하여 원하는 내용을 출력한다.

자바는 자바 프로그램을 바이트코드로 컴파일한 후, 바이트코드를 한 명령문씩 해석해 실행하는 언어이다. 컴파일 과정을 통해 바이트코드로 변환한 다음에 바이트코드를 실행하는 방식이다.

자바를 실행하려면 먼저 컴파일 과정을 통해 오류를 고치는데 **javac**라는 자바 번역기를 사용하여 번역한다.

```
javac Hello.java Enter↵
```

바이트코드로 번역하는 과정에서 오류가 없는 경우 "Hello.class" 파일을 생성하고 **java**라는 해석기로 실행한다.

```
java Hello Enter↵
```

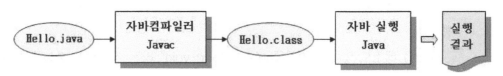

〔그림1.1〕 자바 프로그램 실행과정

실행시 주의사항

1. 자바는 대소문자를 구분하므로 작성시 주의 깊게 입력해야 하고, 자바 프로그램(소스) 파일의 확장자는 "java"이다.
2. "Hello"라는 클래스 이름과 자바 파일이름이 같아야한다. 여기서 클래스가 여러 개 있을 경우 main() 메소드를 포함하는 클래스 이름과 같아야 하고 이 클래스 앞에 일반적으로 "public"을 붙인다. 즉 main() 메소드를 포함하는 클래스 이름과 자바 파일 이름이 같아야 한다.

1.2.2 애플릿

애플릿은 웹 브라우저 안에서 실행하는 작은 프로그램이다. 자바 7부터 보안성이 강화되어 서명되지 않은 응용 프로그램이나 신뢰할 수 없는 기관에서 서명된 인증서로 자체 서명된 응용 프로그램이나 JAR[9]에서 권한 속성 누락인 경우 차단될 수 있다. 썬마이크로시스템즈에서 배포하는 JDK에는 애플릿만 실행하는 간단한 웹 브라우저인 애플릿뷰어(appletviewer)가 있다.

간단한 애플릿 프로그램인 "HelloApplet.java" 프로그램을 작성하여 보자.

 예제 1-2 HelloApplet.java

```java
import java.awt.*;
import javax.swing.*;
public class HelloApplet extends JApplet {
    private String msg = "Hello Java World";
    public void paint(Graphics g) {
        g.drawString(msg, 30, 30);
    }
}
```

실행 결과

```
애플릿 뷰어: HelloApplet.class
애플릿

Hello Java World

애플릿이 시작되었습니다.
```

---

9) JAR(Java Archive)는 자바 파일들과 파일에서 사용하는 텍스트, 그림 등을 하나의 압축 파일로 모은 ZIP 파일 포맷이다. 응용 소프트웨어나 라이브러리를 배포하기 위한 소프트웨어 패키지 파일 포맷이다.

자바 통합 개발 환경인 이클립스에서 애플릿 자바 파일 "HelloApplet.java"를
실행하면 애플릿뷰어가 열리면서 실행결과를 확인할 수 있다.

애플릿의 경우 웹 브라우저에서 실행하므로 HTML 파일을 작성해야 한다. 다음
과 같이 "HelloApplet.html" 파일을 작성한다. HTML 파일이름은 임의로 사용할
수 있지만 편의상 클래스이름과 동일한 이름을 사용하여 작성한다.

```
〈html〉
   〈head〉〈title〉자바 애플릿 실행〈/title〉〈/head〉
   〈body〉
      〈applet code = "HelloApplet.class" width = "300" height = "150"〉
      〈/applet〉
   〈/body〉
〈/html〉
```

애플릿뷰어를 이용해서 "HelloApplet.html" 파일을 열어 애플릿을 실행할 수 있
다. 애플릿뷰어를 사용할 경우 다음과 같이 실행한다.

```
appletviewer HelloApplet.html Enter↵
```

실행시 주의사항

1. 응용 프로그램처럼 클래스 이름과 파일 이름을 동일하게 만들어야 한다.
2. 응용 프로그램처럼 javac를 사용하여 컴파일하고 오류를 고친 후 애플릿뷰
   어를 사용해 자바와 연결된 웹 문서 파일을 열어서 실행한다.

1.3 자바 개발 도구

오라클은 자바를 개발하기 위해 무료로 사용할 수 있는 자바 배포판인 JDK(Java Development kit)를 제공하고 있다. JDK는 자바 컴파일러 등 자바 프로그램을 개발하는데 필요한 도구와 자바 프로그램을 실행할 때 필요한 자바가상기계(JVM)와 자바 표준 클래스 파일을 포함하는 JRE(Java Run-time Environment)로 이뤄진다.

세 가지 대표적인 JDK 배포판이 있다.

- Java SE(Standard Edition)는 자바 표준 배포판으로 일반적인 용도로 사용하는 응용 프로그램 개발 플랫폼이다.
- Java ME(Micro Edition)는 모바일용 배포판으로 휴대전화, PDA, 셋톱박스 등을 위한 응용 프로그램 개발 플랫폼이다.
- Java EE(Enterprise Edition)는 기업용 배포판으로 다중 사용자, 기업의 대형 응용 프로그램을 개발하기 위한 플랫폼이다.

데스크탑 자바 프로그램을 개발하는 경우 Java SE를 사용한다.
JDK는 오라클의 Technology Network의 자바 사이트에서 다운로드할 수 있다.

http://www.oracle.com/technetwork/java/javase/downloads/index.html

위의 "DOWNLOAD"를 클릭하면 JDK를 다운받을 수 있도록 다음 화면이 열린
다.

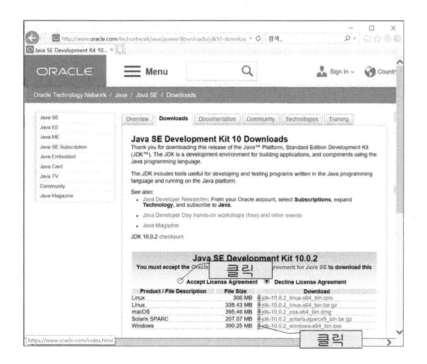

"Accept License Agreement"를 클릭해 라이센스에 동의하고 원하는 JDK 버전을 클릭해 저장한 후 실행하면 JDK가 설치된다.

상업적인 용도일 경우 JDK 지원을 유료화하는 추세라 오라클의 JDK 대신 오픈소스이고 무료로 제공하는 OpenJdk(http://openjdk.java.net/)를 사용해 JDK를 다운받을 수 있다.

1.4 이클립스

IDE(Integrated Development Environment)는 통합 개발 환경으로, 자바 프로그램 파일을 편집하고, 컴파일하고, 디버깅하는 과정을 한 번에 할 수 있는 통합개발 환경이다.

주로 많이 사용하는 자바 IDE는 세 가지가 있는데, Eclipse(이클립스), NetBeans(넷빈즈), IntelliJ이고 이 중에서 이클립스를 많이 사용한다.

1.4.1 이클립스 설치

이클립스는 자바 응용 프로그램을 개발하기 위한 통합 개발 환경으로 IBM이 오픈 소스 프로젝트로 개발한 것이다. 다음 사이트에서 이클립스를 무료로 다운로드받을 수 있다.

http://www.eclipse.org/downloads/

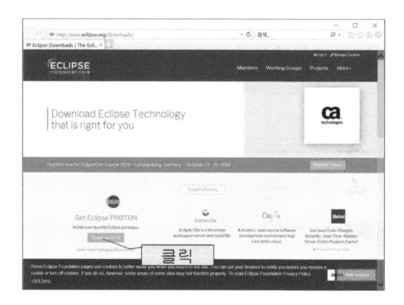

"Download 64bit"를 클릭한다.

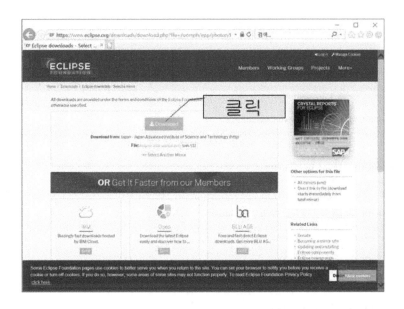

"Download" 버튼을 클릭해 이클립스 실행 파일을 저장한 후 실행하면 이클립스
가 설치된다.

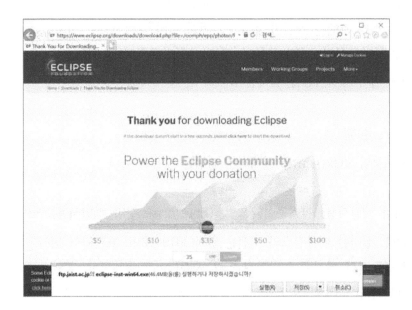

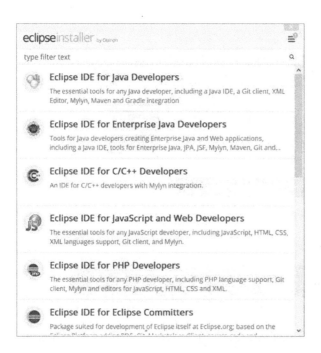

여러 가지 IDE 중 첫 번째나 두 번째 IDE를 선택해서 설치한다.

자바 응용 프로그램을 개발할 경우 첫 번째 자바 개발자용을 설치하고, 웹 애플리케이션(JSP, 웹 서비스 등)과 자바 응용 프로그램을 함께 개발할 경우 두 번째 Enterprise 자바 개발자용을 설치한다.

1.4.2 이클립스 실행

설치된 이클립스(Oxygen)를 실행하는 과정은 다음과 같다.

(자바 개발자용) 아이콘이나 (Enterprise 자바 개발자용) 아이콘을 눌러 실행한다. 설치한 이클립스의 버전은 날짜(2019-12)로 표시되어 있다.

이클립스의 최신 버전에서 달라진 점은 모듈(module)을 생성하는 것인데, 관련된 자바 파일들을 저장할 프로젝트를 생성한 후 모듈(module)을 생성하는 창이 열리면 모듈을 생성할 수 있다.

그러나, 자바 예제를 실행할 경우 모듈을 생성하지 않아도 된다. 모듈은 Java 9

이상 버전의 기능이고 이름을 가진 소프트웨어적 단위로 **export**와 **require**를 사용해 모듈들 간에 서로 필요한 것을 명시해 다른 외부 모듈을 사용할 수 있다.

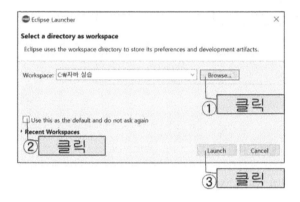

1. Workspace는 자바 프로그램을 작성해서 자바 파일을 저장할 작업공간으로 폴더를 말한다. 자바 프로그램을 저장할 폴더를 ①번을 클릭해 지정한다.

2. 지정한 "자바 실습" 폴더를 기본 작업공간으로 사용할 경우 ②번을 클릭하면 다음 실행에는 이 창이 다시 나오지 않는다.

3. ③번을 클릭해 이클립스를 시작한다. 다음 화면이 열리면 ▶을 클릭하거나 welcome 탭에서 ⊠ 아이콘을 클릭해서 welcome 창을 닫는다. 자바 프로젝트를 만들 경우는 "Create a New Java Project"를 선택한다.

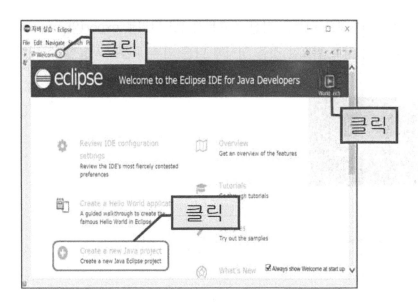

1.4.3 프로젝트 생성

자바 프로그램을 작성하려면 먼저 프로젝트를 생성해야 한다. 응용 프로그램을 개발하기 위해 자바 프로젝트를 생성해 응용 프로그램 개발에 필요한 자바 파일들과 프로그램 실행에 필요한 그림, 텍스트 등의 파일을 같은 폴더에 저장할 수 있다.

자바 프로젝트를 여러 가지 방법으로 생성할 수 있다.

● 자바 개발자용일 경우는 [파일] 메뉴에서 [New]-[Java Project]를 선택한다.

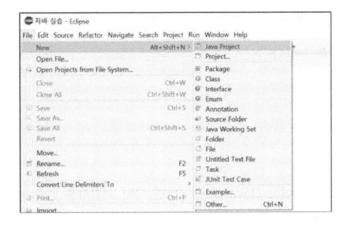

● Enterprise 자바 개발자용일 경우는 [파일] 메뉴에서 [New]-[Other...]를 선택한 후 열리는 창에서 [Java]를 찾아 [Java Project]를 선택한다.

 다른 방법은 Enterprise 자바 개발자용에서 화면 구성을 자바 개발자용으로 변경해서 사용하는 방법인데, Enterprise 자바 개발자용 Perspectives를 자바 개발자용으로 변경할 수 있다. Perspectives는 화면을 구성하는 레이아웃이고, 상황에 맞게 화면 구성을 바꿀 수 있는데, Enterprise 자바 개발자용 안에서 자바 개발자용 Perspectives를 추가해서 사용할 수 있다.

자바 개발자용으로 화면 구성을 변경하려면 오른쪽 끝 쪽에서 Perspective를 추가하는 아이콘 을 누른다.

Open Perspective 창에서 "Java"를 선택하면 자바 개발자용 Perspective 아이콘을 이클립스에 추가할 수 있다.

이클립스 오른쪽 끝에 있는 아이콘을 누르면 자바 개발자용으로 화면 구성을 전환한다.

자바 개발자용으로 화면 구성이 바뀌면 [파일] 메뉴에서 [New]-[Java Project]를 선택한다.

Perspectives를 자바 개발자용으로 변경하는 또 다른 방법은 [Window] 메뉴에서 선택하는 것인데, [Window]-[Perspective]-[Open Perspective]-[Java]를 선택
한다.

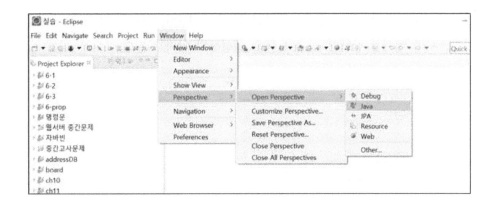

이클립스 오른쪽 끝에 자바 개발자용  아이콘을 자동으로 추가하면서 자바 개
발자용으로 화면 구성을 전환한다.

● 자바 개발자용에서 버튼을 클릭해 [Java Project]를 선택한다.

"New Java Project" 창에서 프로젝트 이름을 지정하고 [Finish] 버튼을 누른다. 프로젝트 이름은 임의로 지정할 수 있다. JDK를 먼저 설치하고 이클립스를 설치하면 JDK가 연결된다. 프로젝트를 생성한 후 모듈(module)을 생성하는 창이 열리는데, 자바 예제를 실행할 경우 모듈을 생성하지 않아도 된다.

1.4.4 자바 파일 작성

프로젝트를 생성하고 프로젝트 안에 필요한 자바 파일을 작성할 수 있다.
두 문장을 출력하는 자바 프로그램을 작성하여 보자.

📝 예제 1-3 Hello.java

```
public class Hello {
    public static void main (String args[]){
        System.out.println("Hello!");
```

```
        System.out.println("Java Programming");
    }
}
```

실행결과

```
Hello!
Java Programming
```

자바 프로젝트("Example")안에 자바 파일을 작성하려면 해당 프로젝트를 클릭하고 [File] 메뉴에서 [New]-[Class]를 선택한다.

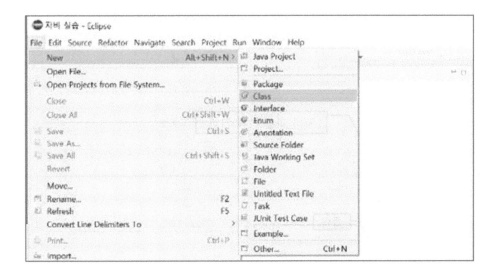

 아이콘을 클릭해도 자바 파일을 생성할 수 있고, 왼쪽 "Package Explorer"의 "src"에서 오른쪽 마우스 버튼을 눌러 [New]-[Class]를 선택해도 자바 파일을 생성할 수 있다.

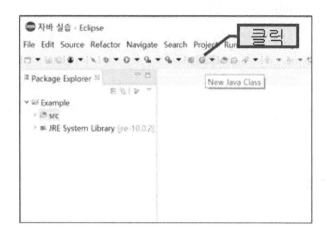

"New Java Class" 창에서 자바 파일 이름("Hello")을 지정하고, 자바 main() 메소드를 생성하려면 "public static void main(String[] args)"를 클릭한 후 [Finish] 버튼을 클릭한다.

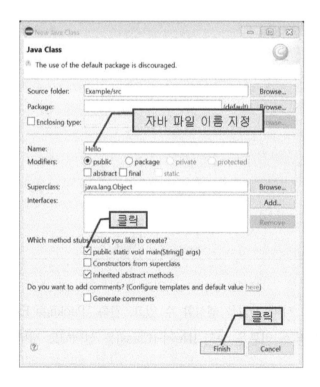

오른쪽 프로그램 편집 창에 자바 명령문들을 입력한다.

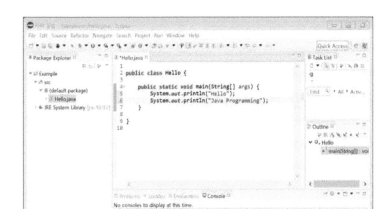

1.4.5 자바 프로그램 실행

자바 프로그램을 실행하려면 실행 ⊙ 아이콘을 클릭하거나 [Run]-[Run] 메뉴를 클릭한다. 아래 콘솔 창에서 실행 결과를 확인할 수 있다.

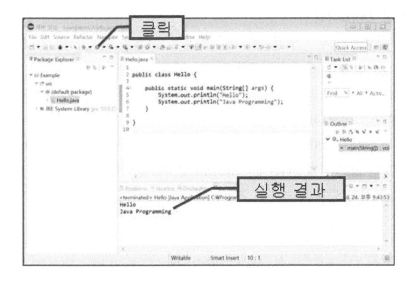

콘솔 창이 없으면 [Window]-[Show View]-[Console]을 순서대로 선택해서 콘솔 창을 오픈한다.

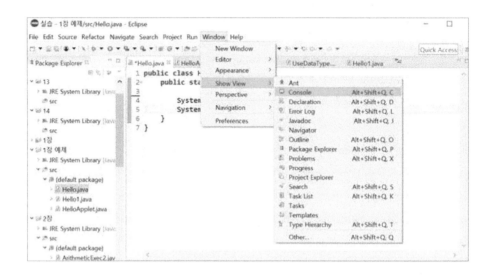

다른 창을 오픈할 경우에도 [Window]-[Show View]에서 원하는 창을 선택할 수 있다.

오류 수정 가이드라인

이클립스에서는 오류가 발생했을 경우 오류를 수정할 수 있도록 가이드라인을 제시하는 기능이 있다. 오류가 발생한 단어는 빨간색 밑줄이 쳐지는데 이 단어위에 마우스를 올려놓으면 노란색 바탕의 "Quick fix" 창이 나타나고 이 중에서 적절한 것을 선택하면 오류를 바로 수정할 수 있다.

예를 들면 System.out.println() 메소드에서 "System"을 소문자 "system"으로 입력했을 경우 오류가 발생하는데, "system"글자위에 마우스를 올린 후 나타나는 "Quick fix" 창에서 "Change to 'System'(java.lang)"을 선택하면 소문자 's'가 대문자 'S'로 바로 변경된다.

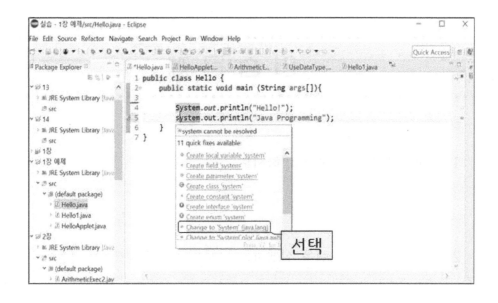

또 다른 방법은 다음과 같이 프로그램의 라인번호 앞 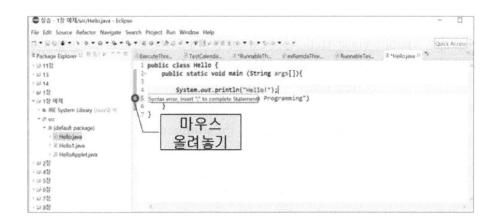 아이콘 위에 마우스를 올려놓으면 오류 수정문(Syntax error, insert ";" to complete Statement)이 나타나는데, 명령문 끝에 ";"(semicolon)을 추가해서 오류를 수정할 수 있다. 자바 명령문 끝에 ";"을 넣어야 하는데 ";"이 빠졌을 경우 오류가 발생한다.

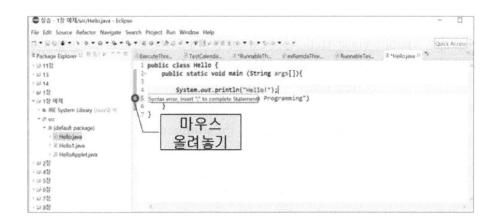

1. 자바의 특징에 대해 설명하시오.

2. 자바 응용 프로그램을 실행하는 과정을 쓰시오.

3. 자바 애플릿을 실행하는 방법을 설명하시오.

4. 다음 자바 프로그램의 실행결과를 쓰시오.

```java
public class HelloApplication {
    public static void main (String args[]){
        String msg1 = "Java Application";
        String msg2 = "Java Applet";
        String msg3 = "Java Programming World";
        System.out.println(msg1);
        System.out.println(msg2);
        System.out.println(msg3);
    }
}
```

5. 자신의 소속 학과, 이름 및 학번을 출력하는 자바 프로그램을 작성하시오.

```
Problems  Javadoc  Declaration  Console
<terminated> PrintName [Java Application] C:\Program Files\J
** 학과 소속 출력 **
이름: 홍길동
학과: 컴퓨터공학과
학번: 20190001
```

6. 세 정수의 합과 평균을 출력하는 자바 프로그램을 작성하시오.

```
Problems  Javadoc  Declaration  Console
<terminated> AddThree [Java Application] C:\Program Files\Ja
세 정수: 35, 27, 78
세 정수의 합: 140
세 정수의 평균: 46.666666666666664
```

자바 프로그래밍

자바 프로그램은 클래스를 정의하여 프로그램을 작성한다. 클래스의 구성 요소는 멤버 변수(필드)와 메소드인데, 클래스 안에서 프로그램을 실행할 때 필요한 멤버 변수를 선언하고 메소드를 작성한다. 멤버 변수는 클래스의 특성을 나타내는 자료이고, 메소드는 자료를 사용하여 연산하거나 처리하는 과정을 작성한 함수이다.

2.1 자바 프로그램 구조

자바는 객체 지향 프로그래밍(object oriented programming) 언어로 객체를 생성하여 프로그램을 작성한다. 객체 지향 프로그래밍이란 실세계의 객체를 모델로 사용해 객체라는 작은 단위로 모든 것을 처리하도록 기술하는 프로그래밍 방법이다. 실세계의 모든 객체는 어떤 특성을 가진 유형으로 표현하고 각각의 객체는 자신이 속한 유형을 적절하게 기술해야 한다. 객체 지향 언어에서 이러한 객체를 나타내는 유형을 객체 자료형(object type) 혹은 클래스라 한다.

자바에서 실세계의 객체를 표현하기 위해 클래스를 사용하는데, 클래스는 실세계 객체의 구조와 행위를 정의하는 것으로 자바 프로그램의 기본 단위가 된다. 자바는 클래스를 사용해서 실세계의 객체를 정의하는데, 이러한 클래스는 객체를 표현하는 설계도 혹은 틀(template)이다. 실세계 객체의 유형을 표현하는 하나 이상의 클래스들을 정의하면서 자바 프로그램을 작성한다.

자바 프로그램은 먼저 클래스를 만들고 클래스 안에 main() 메소드를 작성하고, main() 메소드의 첫 번째 명령문부터 순서대로 프로그램을 실행한다.

예제 2-1 SchoolEx.java

```java
public class SchoolEx {
    public static void main(String[] args) {
        int no = 20201001;        // no에 20201001이라는 값을 대입함.
        String name = "홍길동";    // name에 "홍길동"이라는 값을 대입함.
        System.out.println("안녕하세요...");
        System.out.println("학번은 "+no+"입니다.");
        System.out.println("이름은 "+name+"입니다.");
    }
}
```

실행결과

```
안녕하세요...
학번은 20201001입니다.
이름은 홍길동입니다.
```

클래스 작성

자바에서는 클래스 안에 자료 값을 저장하는 변수(멤버 변수)를 선언하고 메소드(멤버 함수)[10]를 작성한다. "SchoolEx" 클래스의 자바 파일 이름은 "SchoolEx"이고 확장자는 "java"로 만든다. 간단한 프로그램일 경우 멤버 변수를 선언하는 부분을 생략할 수 있다. 자바 프로그램을 작성할 때 main() 메소드는 반드시 작성해야 한다.

---

10) 메소드는 자바 클래스 안에서 선언한 함수이며 특정한 기능이나 처리를 수행하는 명령문들로 작성하고 멤버 변수와 자료(지역변수)를 사용한다.

```
public class SchoolEx {
    // 멤버 변수 선언 : 생략 가능
    // 메소드 : 생략 가능
    // main() 메소드
}
```

main() 메소드 작성

클래스 안에 반드시 하나의 main() 메소드는 작성해서 프로그램을 실행할 때 main() 메소드부터 실행하도록 해야 한다. main()은 "public static void"로 선언한다.

```
public static void main(String[] args) {
    // 명령문
}
```

변수 선언

main() 메소드를 포함해 모든 메소드 안에서 필요한 자료를 사용할 경우 변수를 선언해야하고 초깃값을 대입한 후 사용할 수 있다.

정수 값을 갖는 자료를 저장할 때 no 변수를 선언하면서 원하는 값을 줄 수 있는데, 변수 no에 20201001이라는 값을 대입한다. 문자열 값을 갖는 name을 선언하고 "홍길동"이라는 값을 대입한다.

```
int no = 20201001;          // no에 20201001이라는 값을 대입함.
String name = "홍길동";      // name에 "홍길동"이라는 값을 대입함.
```

출력문

자료의 값을 출력하거나 어떤 내용을 출력할 경우 System.out.println() 메소드를 사용한다. ( )안에 출력하려는 내용이나 변수이름을 넣어준다. 이중인용부호 " " 안에 출력할 내용을 작성하고, 내용과 변수를 출력할 때 "+"를 사용해 연결하면 내용과 변수 값을 나열한 순서대로 출력한다.

```
System.out.println("안녕하세요...");          // 안녕하세요...
System.out.println("학번은 "+no+"입니다.");   // 학번은 20201001입니다.
System.out.println("이름은 "+name+"입니다."); // 이름은 홍길동입니다.
```

주석문

자바 프로그램을 설명하는 문장으로 한줄 주석문은 "//" 기호로 시작한다.

```
// no에 20201001이라는 값을 대입함.
```

2.2 자바 어휘

모든 언어에는 언어를 구성하는 어휘가 있듯이 자바에서도 자바를 구성하는 어휘를 알아야 자바 프로그램을 작성할 수 있다.

자바 프로그램을 구성하는 문법적으로 의미 있는 최소 단위를 자바 언어의 어휘라 하며, 보통 토큰(token)이라 부른다. 토큰을 분석하여 프로그램에 오류가 있는지 검토하고 오류가 없는 경우 프로그램을 실행하여 결과를 알 수 있다.

예를 들어 다음의 자바 문장을 살펴보자.

```
if ( no <= 200 ) hap += i;
```

if, (, no, <=, 200,), hap, +=, i, ; 등은 토큰이다.

토큰에는 사용자가 정하는 일반 형태의 토큰과 자바 언어 시스템에서 제공하여 주는 특수 형태 토큰이 있다.

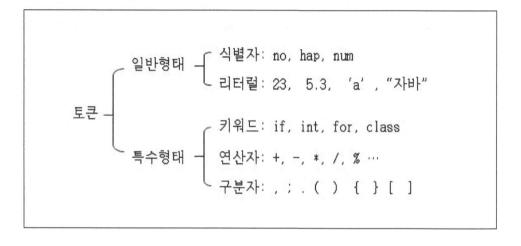

일반 형태는 프로그램에 사용한 변수 이름이나 클래스 이름 등을 나타내는 식별자(identifier)가 있고, 200, 5.3, "자바" 등과 같이 다양한 유형의 자료 값을 나타내는 리터럴(literal)이 있다. 위의 문장에서 no, hap과 i는 변수 이름을 나타내는 식별자이고, 200은 정수 값을 나타내는 리터럴이다.

특수 형태에는 프로그램을 실행하기 위해 특별한 의미를 부여하여 정의한 키워드와 산술연산 등에 필요한 연산자(operator)와 문법 항목들을 구분해주는 구분자(delimiter)가 있다. **if**는 조건에 따라 실행하는 **if** 문을 나타내는 키워드이고 <=, +=은 연산자이고 (,), ;은 구분자이다.

2.2.1 식별자

식별자(identifier)는 클래스 이름, 변수 이름, 메소드 이름, 배열 이름 등에 붙이는 명칭을 말한다. 각 자료들을 식별하기 위해 변수, 배열 등의 이름을 지정하는데, 식별자는 사용자가 임의로 만들어주는 이름이다.

식별자 규칙

- 자바 언어에서 식별자는 문자나 '_'(underscore)나 '$'로 시작한다.
- 특수 문자나 공백을 사용할 수 없다.
- 식별자에 문자나 숫자를 넣어 만들 수 있고 한글을 사용할 수 있다.
- 식별자의 길이에는 제한이 없다.
- 대소문자를 구분한다.
- if, while, for, class 등과 같은 키워드는 식별자로 사용할 수 없다.
- true, false, null은 식별자로 사용할 수 없다.

식별자를 만들 때 규칙에 따라 주의해서 만들어야 한다. 키워드는 자바 시스템에서 특별한 의미를 담고 있어 식별자로 사용할 수 없으니 주의해야 한다.

올바른 식별자 사용 예

hap, hap3, _num, $num234, ScoreHap, java_no, 점수, 합계

잘못된 식별자 사용 예

2hap, hap#, !hap, java no, if, int, true, null

2.2.2 키워드

키워드는 자바 언어 시스템에서 기능과 용도를 미리 지정한 토큰을 말한다. 프로그램을 작성할 때 키워드를 다른 용도로 사용하면 키워드의 원래 기능을 상실하게 된다. 사용자가 프로그램을 작성하면서 변수 이름이나 메소드 이름 등의 식별자를 만들 때 키워드와 동일한 이름은 사용할 수 없다.

abstract	boolean	break	byte	case
catch	char	class	continue	default
do	double	else	extends	final
finally	float	for	if	implements
import	intanceof	int	interface	long
native	new	package	private	protected
public	return	short	static	super
switch	synchronized	this	throw	throws
try	void	volatile	while	true
const*	goto*	transient	null	false

여기서 *를 표시한 키워드는 현재 지원되지 않는 키워드를 나타낸다. 키워드는 의미가 미리 정의되어 있어 식별자로 사용할 수 없다.

2.3 리터럴

자바 프로그램을 작성하려면 식별자나 키워드 외에 특정한 자료 값을 사용하는데 이러한 자료들을 리터럴이라 한다. 프로그램에서 숫자나 문자를 사용하여 자료를 나타내는데, 숫자를 표시하기 위해 정수 값을 표현하는 정수형 자료와 실수 값을 표현하는 실수형 자료를 사용한다.

2.3.1 정수 리터럴

자바에서 정수 리터럴을 표현하는 방법에는 진법에 따라 2진수(binary digit), 8진수(octal digit), 10진수(decimal), 16진수(hexadecimal)로 구분한다. 2진수는 자바 7부터 추가된 것으로, 2진수를 사용할 때는 숫자 0이 먼저 나오고 바로 뒤에

'b'나 'B'를 붙이는데, 0b나 0B 다음에 0이나 1로 나타낸다. 예를 들면 2진수를 사용할 때 "0b11"처럼 표현한다.

8진수를 사용할 때는 숫자 0이 먼저 나오고 다음에 0부터 7까지의 숫자로 나타내어 "0123"은 8진수의 리터럴이다. 16진수일 경우는 숫자 0뒤에 'x'를 붙여 0x 또는 0X가 먼저 나오고 다음에 16진수 값을 나타낸다. 16진수 값을 표시할 때, 0부터 9까지는 그대로 표시하고, 10부터 15까지는 'a'부터 'f'(또는 'A'부터 'F')로 나타내고, "0x1f"처럼 16진수를 표시한다. 이외에 숫자 값으로 표시한 경우는 10진수를 나타낸다.

자바 7부터 숫자를 사용할 때 '_'(underscore) 기호를 붙여서 자리수를 쉽게 식별할 수 있도록 숫자 값을 표시할 수 있다. 예를 들면, "1_000"은 정수 값 1000이고 "1_000_000"은 정수 값 1000000이다. 주의할 점은 '_'가 들어가는 위치는 숫자 안에 임의로 넣을 수 있지만, '_'로 숫자를 시작하거나 '_'로 끝나면 오류가 발생한다.

정수형을 나타내는 자료형에는 byte, short, int, long이 있고 자세한 내용은 2.6절에서 설명하고 있다.

정수 리터럴 사용 예

10진수: 5, 135, 356, 1_000, 1234_5678_1234_5678L
2진수 : 0b10, 0B1111, 0b1001_001
8진수 : 015, 0234, 01_236
16진수: 0x17, 0Xaf, 0xfff_fff

정수 리터럴을 저장하는 기본 자료형은 int형이므로 숫자를 나타내는 정수 리터럴이 나오면 int형으로 저장한다. 64비트에 저장하는 long형으로 정수 리터럴을 나타내려면 'L' 또는 소문자 'l'을 숫자 끝에 붙인다. 25, 25L로 표시되어 있을 때, 25는 32비트에 저장하는 int형 리터럴이고, 25L의 경우 25라는 값을 나타내면서 64비트에 저장하는 long형 리터럴이다. 특히, 특정한 숫자를 나타낼 때 1234_5678_1234_5678L처럼 숫자를 쉽게 식별할 수 있도록 작성할 수 있다.

다음 예제는 한글 이름으로 변수 이름을 사용해 다양한 유형의 정수 리터럴을
저장하고 출력하는 프로그램이다.

 예제 2-2 UseConstantInt.java

```java
public class UseConstantInt {
    public static void main(String[] args) {
        int 정수1 = 128, 정수2 = 0B11;        // 정수1은 128, 정수2는 3
        int 정수3 = 0257, 정수4 = 0xac;        // 정수3은 175, 정수4는 172
        int 정수5 = 1_000_000;                 // 정수5는 1000000
        long 정수6 = 1110_1234_5678_9000L;  // 정수6은 1110123456789000
        System.out.println("정수1 = "+정수1);
        System.out.println("정수2 = "+정수2);
        System.out.println("정수3 = "+정수3);
        System.out.println("정수4 = "+정수4);
        System.out.println("정수5 = "+정수5);
        System.out.println("정수6 = "+정수6);
        정수5 = 정수5 + 1;
        System.out.println("* 정수5 덧셈  후 *");
        System.out.println("정수5 = "+정수5);
    }
}
```

```
실행결과

정수1 = 128
정수2 = 3
정수3 = 175
정수4 = 172
정수5 = 1000000
정수6 = 1110123456789000
* 정수5 덧셈 후 *
정수5 = 1000001
```

자바 프로그램은 main() 메소드의 첫 번째 명령문부터 실행한다. 다섯 개의 정수 값을 나타내기 위해 다섯 개의 변수 정수1, 정수2, 정수3, 정수4, 정수5를 선언하는데, "int 정수1;" 문장처럼 자료형을 먼저 기술하고 변수 이름을 선언한다.

위의 프로그램처럼 여러 개의 변수를 같은 자료형으로 선언할 때 변수 이름을 콤마(,)로 연결하여 나열하고 변수를 선언하면서 초깃값을 줄 수 있다. "int 정수1 = 128, 정수2 = 0B11;" 문장처럼 정수1에는 128, 정수2에는 2진수 11_2(3), "int 정수3 = 0257, 정수4 = 0xac;" 문장처럼 정수3은 8진수 257_8(175), 정수4는 16진수 ac_{16}(172)로 변수 값을 초기화한다.

정수1, 정수2, 정수3, 정수4, 정수5는 int형으로 선언하고 정수6은 long형으로 선언한다. int와 long은 정수 값을 저장하는 자료형으로, int형은 32비트에 값을 저장하는 것이고 long형은 64비트에 값을 저장하는 정수 자료형이다.

정수2의 경우 2진수로 11_2이고 10진수로 변환한 3을 출력하고, 정수3은 8진수로 257_8이고 10진수로 변환한 175를 출력하고, 정수4는 16진수로 ac_{16}이고 10진수로 변환한 172를 출력한다. 정수5의 경우 1_000_000은 1000000을 나타내고 1000000을 출력한다. 정수5에 1을 더하면 1000001이 된다.

정수6의 경우 "1110_1234_5678_9000L"로 'L'은 long형의 리터럴을 나타내는 것이고 값은 1110123456789000이다.

System.out.println()은 출력을 위한 메소드로 출력하고자 하는 대상들을 "+" 로 연결하는데, 출력할 내용을 " " 안에 표시하고 변수 이름은 그대로 사용하고 변수 이름을 사용한 위치에 변수 값을 출력한다.

2.3.2 실수 리터럴

소수를 표현하거나 정수형으로 나타낼 수 없는 아주 큰 수를 표현할 때 실수 리터럴을 사용한다. 지수의 사용 유무에 따라 고정소수점 수와 부동소수점 수로 나뉜다. 고정소수점 수는 지수 없이 나타낸 실수 값이고 부동소수점 수는 지수를 사용하여 표현한 실수 값이다. 실수 리터럴은 정밀도에 따라 float형과 double형이 있는데, float는 32비트에 실수 값을 저장하는 자료형이고 double은 64비트에 실수 값을 저장하는 자료형이다. 실수 리터럴을 저장하는 기본 자료형은 double이다.

실수 값도 정수와 마찬가지로 '_'(underscore)를 사용해 자리수를 구분할 수 있도록 표시할 수 있다. 정수를 표시할 때와 같이 '_'로 숫자를 시작하거나 '_'로 끝나면 오류가 발생하고, "1._234"와 같이 소수점 뒤에 '_'를 붙이면 오류가 발생한다.

자바 프로그램에서 실수 리터럴의 기본 자료형은 double이므로 실수 값으로 표현한 리터럴은 double형으로 저장하는데, float형으로 실수 값을 저장하는 리터럴을 만들려면 숫자 끝에 'f'(또는 'F')를 붙인다.

고정소수점수: 3.15, 2.456, 0.001, 7.3f, 3.14_15_92F
부동소수점수: 0.1234e02, 0.4567e1, 5e-3, 0.12_34_56E4f

다음 예제는 다양한 유형의 실수 값을 출력하는 프로그램이다.

✎ 예제 2-3 UseConstantReal.java

```
public class UseConstantReal {
  public static void main(String[] args) {
    float num1 = 1.8f, num2 = 0.45_67f; // num1은 1.8, num2는 0.4567
```

```
        double num3 = 0.345e02;            // num3은 34.5
        double num4 = 1.345_678E-03;       // num4는 0.001345678
        System.out.println("num1 = "+num1);
        System.out.println("num2 = "+num2);
        System.out.println("num3 = "+num3);
        System.out.println("num4 = "+num4);
    }
}
```

실행결과

```
num1 = 1.8
num2 = 0.4567
num3 = 34.5
num4 = 0.001345678
```

실수 리터럴을 저장하는 자료형에는 float와 double형이 있고 숫자의 정확성을 나타내는 정밀도에 따라 분류하여 사용한다.

변수를 선언하는 방법은 자료형을 먼저 기술하고 변수 이름을 정의하는 것이다. 같은 자료형의 변수를 여러 개 선언할 경우 변수 이름을 콤마(,)로 나열한다.

네 개의 실수 값을 나타내기 위해 네 개의 변수 num1, num2, num3, num4를 선언하면서 초깃값을 주는데, 앞의 두 개 "1.8f"와 "0.45_67f"는 끝에 'f'가 붙어 있어 float형으로 값을 저장해 1.8과 0.4567이고, 뒤에 두 개는 double형으로 저장한다. num1과 num2의 경우 'f'를 제외한 숫자 값만 출력하고 나머지도 실수 값으로 출력한다.

2.3.3 논리 리터럴

논리 리터럴에는 참을 나타내는 **true**와 거짓을 나타내는 **false**가 있다. 논리 리터럴은 다른 언어와 달리 정수 값 1과 0으로 변환하지 않는다. 논리 리터럴을 저장하는 자료형은 boolean형으로 선언한다.

✎ **예제 2-4** UseConstantBl.java

```java
public class UseConstantBl {
  public static void main(String[] args) {
    boolean bl1 = true, bl2 = false;
    System.out.println("bl1 = "+bl1);
    System.out.println("bl2 = "+bl2);
  }
}
```

실행결과

```
bl1 = true
bl2 = false
```

논리 리터럴을 저장하는 자료형은 boolean형으로 논리형 값을 나타내는 bl1과 bl2를 선언하면서 초깃값을 주고, 변수 값을 출력한다.

2.3.4 문자 리터럴

문자 리터럴은 하나의 문자를 나타내는 것으로 단일인용부호(' ')사이에 문자를 표시한다. 하나 이상의 문자를 나타내는 문자열을 표시할 때는 이중인용부호(" ")를 사용한다. 문자 리터럴을 컴퓨터에 저장할 때 해당 문자의 유니코드 값으로 저장한다. 유니코드는 전 세계의 모든 문자를 표현하기 위해 2바이트로 각 문자를 저장하는 표준 코드 체계이다. 문자를 2바이트 유니코드로 저장해서 문자 값으로 한글을 사용할 수 있다.

사용 예

```
char ch1 = 'a';
ch1 = '가';
char ch2 = '나';
```

2.3.5 문자열(String) 리터럴

문자열 리터럴은 이중인용부호(" ")를 사용하여 하나 이상의 문자들을 나타내는 것으로 java.lang 패키지 안에 있는 String 클래스의 객체로 취급한다.

사용 예

```
String str1 = "program";
String str2 = "자바";
```

다음 예제는 문자와 문자열을 출력하는 프로그램이다.

 예제 2-5 UseConstantChar.java

```java
public class UseConstantChar {
  public static void main(String[] args) {
    char ch1 = 'A', ch2 = 'c';
    String str = "java";
    int num = ch1 + 1;
    System.out.println("ch1 = "+ch1);      // ch1 = A
    System.out.println("ch2 = "+ch2);      // ch2 = c
    System.out.println("str = "+str);      // str = java
    System.out.println("num = "+num);      // num = 66
  }
}
```

```
실행결과

ch1 = A
ch2 = c
str = java
num = 66
```

ch1과 ch2는 하나의 문자를 저장하는 변수로 char형으로 선언하고, num은 정수형 변수로 선언한다. ch1과 같은 문자형 변수를 내부적으로 저장할 때 해당 문자의 유니코드 값으로 저장하므로 정수 값과 상호 변환할 수 있다.

문자형 변수를 수식에 사용할 때 int형으로 변환하여 계산하므로, "num = ch1 + 1;" 문장에서 "ch1 + 1" 수식을 계산한 결과 값을 num에 대입한다. ch1이 'A'이고, 'A'의 유니코드인 65에 1을 더하면 num은 66이 된다.

유니코드 값은 알파벳 순서대로 1씩 증가하는데 'B'는 66, 'C'는 67이고 'Z'가 될 때까지 1씩 증가한다. 참고로 'a'의 유니코드 값은 97이고 '0'은 48이다.

2.4 주석문

주석문은 프로그램 안에 있는 명령문을 설명하기 위해 프로그래머가 작성하는 설명문으로 프로그램의 실행 결과에는 아무 영향도 미치지 않고 프로그램을 사용하는 이용자에게 편의를 제공하기 위한 것이다. 즉, 프로그램이 무엇을 실행하는 문장인지 쉽게 판독할 수 있도록 도움을 주기 위한 설명문이다. 주석문에는 주로 프로그램에 대한 기본적인 정보와 각 명령문이나 메소드(함수)들이 무엇을 수행하는 것인지 설명하는 문장이 들어간다.

각 명령문에 설명을 첨가하는 한 줄 주석문인 "**// 주석 내용**"과 여러 줄 주석문인 "/* 주석 내용 */" 을 자바에서 주로 사용한다. 자바에는 또 하나의 주석문인 "/** 문서 주석 */"가 있는데 이것은 선언문 앞에만 사용할 수 있고 "javadoc"라는 유틸리티를 사용하여 자바 소스 설명 문서를 자동으로 생성할 때 사용한다.

// 한 줄 주석문

한 줄 주석을 넣을 경우 "//"부터 시작하여 라인 끝까지 모두 주석으로 간주한다.

사용 예

```
int num = 10;    // num에 10이라는 값을 대입함.
```

/* ... */ 주석문

여러 줄의 주석을 넣을 경우 "/*" 다음부터 주석을 넣고 주석의 마지막 끝부분에 "*/"를 사용한다.

사용 예

```
/*
     최신 자바 프로그래밍
     수정날짜: 2020.2.5
     작성자: Han J. L.
*/
```

2.5 표준 입출력문

　자바에서 입출력은 자바의 기본 패키지인 java.io에 있는 메소드를 사용하고 자바 언어의 이식성을 높이기 위해 입출력 부분을 분리하여 구현하고 있다. 입력이란 외부 입력 장치로부터 자료를 읽어 들이는 것을 말하고 출력이란 프로그램에 있는 자료들을 출력 장치로 내보내는 것을 말한다. 입력과 출력을 위해 사용하는 문장이 입출력문이다.

　표준 입출력이란 시스템에서 미리 지정한 표준 파일에 입출력하는 것으로 프로그래머가 따로 열거나 닫을 필요가 없다. 표준 입력은 in(standard input), 표준 출력은 out(standard output), 표준 에러는 err(standard error)이다. 일반적으로, 표준 입력 장치는 키보드이고 표준 출력장치는 화면(screen)을 사용하고 표준 에러 내용도 화면에 표시한다.

2.5.1 입력 메소드

　자바의 표준 입력을 위한 메소드는 System.in.read()이고, 표준 출력 메소드에는 System.out.print(), System.out.println(), System.out.printf()가 있다.

　System.in.read() 메소드는 표준 입력 장치인 키보드로부터 한 문자를 읽어서 문자에 해당하는 유니코드 값을 정수형으로 반환하는 기능을 수행한다.

　System.in.read() 메소드를 사용할 경우 입력받은 정보를 문자나 숫자로 변환해야하므로 Scanner 클래스를 사용해 자료를 입력받는 것이 편리하다. Scanner 클래스에는 여러 유형의 자료들을 읽을 수 있도록 다양한 메소드를 갖고 있다. 여러 종류의 자료들을 입력할 때 빈칸(' ')으로 분리해서 각 자료들을 입력한다.

　정수형에는 정수 값의 크기에 따라 byte, short, int, long형이 있고, 실수형은 부동소수점 표현법으로 정밀도에 따라 float와 double형이 있다.

Scanner 클래스를 사용해 자료를 입력받는 방법

　1. Scanner 클래스가 java.util 패키지에 있어 java.util.Scanner를 import한다.

```
import java.util.Scanner;
```

2. Scanner 객체를 생성한다. 객체 생성은 new 연산자를 사용하고 객체를 생성하는 자세한 내용은 3장에 나와 있다. "System.in"을 실인수로 전달한다.

```
Scanner scanner = new Scanner(System.in);
```

3. Scanner의 메소드를 사용해 원하는 자료형으로 변수에 값을 입력받는다.

```
int n = scanner.nextInt();              // 정수형으로 입력받아 n에 대입
double d = scanner.nextDouble(); // 실수형으로 입력받아 d에 대입
String str = scanner.next();            // 문자열로 입력받아 str에 대입
```

Scanner 클래스에서 사용할 수 있는 메소드는 다음 표와 같다.

〔표 2.2〕 Scanner 클래스의 메소드

메소드	설 명
String next()	입력받은 토큰을 문자열로 반환
byte nextByte()	입력받은 토큰을 byte 형으로 반환
short nextShort()	입력받은 토큰을 short 형으로 반환
int nextInt()	입력받은 토큰을 int 형으로 반환
long nextLong()	입력받은 토큰을 long 형으로 반환
float nextFloat()	입력받은 토큰을 float 형으로 반환
double nextDouble()	입력받은 토큰을 double 형으로 반환
boolean nextBoolean()	입력받은 토큰을 boolean 형으로 반환
String nextLine()	'\n'을 포함해 한 라인을 읽고 '\n'을 제외한 나머지

	만 반환
void close()	Scanner 사용 종료
boolean hasNext()	ctrl-z 키를 입력받을 때까지 입력하는 토큰을 기다리는데 입력하는 토큰이 있으면 true, 없으면 false 반환, ctrl-z 키를 입력받으면 false 반환

자료 입력 받기

각 자료를 입력할 때 빈칸으로 분리하여 입력한다. 빈칸 수는 상관없이 입력한 순서대로 빈칸을 제외한 나머지 문자만 입력받는다.

```
한글 Java    true    100  34.5↵
```

자료를 입력한 순서대로 각 변수에 입력한 값을 대입한다.

변수 str에 "한글"을 대입하고, 변수 language에 "Java"를 대입하고, 변수 found에는 "true"를 대입하고, sum에는 100을 넣고, weight에는 34.5를 넣는다.

```
Scanner scanner = new Scanner(System.in);
String str = scanner.next();              // str = "한글"
String language = scanner.next();         // language = "Java"
boolean found = scanner.nextBoolean();    // found = true
int sum = scanner.nextInt();              // sum = 100
double weight = scanner.nextDouble();     // weight = 34.5
```

다음 예제는 두 개의 정수와 이름을 읽고 두 수의 합계와 이름을 출력하는 프로그램이다.

예제 2-6 IoTest.java

```java
import java.util.Scanner;
public class IoTest {
  public static void main(String[] args)
  { System.out.print("두 개의 수와 이름 입력: ");
    Scanner scanner = new Scanner(System.in);
    int num1 = scanner.nextInt();  // 하나의 정수 값 읽기
    int num2 = scanner.nextInt();  // 하나의 정수 값 읽기
    String name = scanner.next();  // 문자열 읽기
    System.out.println("입력된 두 수: "+num1+" , "+num2);
    System.out.println("합계: "+(num1+num2));
    System.out.println("name : "+name);
    scanner.close();
  }
}
```

실행결과

```
두 개의 수와 이름 입력: 12  22 홍길동
입력된 두 수: 12 , 22
합계: 34
name : 홍길동
```

다음 예제는 자료를 직접 입력하는 대신 Scanner 객체를 생성하면서 **"System.in"**이 들어갈 자리에 입력할 자료 **"12 34 강수진"**을 넣어 이 문자열로 부터 대신 입력받게 하는 프로그램이다.

```java
Scanner scanner = new Scanner("12 34 강수진");
```

복잡한 자료를 입력할 경우 편리하게 사용할 수 있는 기능이다.

 예제 2-7 IoTest2.java

```java
import java.util.Scanner;
public class IoTest2 {
  public static void main(String[] args)
  { System.out.println("** 두 개의 수와 이름 입력 예제");
    Scanner scanner = new Scanner("12 34 강수진");
    int num1 = scanner.nextInt();  // num1 = 12
    int num2 = scanner.nextInt();  // num2 = 34
    String name = scanner.next();  // name = "강수진"
    System.out.println("입력된 두 수: "+num1+" , "+num2);
    System.out.println("합계: "+(num1+num2));
    System.out.println("name : "+name);
    scanner.close();
  }
}
```

실행결과

```
** 두 개의 수와 이름 입력 예제
입력된 두 수: 12 , 34
합계: 46
name : 강수진
```

2.5.2 출력 메소드

화면에 변수 값이나 원하는 내용을 출력하는 메소드에는 System.out.print(),
System.out.println(), System.out.printf()가 있다.

System.out.print() 메소드

System.out.print()는 ( ) 안에 있는 내용을 화면에 출력하는 메소드로 출력한 후 줄 바꿈은 없다.

사용 예

System.out.print("컴퓨터공학, ");
System.out.print("시스템소프트웨어공학, ");
System.out.print("전자공학");

위 명령문을 실행하면 다음과 같이 모두 같은 라인에 출력한다.

컴퓨터공학, 시스템소프트웨어공학, 전자공학

System.out.println() 메소드

System.out.println() 메소드는 라인 단위로 출력하는 메소드로 ( ) 안에 있는 내용을 화면에 출력한 후 줄을 바꿔 다음 라인의 첫 번째 칸으로 이동한다.

System.out.println()을 사용한 예를 보면, " "안에 있는 내용을 서로 다른 라인에 출력하고 있다.

사용 예2

System.out.println("컴퓨터공학");
System.out.println("시스템소프트웨어공학");
System.out.println("전자공학");

출력 결과는 다음과 같다.

컴퓨터공학
시스템소프트웨어공학
전자공학

System.out.printf() 메소드

System.out.printf()는 C 언어처럼 변수의 출력 형식을 지정하는 메소드이다. 문자열은 %s(%S), 정수는 %d, 하나의 문자는 %c(%C), 실수는 %f, %e(%E), 논리형은 %b(%B)로 출력 형식을 지정한다. "\n"은 현재 줄을 넘겨 다음 라인에 출력하는 것이고 "\t"는 탭 키를 사용한 것처럼 일정한 간격이 띄워진다. %S, %C, %B를 사용하면 문자를 표시할 때 모두 대문자로 출력하고, %E는 지수 E를 대문자로 표시한다.

사용 예3

```
String s = "포맷출력";        // 문자열
char c = '한';                // 유니코드 문자 1개
int i = 255;                 // 정수
System.out.printf("%s %d %c \n%.1f", s, i, c, (float)i);
```

System.out.printf()에서 문자열은 %s, 정수는 %d, 하나의 문자는 %c로 출력 형식을 지정하고, "\n"은 줄을 넘겨 다음 라인에 출력하라는 의미이다. 실수 값을 소수점이하 한자리만 출력할 경우 %.1f로 출력 형식을 지정한다.

출력 결과는 다음과 같다.

```
포맷출력 255 한
255.0
```

다음 예제는 자바의 세 가지 출력 메소드들을 사용해 다양한 형태로 자료를 출력하는 프로그램이다.

 예제 2-8 OutTest.java

```java
public class OutTest {
  public static void main(String[] args) {
    System.out.print("자바 ");
    System.out.print("Java ");
    System.out.println("프로그래밍");
    System.out.println("다양한 출력문");
    System.out.println("자바 Java 프로그래밍");
    String str1 = "포맷출력";      // 문자열
    char c = '한';                // 유니코드 문자 1개
    int i = 255;                  // 정수
    String str2 = "java";         // 문자열
    System.out.printf("%s %d %c \n%.1f \n", str1, i, c, (float)i);
    System.out.printf("%B\t%E %S \n",true,13.1,str2);
    System.out.printf("%C %.2f %d", 'd', 21.3, 12);
  }
}
```

```
실행결과

자바 Java 프로그래밍
다양한 출력문
자바 Java 프로그래밍
포맷출력 255 한
255.0
TRUE     1.310000E+01 JAVA
D 21.30 12
```

2.6 자료형

자료형이란 자료가 갖는 값의 유형으로 숫자형, 문자형, 논리형, 참조형 등이 있다. 자바에서 프로그램을 작성하려면 각각의 자료를 저장하기 위해 자료가 갖는 값의 유형을 나타내는 변수를 먼저 선언해야 한다. 만일 저장하고자 하는 자료가 숫자이면 숫자형 변수를 선언하고, 문자이면 문자형 변수를 선언해야 한다.

프로그램에서 사용하는 기본적인 자료에는 변수와 상수가 있는데, 변수는 프로그램을 실행하면서 값이 변할 수 있는 자료를 갖고, 상수는 처음 초깃값을 지정한 후 값을 변경할 수 없다. 자료형을 갖는 변수를 선언하면 자료를 저장할 수 있도록 기억공간을 할당받아 자료 값을 저장할 수 있다. 자바의 자료형에는 기본 자료형과 참조형이 있다.

2.6.1 기본 자료형

기본 자료형이란 자바 언어 시스템에서 제공하는 자료를 나타내는 값의 유형으로, 숫자형, 문자형, 논리형이 있다. 숫자 값을 나타내는 자료형에는 정수형과 실수형이 있다.

1) 정수형

정수형은 정수 값을 나타내는 자료형으로, 정수 값의 크기에 따라 **byte**, **short**, **int**, **long**형이 있고 부호 없는 정수형은 지원하지 않는다. [표 2.3]은 각 자료형이 나타낼 수 있는 값의 범위를 보여주고 있다. 선언한 자료형의 변수가 자료형이 나타낼 수 있는 값의 범위를 벗어나지 않도록 자료를 선언할 때 자료형을 세심하게 선택하여 선언해야 한다.

[표 2.3]에서 비트(bit) 크기는 자료형의 값을 나타내기 위해 사용하는 비트의 수를 말한다. 비트 크기가 클수록 자료형에서 나타낼 수 있는 값의 범위가 커진다.

〔표 2.3〕 정수형의 크기

자료형	비트 크기	값의 범위
byte	8비트	-128 ~ 127
short	16비트	-32768 ~ 32767
int	32비트	-2147483648 ~ 2147483647
long	64비트	-9223372036854775808 ~ 9223372036854775807

byte나 short형의 자료는 아주 큰 값을 갖는 복잡한 계산을 위해 사용하는 자료형이 아니고 주로 값을 저장하기 위한 자료형이다.

int형은 -2147483648부터 +2147483647까지의 값을 저장할 수 있으므로 이 범위를 벗어나는 정수 값을 저장하려면 long형을 사용해야 한다.

다음 예제는 정수 값을 곱한 결과를 저장하기 위해 long 형으로 변환해 값을 출력하는 프로그램이다.

```
public class UseInt {
  public static void main(String[] args) {
    int num1 = 1000000, num2 = 500000;
    System.out.println(" 두 수 : "+num1+" , "+num2);
    System.out.println(" int형의 곱 = "+ num1*num2);
    long num3 = (long)num1 * num2;
    System.out.println(" long형의 결과 = "+ num3);
  }
}
```

실행결과

```
두 수 : 1000000 , 500000
int형의 곱 = 1783793664
long형의 결과 = 500000000000
```

num1에 num2 변수 값을 곱해서 결과 값을 출력하는 프로그램으로 두 수를 곱했을 때 int형으로 나타낼 수 있는 값의 범위를 벗어나 "int형의 곱"의 결과는 두 수를 곱한 결과 값과 맞지 않는다.

두 정수를 곱한 값이 int 형에 저장할 수 있는 값의 범위를 벗어나므로 num1을 long형으로 변환하는 (long)num1를 사용한 후 곱하면 두 수를 곱한 결과도 long형이 되고 long형을 갖는 num3에 저장하여 제대로 된 계산 결과를 얻을 수 있다.

2) 실수형(부동 소수점형)

실수형은 부동소수점 표현법으로 정밀도에 따라 **float**와 **double**형이 있다. 자바에서는 IEEE 754 규약에 따라 실수를 표현하고 연산을 수행한다. 정밀도란 숫자의 정확성을 나타내는 척도로 소수점 이하 몇 자리까지 표현하느냐를 나타낸다.

float형은 32비트에 실수 값을 표현하고 double형은 64비트에 실수 값을 표현한다.

3) 문자형

문자를 나타내는 자료형은 **char**로 16비트 유니코드를 사용하여 문자를 정의한다. 유니코드란 IBM, 마이크로소프트 등에 의해 만들어진 코드로 2바이트(16비트)로 한 문자를 표현하여 전 세계의 모든 문자를 나타내는 코드 체계를 말한다. 유니코드의 값이 문자를 나타내는 값이 되고 char 형과 정수 유형은 상호 유형 변환(type casting)이 가능하여 수식에서 문자형을 int형으로 변환하여 계산한다.

4) 논리형

논리형은 **boolean**형으로 **true** 혹은 **false** 값을 가지고 다른 기본 유형으로 형을 변환할 수 없다. C나 C++ 같은 언어에서처럼 1과 0같은 숫자 값을 가질 수 없다.

메소드 안에서 어떤 자료 값을 갖는 변수(지역 변수)를 사용하려면 먼저 변수가 정수, 실수, 문자, 논리 중 어떤 유형의 값을 갖는 자료인지 확인하고, 적합한 자료형으로 변수를 선언하고 변수에 초깃값을 설정한 후에 변수를 사용할 수 있다.

다음 예제는 기본 자료형을 사용해 자료 값을 출력하는 프로그램이다.

📝 **예제 2-10** UseDataType.java

```java
public class UseDataType {
  public static void main(String[] args) {
    short num1 = 300;
    int num2 = 300000;
    long num3 = 3000000000L;    // 3000000000을 long 형으로 저장
    float num4 = 3.5f;          // 3.5를 float 형으로 저장
```

```
        boolean bl = true;
        char ch1 = 'a', ch2 = '한';
        System.out.println("num1 = "+num1);
        System.out.println("num2 = "+num2);
        System.out.println("num3 = "+num3+" , num4 = "+num4);
        System.out.println("bl = "+bl+" , ch1 = "+ch1+" , ch2 = "+ch2);
    }
}
```

실행결과

```
num1 = 300
num2 = 300000
num3 = 3000000000 , num4 = 3.5
bl = true , ch1 = a , ch2 = 한
```

2.6.2 참조형

참조형(참조 자료형)이란 객체를 가리키는 타입으로 배열, 클래스, 인터페이스가 있다. 참조형의 변수를 선언한 경우, 변수(참조 변수)의 기본값은 **null**이고 어떤 객체도 가리키지 않는 상태를 말한다.

1) 배열

배열이란 같은 유형의 자료를 여러 개 저장할 수 있는 자료형으로 순서가 있는 원소들의 모임이다. 배열의 원소로는 기본 자료형과 참조형을 가진 자료가 올 수 있다. 자바에서 선언한 배열은 객체로 취급한다.

배열을 선언하는 형식은 다음과 같다.

형식

자료형 배열이름〔〕;

자료형〔〕 배열이름;

배열 원소의 자료형 뒤에 배열이름을 사용해 선언한다. 배열을 나타내는 [ ]은 자료형 바로 뒤나 배열이름 뒤에 표시할 수 있다.

선언 예

int intArray1〔〕;

char〔〕 charArray;

자바에서 배열은 객체로 취급하므로 **new** 연산자를 사용해서 배열을 생성하거나, 배열 원소에 초깃값을 주면서 생성할 수 있다.

배열 생성 예

intArray1 = new int〔3〕;

charArray = new char〔5〕;

int〔〕 intArray2 = {1, 2, 3, 4, 5, 6};

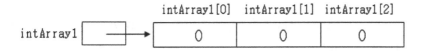

intArray1은 정수형 배열로 총 3개의 원소를 갖는다. 각 원소는 [ ] 안에 첨자로 구분하고 첫 번째 배열의 원소를 나타내는 첨자는 0부터 시작하고 마지막은 원소

수-1에 해당하는 값이다. intArray1 배열의 경우, 각 원소는 intArray1[0], intArray1[1], intArray1[2]이다. intArray1 배열을 생성했을 때 세 개의 원소를 저장하는 기억공간을 할당받고 배열 원소들의 초깃값으로 0을 갖는다.

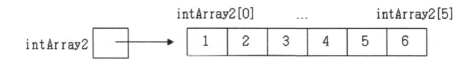

intArray2도 정수형 배열인데 배열의 원소는 6개이고 각 원소의 값은 1부터 6까지이다. 즉 1, 2, 3, 4, 5, 6이란 값을 갖는 정수형 배열이다. intArray2 배열 생성문을 실행하면 배열을 생성하면서 각 원소의 값을 저장하여 다음 배정문을 실행한 것과 같은 의미를 갖는 배열 생성 구문이 된다.

```
intArray2(0) = 1;
intArray2(1) = 2;
intArray2(2) = 3;
intArray2(3) = 4;
intArray2(4) = 5;
intArray2(5) = 6;
```

charArray는 문자 값을 갖는 문자형 배열이고 5개의 원소를 가질 수 있고 각 원소의 초깃값은 ''을 갖는다.

배열을 생성할 때 배열의 자료형을 먼저 선언한 다음 **new** 연산자를 사용해 다음과 같이 생성할 수 있다.

```
int[] month;
month = new int[12];
```

다른 생성 방법은 선언과 동시에 배열을 생성할 수 있는데 다음과 같이 한 문장으로 배열을 생성할 수 있다.

```
int[] month = new int[12];
```

배열의 원소수를 [ ] 안에 표시하는데 month 배열의 총 원소 수는 12개이고, 첫번째 원소는 month[0]이고 마지막 원소는 month[11]이다. 배열의 원소를 나타내는 첨자는 0부터 시작하고 마지막은 원소수-1에 해당하는 값이다. 배열의 길이를 저장하는 것이 length 필드인데 "배열이름.length"로 사용하고 배열의 총 원소 수를 저장하는 멤버 변수이다.

```
String[] name = {"강정훈", "김철수", "박정숙", "이정화", "홍현오"};
```

String 배열 name은 배열의 각 원소가 문자열이고, 5명의 사람 이름을 저장한다. 첫 번째 원소 name[0]에는 "강정훈"이 들어가고, 마지막 name[4]는 "홍현오"가 들어간다. 문자열에 대한 자세한 사항은 8.3절에 나와 있다.

Arrays 클래스

Arrays 클래스는 배열을 처리하는데 필요한 다양한 메소드를 제공하는데, java.util 패키지에 있어서 "java.util.Arrays"를 import해서 사용한다. Arrays 클래스의 **toString()** 메소드를 사용하면 배열의 모든 원소를 [ ] 형태로 출력할 수 있다. Arrays 클래스에 대한 내용은 8.3절에 자세하게 나와 있다.

```
import java.util.Arrays;
```

다음 예제는 정수 배열을 생성하면서 값을 지정하고 배열의 length 필드를 사용해 배열의 원소를 출력하고, Arrays 클래스의 toString() 메소드를 사용해 출력하는 프로그램이다.

 예제 2-11 UseArrayType.java

```java
import java.util.Arrays;  // Arrays 클래스를 사용할 수 있도록 import
public class UseArrayType {
    public static void main(String[] args) {
        int[] intArray = {1, 2, 3, 4, 5};
        System.out.print("intArray : ");
        for (int i = 0; i < intArray.length; i++) // intArray 원소 출력
            System.out.print(intArray[i]+" ");
        System.out.println();
        System.out.println("intArray : "+Arrays.toString(intArray));
    }
}
```

실행결과

```
intArray : 1 2 3 4 5
intArray : [1, 2, 3, 4, 5]
```

intArray 배열은 정수형의 원소 5개를 갖는 것으로 배열을 생성하면서 초깃값을

지정한다. 각 배열의 원소는 intArray[0]부터 intArray[4]까지이고 1부터 5까지의 값을 갖는다. "intArray.length"는 intArray 배열의 총 원소 수를 말한다. for 문을 사용하여 각 원소의 값을 출력하는데 for문은 5.3절에 자세히 설명하고 있다.

Arrays 클래스의 toString() 메소드에서 배열 이름 intArray를 실인수로 넣어 Arrays.toString(intArray) 메소드를 호출하면 intArray의 각 원소를 [1, 2, 3, 4, 5] 형태로 출력할 수 있다.

다음 예제는 문자 배열과 문자열 배열을 생성하면서 값을 지정하고 두 배열의 각 원소를 출력하는 프로그램이다.

 예제 2-12 UseArrayCharType.java

```java
import java.util.Arrays;  // Arrays 클래스를 사용할 수 있도록 import
public class UseArrayCharType {
  public static void main(String[] args) {
    char[] charArray = {'a','b','c','d','f'};
    System.out.print("charArray : ");
    for (int i = 0; i < charArray.length; i++) // i는 배열의 첨자
        System.out.print(charArray[i]+" ");
    System.out.println();
    System.out.println("charArray : "+Arrays.toString(charArray));
    String[] name= {"강정훈", "김철수", "박정숙", "이정화", "홍현오"};
    System.out.print("문자열 name 배열 : ");
    for (int i = 0; i < name.length; i++) // i는 배열의 첨자
        System.out.print(name[i]+" ");
    System.out.println();
    System.out.println("문자열 name 배열 : "+Arrays.toString(name));
  }
}
```

```
charArray : a b c d f
charArray : [a, b, c, d, f]
문자열 name 배열 : 강정훈 김철수 박정숙 이정화 홍현오
문자열 name 배열 : [강정훈, 김철수, 박정숙, 이정화, 홍현오]
```

charArray 배열은 문자형의 원소 5개를 갖는 것으로 배열을 생성하면서 초깃값을 지정한다. 각 배열의 원소는 charArray[0]부터 charArray[4]까지이고 'a'부터 'f'까지의 값을 갖는다. for 문을 사용하여 각 원소의 값을 출력한다.

Arrays 클래스의 toString() 메소드를 사용해 Arrays.toString(charArray) 메소드를 호출하면 배열의 각 원소를 [a, b, c, d, f] 형태로 출력한다.

String 배열 name은 5명의 사람 이름을 저장하는데, 첫 번째 원소 name[0]에는 "강정훈"이 들어가고, 마지막 name[4]는 "홍현오"가 들어간다. for 문을 사용하여 배열 name의 각 원소 값을 출력하고, Arrays.toString(name) 메소드를 호출해 [강정훈, 김철수, 박정숙, 이정화, 홍현오] 형태로 출력한다.

다음 예제는 배열을 처음 생성한 후 초깃값이 0인 배열을 출력하고 배열에 다른 값을 대입한 후 배열의 각 원소 값을 출력하는 프로그램이다.

✎ 예제 2-13 UseArrayType2.java

```java
public class UseArrayType2 {
    public static void main(String[] args) {
        int[] intArray = new int[5];
        System.out.print("초기 int Array : ");
        int i;
        for (i = 0; i < intArray.length; i++) // i는 배열의 첨자
```

```
            System.out.print(intArray[i]+" ");
        System.out.println();
        for (i = 0; i < intArray.length; i++)
         {  intArray[i] = i * i;
            System.out.println("intArray["+i+"] = "+intArray[i]);  // ①
         }
      }
    }
```

실행결과

```
초기 int Array : 0 0 0 0 0
intArray[0] = 0
intArray[1] = 1
intArray[2] = 4
intArray[3] = 9
intArray[4] = 16
```

intArray 배열은 정수형의 원소 5개를 갖는 것으로 각 배열의 원소는 intArray[0]부터 intArray[4]까지이고, 배열의 각 원소의 초깃값은 0이다.

for 문을 사용하여 각 원소의 값을 대입하는데 "intArray[i] = i * i;" 문장을 사용하여 각 원소를 나타내는 첨자의 곱을 원소 값으로 지정한다. 만일 첨자 i가 2라면 배열 값은 4가 되고, 첨자 i가 3이라면 9가 된다. 각 원소에 지정한 값을 ①번 문장을 사용하여 출력한다.

2) 이차원 배열

자바에서 배열의 첨자를 두 개 갖는 이차원 배열을 사용할 수 있고, 이차원 배열의 생성 형식은 다음과 같다.

형식

자료형[][] 배열이름 = new 자료형[크기1][크기2];

이차원 배열을 생성할 때 크기1은 반드시 명시해야하고 크기2는 프로그램 안에서 지정할 수도 있다.

사용 예

int[][] intArray = new int[3][3];
int intArray2[][] = new int[2][];

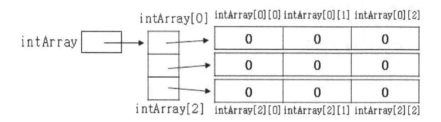

intArray의 경우는 3행 3열의 배열 원소를 생성하여 총 9개의 원소 값을 저장할 수 있는 배열을 생성하고 intArray2의 경우 2행의 배열을 생성하고 열수는 지정하지 않아 총 배열 수를 프로그램 안에서 결정한다.

intArray2의 경우는 열을 지정하지 않았으므로 다음과 같이 작성하여 열을 추후에 결정할 수 있다.

```
for (int i = 0; i < intArray2.length; i++)
    intArray2[i] = new int[2];
```

intArray2의 경우 총 4개의 원소를 가진 배열이다.

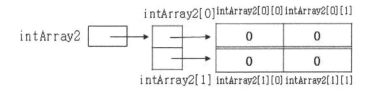

이차원 배열의 경우 length 필드의 의미가 일차원 배열과 다르다.

이차원 배열의 length 필드

배열이름.length → 배열의 행의 수를 표시

배열이름[i].length → 배열 i 행의 원소 수를 표시

---

intArray2의 경우 "intArray2.length"는 배열의 행의 수(2)를 나타내는 것이다. 배열의 행에서 열의 수를 표시할 때 행 별로 length 필드를 사용해서, "intArray2[0].length"은 0행의 원소 수이고, "intArray2[1].length"는 1행의 원소 수이다.

이차원 배열은 선언하면서 각 원소의 초깃값을 지정할 수 있다.

2차원 배열 초기화 사용 예

```
int[][] intArray = {{1, 2, 3}, {4, 5, 6}};          // 2행 3열
char charArray[][] = {{'a', 'b'}, {'c', 'd'}, {'e', 'f'}};   // 3행 2열
```

다음 예제는 이차원 배열에 새로운 값을 대입한 후 배열의 값을 출력하는 프로

그램이다. 배열 intArray의 i행의 원소 수를 나타낼 때 "intArray[i].length"를 사용한다.

 예제 2-14 UseArrayType3.java

```java
public class UseArrayType3 {
 public static void main(String[] args) {
  int intArray[][] = {{1, 2}, {3, 4}, {5, 6}};        // 3행 2열
  System.out.print("초기 intArray : ");
  for (int i = 0; i < intArray.length; i++)           // i는 배열의 행
    for (int j = 0; j < intArray[i].length; j++)   // j는 배열의 i행의 열
      System.out.print(intArray[i][j]+" ");
  System.out.println("\n* 변경된 후 intArray");
  for (int i = 0; i < intArray.length; i++)           // i는 배열의 행
    for (int j = 0; j < intArray[i].length; j++) {  // j는 배열의 i행의 열
      intArray[i][j] = i * i;
      System.out.println("intArray["+i+"]["+j+"] = "+intArray[i][j]);
    }
  }
 }
}
```

실행결과

```
초기 intArray : 1 2 3 4 5 6
* 변경된 후 intArray
intArray[0][0] = 0
intArray[0][1] = 0
intArray[1][0] = 1
intArray[1][1] = 1
intArray[2][0] = 4
intArray[2][1] = 4
```

위 프로그램에서 intArray 배열은 처음 생성할 때 다음과 같은 원소 값을 저장한다. 초깃값으로 생성된 intArray 배열의 원소를 중첩 for 문을 사용해 출력한다.

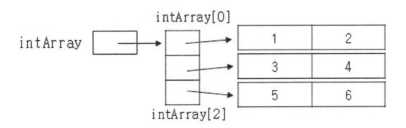

for 문에서 각 배열의 원소 값을 변경하는데 "intArray[i][j] = i * i;" 문장을 사용하여 각 행마다 행을 나타내는 변수 i를 곱한 값이 원소 값으로 들어간다. 즉 i가 0일 때 intArray[0][0]과 intArray[0][1]에는 0이 들어가고, i가 2일 때 intArray[2][0]과 intArray[2][1]에는 4가 들어간다. "intArray[i].length"는 i행에 있는 원소 수를 나타낸다.

"System.out.println("intArray["+i+"]["+j+"] = "+intArray[i][j]);" 출력문을 사용하여 각 배열의 원소 값을 출력한다.

다음 예제는 이차원 배열을 생성하면서 각 행마다 원소 수를 다르게 생성하여 원소 값을 출력하는 프로그램이다.

예제 2-15 Use2DArray.java

```java
public class Use2DArray {
   public static void main(String[] args) {
      int i, j;
      int[][] a = new int[5][];
      for (i = 0; i < a.length; i++)              // i는 배열의 행
         a[i] = new int[i+3];                     // i행의 원소 수는 i+3
      System.out.println("* 배열의 행별  원소 값 출력 *");
```

```
        for (i = 0; i < a.length; i++)          // i는 배열의 행
        {  System.out.print(i+" 행: ");
           for (j = 0; j < a[i].length; j++)     // j는 배열 i행의 열
           {  a[i][j] = i + j;           // 행의 첨자와 열의 첨자를 더한 값 저장
              System.out.print(a[i][j]+" ");    }
           System.out.println();
        }
     }
  }
```

```
실행결과

* 배열의 행별 원소 값 출력 *
0 행: 0 1 2
1 행: 1 2 3 4
2 행: 2 3 4 5 6
3 행: 3 4 5 6 7 8
4 행: 4 5 6 7 8 9 10
```

"a[i] = new int[i+3];" 문장에서 i는 배열의 각 행을 나타내는 것으로 0행은
3(0+3)개의 원소를 갖고, 1행은 4(1+3)개의 원소를 갖고, 마지막으로 4행은 7(4+3)
개의 원소를 가져, 행마다 원소 수가 다른 이차원 배열을 생성한다.

배열의 각 원소에 값을 대입할 때 "a[i][j] = i + j;" 문장을 사용해 배열 a의 행
의 첨자(i)와 열의 첨자(j)를 더한 값을 넣은 후 출력한다. "a[i].length"는 i행의 원
소 수를 나타낸다.

3) 클래스

클래스란 객체를 나타내는 참조형이다. 정의한 클래스 이름은 자료형처럼 사용하
여 객체를 나타내는 참조 변수로 선언할 수 있다. 참조 변수는 객체를 가리키는 변

수이다.

형식

〔수정자〕 class 클래스이름 {

    // 멤버 변수 선언

    // 생성자

    // 메소드

    }

맨 앞에 있는 수정자(modifier)는 생략가능하고 **class**라는 키워드를 명시하여 클래스를 나타내고 **class** 뒤에 클래스 이름을 기술한다. 클래스에 관한 사항은 3장에서 자세히 설명하고 있다.

4) 인터페이스

인터페이스는 상수와 메소드(함수) 원형을 갖는 참조형이다. 인터페이스 객체는 바로 생성할 수 없고 인터페이스를 구현하는 클래스를 작성하여 객체를 생성할 수 있다. 클래스와는 달리 인터페이스의 메소드에는 명령문을 작성하지 않아 실행 코드가 없는 메소드를 선언한다. 인터페이스에서 선언한 메소드는 새로운 클래스를 정의하면서 그 클래스의 메소드 안에서 실행할 명령문들을 작성해서 구현한다. 인터페이스에 관한 사항은 7장에서 자세히 설명하고 있다.

자바 8부터 상수 없이 하나의 메소드만 갖는 인터페이스의 경우, 인터페이스를 구현하는 클래스를 작성하지 않고 인터페이스의 객체를 생성하면서 인터페이스의 메소드를 람다식(lambda expression)으로 작성할 수 있다. 람다식은 7.5절에 자세하게 나와 있다.

인터페이스는 상수들과 명령문이 없는 메소드 원형들로 정의한다.

인터페이스는 클래스와 형식은 유사한데 **public**은 생략 가능한 것이고 **class** 대신 **interface**라는 키워드를 사용하고 인터페이스 이름을 기술하고 { } 안에 상수와 메소드들을 선언한다. 상수는 처음 초깃값을 설정한 후 변수에서 값을 변경하듯이 상수의 값을 변경할 수 없다.

연 습 문 제

1. 다음 용어를 설명하시오.
   (1) 토큰   (2) 키워드
   (3) 식별자   (4) 변수와 상수
   (5) 배열

2. 자바의 기본 자료형의 종류를 설명하시오.

3. 정수 값을 나타내는 자료형의 종류를 예를 들어 설명하고 각 자료형이
   나타낼 수 있는 값의 범위를 쓰시오.

4. 참조형의 종류를 예를 들어 설명하시오.

5. 다음 프로그램의 실행결과를 쓰시오.

```java
public class TestDataType {
    public static void main(String[] args) {
        short num1 = 20;
        int num2 = 100_00;
```

```
        long num3 = 600_000_000_0L;
        float num4 = 3.5f;
        boolean bl = false;
        char ch = 'c';
        int num5 = ch + 3;
        char ch2 = (char)(ch + 2);
        System.out.println("num1 = "+num1);
        System.out.println("num2 = "+num2);
        System.out.println("num3 = "+num3+" , num4 = "+num4);
        System.out.println("bl = "+bl+" , ch = "+ch);
        System.out.println("num5 = "+num5);
        System.out.println("ch2 = "+ch2);
    }
}
```

6. 세 개의 정수를 읽은 후 세 수의 합과 평균을 계산하여 출력하는 프로
   그램을 작성하시오.

```
Problems  Javadoc  Declaration  Console
<terminated> SumAvg [Java Application] C:\Program Files\Java\
세 수를 입력 --> 23 45 89
23 + 45 + 89 = 157
23, 45, 89의 평균 : 52.333333333333336
```

7. 다섯 개의 숫자를 읽으면서 배열에 저장하여 배열 원소들의 합과 평균을
   구하여 출력하는 프로그램을 작성하시오.

```
Problems  Javadoc  Declaration  Console
<terminated> SumAvgArr [Java Application] C:\Program
수 입력 --> 23 5 9 37 17
합: 91
평균: 18.2
```

8. 물품(iName)과 현재수량(qun)을 보여주고 구매할 물품(item)과 수량을 입력한 후 물품을 구매하여 물품 리스트를 출력하는 프로그램을 작성하시오. 구매수량(buy)이 현재수량(qun)보다 큰 경우는 현재 수량만큼만 구매가능하다.

> String[] iName = {"만연필", "연필", "볼펜", "노트", "샤프", "사인펜"};
>
> 크기 비교할 때 if 문 사용: if (buy > qun[i]) buy = qun[i];
>
> 문자열 값이 같은지 비교할 때 equals() 사용
>
> iName[i]와 물품(item)이 같은지 검사할 때: if (iName[i].equals(item))

```
Problems  Javadoc  Declaration  Console
<terminated> ItemSale [Java Application] C:\Program Files\Java\jre-9.0.4\bin\javaw
          *****    물품 리스트   *****
만연필     연필      볼펜      노트      샤프      사인펜
5         10       3        10       5        20

물품과 수량 입력 --> 연필 14
연필: 10개만 구매가능함.

          ****   물품 구매 후 리스트 *****
만연필     연필      볼펜      노트      샤프      사인펜
5         0        3        10       5        20
```

자바는 객체 지향 프로그래밍(object oriented programming) 언어로 객체를 생성하여 프로그램을 작성한다. 객체 지향 프로그래밍이란 실세계의 객체를 모델로 객체라는 작은 단위로 모든 것을 처리하도록 기술하는 프로그래밍 방법이다. 실세계의 모든 객체는 어떤 특성을 가진 유형으로 표현하고 각각의 객체는 자신이 속한 유형을 적절하게 기술해 주어야 한다. 객체 지향 언어에서 이러한 객체를 나타내는 유형을 객체 자료형(object type) 혹은 클래스라 한다.

자바에서 실세계의 객체를 표현하기 위해 클래스를 사용하는데 클래스는 객체의 구조와 행위를 정의하는 방법으로 자바 프로그램의 기본 단위가 된다. 자바에서 모든 객체는 클래스를 사용해서 생성하므로, 이러한 클래스는 객체를 정의하는 설계도 혹은 틀(template)이다. 자바 프로그램은 객체의 유형을 정의하는 하나 이상의 클래스들로 구성한다.

실제로 학생을 표현하는 클래스를 예로 들면 일반적인 학생들의 특성과 학생이 활동하는 행위를 학생(Student)이라는 클래스를 사용해서 표현해준다. 학생의 특성으로는 학생이름, 학번, 학과, 전화번호 등을 생각할 수 있다. 학생이 활동하는 행위로는 공부하는 것, 운동하는 것 등을 고려할 수 있다. 클래스에서 학생의 특성은 객체 속성인데 멤버 변수(필드)로 정의하고, 학생이 활동하는 행위를 메소드(method)로 정의한다.

[그림 3.1]에서처럼 학생이라는 클래스 유형에서 학생의 이름이 "강철수", "강수진"인 실제의 두 학생을 객체로 생성할 수 있다. 학생의 특성과 행위에 해당하는 실제 값을 가진 객체를 해당 클래스에 대한 인스턴스(instance)라 한다. 객체1과 객체2는 Student 클래스의 실제 객체를 나타내는 객체 인스턴스이다.

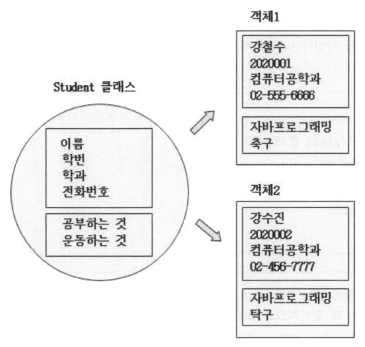

〔그림 3.1〕 클래스와 객체

객체 지향 프로그래밍 기법으로 프로그램을 작성하면 클래스 단위로 프로그램을 작성하여 프로그램을 단순하게 작성할 수 있고, 클래스 단위로 디버깅하여 생산성과 신뢰성이 높은 소프트웨어 시스템을 구축할 수 있다.

3.1 클래스 작성

클래스는 객체를 나타내기 위한 유형으로 객체의 특성을 나타내는 자료 부분과 객체의 행위를 나타내는 메소드로 구성되어 있다. 객체의 특성을 나타내는 자료는 자료를 저장하는 변수를 선언하여 정의하고 이를 멤버 변수(필드)라 하고 정의한 멤버 변수를 사용하여 어떤 특정한 기능을 수행하는 것을 메소드(멤버 함수)라 한다. 실제의 값을 가진 객체는 객체를 나타내는 클래스의 인스턴스이고 객체를 나타내는 변수(참조 변수)와 같은 역할을 한다. 하나 이상의 클래스로 자바 프로그램을 구성하기 때문에 먼저 클래스를 작성해야 한다.

클래스를 작성하는 기본 형식은 다음과 같다.

형식

〔수정자〕 class 클래스이름 {
   // 멤버 변수 선언
   // 생성자
   // 메소드
}

---

1. 맨 앞에 있는 수정자(modifier)는 생략 가능한 것이고 자바 프로그램을 작성할 때 일반적으로 public이라는 수정자를 갖는 클래스를 하나 정의해야 한다.
2. class는 클래스를 작성할 때 사용하는 키워드이고 클래스를 정의하기 위해 반드시 명시해야 한다.
3. "클래스이름"은 사용자가 정의할 수 있는 클래스를 나타내는 명칭으로, 일반적으로, 정의하고자 하는 실세계의 객체 이름을 사용하여 정의하고 대문자로 시작한다. 자바에서는 대소문자를 구별하므로 정확하게 만들어야 한다.
4. 클래스의 시작과 끝을 나타내기 위해 "{" 와 "}"를 사용한다.
5. 클래스에서 사용할 멤버 변수를 선언하고 메소드를 작성한다. 특별히 클래스 이름과 동일한 이름의 메소드를 생성자라 한다.

Student 클래스를 자바 언어로 작성하여 보자.

```
public class Student {
  String name;      // 이름
  int    no;        // 학번
  String depart;    // 학과
  String tel;       // 전화번호

  public void studying(String str) { //   .....    }    // 공부하는 것

  public void exercising() { //   .....     }          // 운동하는 것
}
```

Student 클래스는 학생과 관련된 작업을 수행하기 위한 클래스이고 학생의 인적 사항을 나타내는 네 가지 자료와 두 가지 활동을 나타내는 메소드로 구성되어 있다. 이름, 학번, 전화번호는 여러 개의 문자들을 나타내기 위해 String으로 선언하고, 학번은 정수 값을 나타내는 int 형으로 선언한다.

클래스를 정의하려면 클래스 수정자(modifier)를 명시해야하는데 클래스 수정자에는 public, final, abstract가 있다.

1. public

다른 패키지에서 사용할 수 있도록 클래스를 개방할 경우 public을 명시한다. public을 명시하지 않은 경우 같은 패키지 내에서만 사용할 수 있다. 패키지는 관련된 자바 파일을 모아놓은 저장소로 같은 폴더 안에 자바 파일을 저장한다.

자바 프로그램을 작성할 때 여러 개의 클래스를 만들 수 있고 이 중 하나는 public을 명시해야 하고 public이 붙은 클래스 이름과 자바 파일(소스 파일) 이름은 동일하게 만들어야 한다. 대소문자를 구분하여 같은 이름으로 만들어야 한다.

2. final

새로운 클래스를 만들 때 이미 만들어진 클래스로부터 새로운 서브(확장) 클래스를

만들 수 있는데, final로 명시된 클래스는 서브 클래스를 만들 수 없는 클래스이다.

3. abstract

추상 클래스는 추상(abstract) 메소드를 갖고 있어 객체를 직접 생성할 수 없는 클래스이다. 추상 메소드는 실행할 명령문이 없는 메소드로 선언만 있고 본체는 없는 메소드 원형이다.

3.1.1 객체 생성

클래스는 실세계의 객체를 대표하는 유형을 나타내는 것이고 실제의 값을 갖는 객체를 사용하기 위해서 객체를 생성해야 한다. 클래스를 정의하면 클래스 타입을 갖는 객체를 선언하고 생성할 수 있다.

예를 들어 Student 클래스 타입을 갖는 학생 객체 st1과 st2를 선언하는 방법은 다음과 같다.

```
Student st1, st2;
```

일반적인 변수를 선언하듯이 객체를 선언한다. 실제로 자료와 메소드를 갖는 객체를 만들려면 객체를 생성해야 하는데 **new** 연산자를 사용하고 Student()라는 생성자를 호출하여 객체를 생성한다. 생성자는 클래스이름과 동일한 이름을 갖는 메소드를 말한다.

```
st1 = new Student();
st2 = new Student();
```

객체를 생성하는 방법은 위에서처럼 객체를 선언한 후 **new** 연산자를 사용하여 객체를 생성하는 방법이 있고 다음과 같이 한 문장으로 바로 객체를 생성할 수도 있다.

```
Student st1 = new Student();
Student st2 = new Student();
```

st1과 st2라는 객체를 선언함과 동시에 생성하는 것이다.

st1이라는 객체를 생성하면 st1은 Student 클래스이므로 Student 클래스에서 정의한 멤버 변수들을 저장할 수 있는 기억공간을 할당받고 Student 클래스에서 정의한 두 개의 메소드를 호출하여 사용할 수 있다.

st1과 st2 객체의 경우 [그림 3.2]와 같이 네 개의 멤버 변수를 저장할 수 있는 기억공간을 할당받고 각 객체는 멤버 변수를 저장한 기억공간을 가리킨다. 기억공간을 가리키는 변수를 참조 변수라 하는데, st1과 st2는 기억공간을 가리키는 객체이므로 객체 참조 변수가 된다. 자바에서는 실제 주소를 가리키지 않고 주소에 있는 변수를 사용할 수 있도록 위치 정보(reference)를 갖는다.

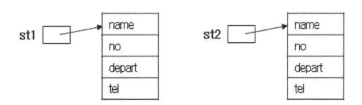

〔그림 3.2〕 객체 생성 후 멤버 변수 할당

st1과 st2는 Student 클래스이므로 두 객체 모두 name, no, depart, tel이라는 동일한 멤버 변수를 갖는다. 각 객체가 동일한 이름의 멤버 변수를 가지므로 각 객체의 멤버 변수를 구분하기 위해 해당 객체이름 뒤에 점(.)을 찍고 멤버 변수를 사용한다. st1의 멤버 변수를 나타내기 위해 다음과 같이 사용한다.

```
객체이름.멤버변수이름
st1.name
```

객체를 생성한 후 객체를 통해 멤버 변수에 접근할 수 있다. 마찬가지로 메소드를 호출할 경우에도 생성된 객체를 사용하여 호출하는데, 해당 객체이름 뒤에 점(.)을 찍고 메소드 이름을 사용해 호출한다.

```
객체이름.메소드이름();
st1.studying("자바 프로그래밍");
```

[그림 3.1]에서 정의한대로 이름은 "강철수"이고, 학번은 2020001이고, "컴퓨터공학과"에 전화번호는 "02-555-6666"인 정보를 대입하는 방법은 다음과 같다.

```
st1.name = "강철수";
st1.no = 2020001;
st1.depart = "컴퓨터공학과";
st1.tel = "02-555-6666";
```

멤버 변수에 값을 대입하면 st1 객체의 기억공간은 다음과 같다.

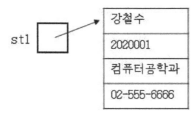

마찬가지로 객체 st2에 정보를 대입하려면 다음과 같은 문장을 작성한다.

```
st2.name ="강수진"
st2.no  = 2020002;
st2.depart = "컴퓨터공학과";
st2.tel = "02-456-7777";
```

위의 네 문장을 실행하면 다음처럼 기억공간에 해당 변수 값을 저장한다.

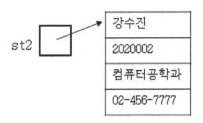

3.2 멤버 변수

클래스에서 객체의 구조를 기술하는 자료 부분은 변수와 상수들로 선언하는데 이를 멤버 변수라 한다. 멤버 변수는 변수를 선언하는 것과 같은 형식으로 변수의 자료형을 먼저 기술하고 변수 이름을 나열한다. 멤버 변수는 지역변수와 달리 객체를 생성할 때 초깃값을 갖는다. 정수일 경우 0, 실수일 경우 0.0을 갖고, 문자열일 경우 null, 문자일 경우 '' 값을 갖는다.

자격자(qualifier)는 생략 가능하고 "자료형"은 일반적인 변수의 자료형과 같고 "변수이름"은 사용자가 임의로 정의할 수 있는 명칭이다. 일반직으로 변수 이름의 첫 문자는 소문자로 작성한다. 자격자는 변수의 부가적인 속성을 나타내는 것으로 접근수정자, static, final 등이 있다.

접근 수정자

접근 수정자는 다른 클래스에서 멤버 변수를 접근하는 허용 정도를 나타내는 부분으로 멤버 변수에 접근하여 사용하는 것을 제어할 수 있다. public, protected, private가 있고 생략했을 경우 package-private이라 하고 같은 패키지 내에서만 접근해서 사용가능하다. 패키지는 관련된 자바 파일을 모아놓은 저장소로 폴더로 만들어지고 같은 폴더 안에 자바 파일을 저장한다. 여러 명의 사람이 동시에 작업 하면서 같은 이름의 클래스를 만들어 이름이 서로 충돌하는 것을 방지하기 위해 각 사람이 하나의 패키지를 만들어 클래스를 작성할 수 있다. 패키지는 8장에 자세하 게 나와 있다.

private인 경우 자신을 선언한 클래스에서만 사용가능하고, 접근 수정자를 생략 하면 package-private인데, 자신을 선언한 클래스는 물론 사용가능하고 같은 패키 지 내에서 접근해서 사용가능하다.

protected인 경우는 자신을 선언한 클래스와 같은 패키지 내에서 사용가능하고 패키지가 다르더라도 서브 클래스[11])에서 사용가능하다.

public인 경우는 접근 범위가 개방된 것으로 모든 클래스에서 사용가능하다. 즉, 자신을 선언한 클래스와 서브 클래스 및 같은 패키지는 사용가능하고 패키지가 다 른 모든 클래스에서 접근하여 사용할 수 있는 것을 의미한다.

---

11) 클래스를 만들 때 기존에 있는 클래스의 정보를 그대로 상속받아 새로운 클래스를 만들 수 있는데 이러한 클래스를 서브(확장, 하위) 클래스라 한다.

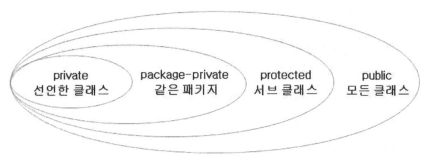

〔그림 3.3〕 접근수정자 포함관계

private로 선언한 멤버 변수는 자신을 정의한 클래스에서만 사용 가능하고 다른 클래스에서는 수정할 수 없으므로 멤버 변수의 값을 외부에서 변경할 수 없도록 방지할 경우 사용한다.

private인 멤버 변수를 선언해 클래스 외부에서 사용할 경우, 멤버 변수의 값을 지정하는 메소드(Setter)를 통해 멤버 변수의 값을 지정하고, 멤버 변수의 값을 가져오는 메소드(Getter)를 통해 멤버 변수의 값을 가져올 수 있다.

```
public String getName() {          // Getter 메소드
    return name;                   // 멤버 변수 name 값을 가져옴.
}
public void setName(String nm) {  // Setter 메소드
    name = nm;                     // 멤버 변수 name에 매개변수 nm 값 지정함.
}
```

static 자격자

자격자로 **static**이 붙은 경우 3.1절에서 설명한 멤버 변수처럼 객체마다 따로 멤버 변수가 만들어지지 않고 한 클래스에 하나만 만들어지는 정적 멤버 변수 혹은 클래스 멤버로 선언하는 것이다. 클래스 멤버란 클래스 단위로 존재하고 클래스 타입으로 생성한 모든 객체에 하나의 기억장소를 할당하여 같은 클래스의 모든 객체가 공유할 수 있는 변수를 말한다. 자바에서는 자신을 선언한 클래스 외에 프로그

램의 전체 영역에서 사용할 수 있는 전역 변수를 선언할 때 **static**을 붙여 정적 멤버 변수로 선언한다.

정적 멤버 변수는 객체를 생성하지 않아도 "클래스이름.정적멤버변수이름"으로 사용가능하고, 프로그램의 전체 영역 중 어떤 위치에서든지 사용가능한 전역 변수이다. 물론 객체를 생성하고 "객체이름.정적멤버변수이름"으로도 사용할 수 있다.

final 자격자

키워드 **final**을 사용하여 선언하면 변수 값을 변경할 수 없는 속성을 가져서 상수가 된다. final인 경우 처음 선언할 때 한번만 초깃값을 줄 수 있고 이후에는 값을 변경할 수 없다. 키워드 **static**과 **final**을 동시에 갖는 멤버 변수는 값이 불변인 상수가 된다.

멤버 변수 선언 예

static int x;
public int sum;
private int y;
protected int n;
static final double PI = 3.141592;

다음 예제는 private인 멤버 변수를 선언해 클래스 외부에서 사용할 경우, Setter 메소드를 통해 값을 지정하고, Getter 메소드를 통해 값을 출력하는 프로그램이다.

 예제 3-1 StudentRegisterEx.java

```
class StudentRegister {
    private String name;      // 이름
    private int no;           // 학번
```

```java
    public String getName() {
        return name;            // 멤버 변수 name 값 반환
    }
    public void setName(String name) {
        this.name = name;  // 멤버 변수 name에 매개변수 name 값 지정
    }
    public int getNo() {
        return no;               // 멤버 변수 no 값 반환
    }
    public void setNo(int no) {
        this.no = no;         // 멤버 변수 no에 매개변수 no 값 지정
    }
}
public class StudentRegisterEx {
    public static void main(String[] args) {
        StudentRegister st = new StudentRegister();
        st.setName("강수진");           // 멤버 변수 name에 "강수진" 지정
        st.setNo(20201001);           // 멤버 변수 no에 20201001 지정
        System.out.println("이름: "+st.getName()); // 멤버 변수 name 값 출력
        System.out.println("학번: "+st.getNo());   // 멤버 변수 no 값 출력
    }
}
```

실행결과

```
이름: 강수진
학번: 20201001
```

private인 멤버 변수는 자신이 선언된 StudentRegister 클래스에서만 사용가능하고 클래스 외부에서 사용할 경우에는 StudentRegister 클래스에서 선언된 메소

드를 통해서만 간접적으로 사용할 수 있다. 예를 들면, 클래스 외부에서 멤버 변수 name을 사용하려면 멤버 변수 name에 값을 지정하는 setName(String name) 메소드와 멤버 변수의 값을 가져오는 getName() 메소드를 통해서만 사용할 수 있다.

"this.name = name;"처럼 매개변수와 멤버 변수 이름이 같은 경우 호출한 객체 st의 멤버 변수 name을 나타내기 위해 키워드 **this**를 사용한다. **this**는 호출한 객체를 나타내는 키워드이다.

자바 프로그램은 main() 메소드가 반드시 있어야 한다. main() 메소드의 복귀형은 반환하는 값이 없어서 항상 void 형이며 public과 static의 속성을 갖는다.

3.3 메소드

메소드란 객체의 행위(연산)를 나타내는 것으로 객체와 관련된 특정한 기능이나 연산을 수행한다. 메소드는 특정한 동작을 처리하는 명령문들을 포함하는 함수이다. 객체는 메소드 호출을 통해 객체와 관련된 작업을 수행할 수 있다.

3.3.1 메소드 작성

메소드는 클래스를 만들 때 객체와 관련된 연산이나 어떤 처리 기능을 수행하는 함수이다.

메소드를 작성하는 기본 형식은 다음과 같다.

형식

〔자격자〕 복귀형 메소드이름(매개변수목록) {

    // 변수선언

    // 문장

  }

메소드 작성 예

```
public class Student {
  String name;      // 이름
  int    no;        // 학번
  String depart;    // 학과
  String tel;       // 전화번호

  public void studying(String str) {
    System.out.println("수강과목: "+str);
  }
}
```

메소드를 작성할 때 먼저 메소드의 자격자(qualifier)를 선택적으로 지정하고 복귀형(return type)을 지정한다. 복귀형은 메소드를 수행한 후 계산한 결과를 돌려줄 경우 반환하는 값의 자료형을 말한다. 복귀형 다음에 메소드 이름을 기술하는데 메소드 이름의 첫 글자는 일반적으로 소문자를 사용한다. 메소드를 실행하기 위해 매개변수가 필요하면 ( ) 안에 매개변수를 콤마(,)로 구분하여 나열한다.

메소드의 복귀형은 함수의 복귀형과 같은 것으로 함수를 계산하고 결과 값을 돌려줄 때 결과 값의 자료형을 의미한다. 예를 들면, 계산 결과 값이 숫자이면 int, long, float, double 등을 사용하고 문자이면 char이나 String을 사용한다. 만일 메소드를 수행한 후 돌려 줄 반환 값이 없는 경우에는 void 형으로 명시한다.

studying() 메소드의 경우 수강하는 과목을 출력하는 메소드로 String 클래스 타입의 매개변수 str을 전달받아 수강하는 과목을 출력한다.

메소드 작성 예

public int computeSum(){ ... }

public static void staticMethod(){ .... }

메소드 자격자

메소드 자격자에는 접근 수정자, static, final 등이 있다. 메소드의 접근 수정자는 다른 클래스에서 메소드를 사용할 수 있는 접근 허용 정도를 나타내는 부분으로 멤버 변수의 접근 수정자와 같은 의미를 갖는다. public, protected, private 접근 수정자가 있고, 생략했을 경우 package-private인데 자신의 클래스는 물론 같은 패키지 내에서만 사용 가능하다.

private인 경우 선언한 클래스에서만 사용 가능하고 protected인 경우는 선언한 클래스와 같은 패키지 내에서 사용 가능하고 패키지가 다르더라도 서브 클래스에서 사용 가능하다. public인 경우는 선언한 클래스와 서브 클래스 및 다른 모든 클래스에서 사용 가능하다.

메소드 자격자가 **static**인 경우 정적 메소드 혹은 클래스 메소드라 부르며 전역 함수(global function)와 같은 역할을 수행한다. 정적 멤버 변수와 마찬가지로 클래스 이름을 사용해 접근할 수 있다.

정적 메소드를 호출할 때 객체를 생성하지 않고 클래스 이름으로 호출이 가능하고 클래스 이름을 사용해서 참조할 수 있다. 주의할 점은 객체를 생성하기 전에도 메소드를 호출할 수 있으므로, 정적 메소드에서는 클래스의 멤버 변수 중 정적 멤버 변수만을 사용해야 하고, "**this.name = name**"과 같이 호출한 객체를 나타내는 **this**를 사용해 멤버 변수 name을 표시하면 오류가 발생한다.

물론 객체를 생성한 후에는 "객체이름.메소드이름"으로도 호출할 수 있고, 객체 생성 유무와 상관없이 프로그램 전체 영역에서 "클래스이름.메소드이름"으로 호출할 수 있는 전역함수이다.

정적메소드 호출

클래스이름.메소드이름;   // 객체 생성하지 않고 호출

객체이름.메소드이름;   // 객체 생성 후 호출

예로서 Student 클래스에 staticMethod()라는 이름의 정적 메소드가 있다고 가정하면 다음과 같이 호출한다.

Student.staticMethod();

매개변수

메소드는 일반함수처럼 실인수(actual parameter)를 받아 메소드에 전달해 메소드에서 정의한 기능을 실행한다. 클래스에서 메소드를 정의할 때 나열한 매개변수를 형식매개변수(formal parameter)라 하는데 간단히 매개변수라 한다. 실제로 메소드를 실행하기 위해 호출할 때 나열한 변수를 실인수(실매개변수)라 한다. 실인수를 사용하는 목적은 메소드를 호출하여 실행할 때마다 서로 다른 값을 전달하여 메소드를 수행하도록 하는 것이다.

메소드를 호출할 때 실인수 값을 매개변수에 전달하여 메소드를 수행하는데, 실인수 값을 매개변수에 전달하는 것을 매개변수 전달이라 한다.

클래스 안에 메소드를 정의할 때 매개변수를 선언하는 방법은 변수를 선언하는 것과 같다. 하나 이상의 매개변수를 나열할 경우 각 매개변수를 콤마로 구분하여 기술한다. 각 매개변수는 자료형을 명시해야하고, 매개변수의 자료형은 기본 자료형과 참조형 모두를 사용할 수 있다.

3.3.2 매개변수 전달 방법

메소드를 호출해 실인수를 전달할 때, 실인수의 자료형을 기본 자료형으로 사용해 실인수의 값을 전달하는 방법과 참조형을 사용해 참조 값을 전달하는 두 가지 방법이 있다.

1. 기본 자료형의 값을 전달하는 경우

실인수의 자료형이 int, long, float, double 등의 기본 자료형일 경우 실인수의 값만 매개변수로 복사해 전달한다. 따라서 호출한 메소드에서 매개변수의 값을 변경하더라도 메소드 밖에 있는 실인수는 영향을 받지 않는다.

```
void param_exam(int x, int y){
  int sum, count;   // 정수형의 sum, count 선언
  sum = x + y;
  count = 2;
  System.out.println("x와 y의 합 = "+sum);
  System.out.println("매개변수 수 = "+count);
}
// ...
int x = 10, y = 20;
obj1.param_exam(x, y);     // param_exam() 메소드 호출
```

위에서 param_exam() 메소드는 매개변수 x와 y를 가지며 각각의 자료형은 모두 정수형이고 메소드를 실행한 후 반환하는 값은 없어서 void형의 복귀형을 갖는다.

param_exam() 내에서 정수형을 갖는 두 개의 변수 sum과 count를 선언하고, 두 변수는 param_exam() 메소드 내에서만 사용가능하므로 지역변수라 한다. 마찬가지로 매개변수 x와 y도 param_exam() 메소드 내에서만 사용할 수 있어 지역변수로 간주한다.

실인수란 메소드를 호출할 때 사용한 것으로, 호출할 때 값을 매개변수에 전달하여 메소드 내에서 사용한다.

예를 들면, param_exam() 메소드가 obj1 객체의 메소드일 경우, 객체이름.메소드이름 즉, "obj1.param_exam(x, y)"처럼 호출하여 메소드를 실행한다.

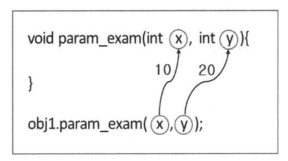

〔그림 3.4〕 실인수 전달 과정

param_exam() 메소드를 호출하면 실인수인 x 값과 y 값은 나열된 순서대로 매개변수인 x와 y에 값을 전달하여 매개변수 x에는 10이 들어가고, 매개변수 y에는 20이 들어간다. 여기서 실인수 x, y는 매개변수 x, y와 이름은 같지만 서로 다른 기억장소에 값을 저장한다. 따라서, 메소드 내에서 x와 y 값을 변경하더라도 실인수 x와 y는 값이 변하지 않는다.

param_exam() 메소드는 두 실인수를 받아서 두 수의 합을 변수 sum에 저장하고, 변수 count에 2를 저장하고 sum과 count의 값을 출력한다.

다음 예제는 두 변수를 값에 의한 전달방식으로 메소드를 호출해 두 변수 값을 서로 교환하고, 변경된 값을 메소드 안에서 출력하는 프로그램이다.

✎ 예제 3-2 ParameterPass.java

```java
public class ParameterPass {
    public static void exchange(int x, int y) {
        int temp = x;   // x값을 temp에 대입
        x = y;          // y값을 x에 대입
```

```
        y = temp;          // temp값을 y에 대입
        System.out.println(" Exchange : x = "+x+" , y = "+y);  // ①번
    }
    public static void main(String[] args) {
        int x = 10, y = 20;
        System.out.println(" x = "+x+" , y = "+y);              // ②번
        exchange(x, y);      // ParameterPass.exchange(x, y);
        System.out.println(" main : x = "+x+" , y = "+y);  // ③번
    }
}
```

실행결과

```
x = 10 , y = 20
Exchange : x = 20 , y = 10
main : x = 10 , y = 20
```

main() 메소드의 첫 번째 명령문을 수행하여 x에는 10, y에는 20이 들어간다. ②번 출력문으로 "x = 10, y = 20"을 출력한다.

정적 메소드인 exchange()는 ParameterPass.exchange(x, y)로 호출할 수 있고, main() 메소드에서 exchange(x, y)로 호출할 수도 있다.

exchange(x, y) 메소드를 호출하면 exchange() 메소드에 정의된 명령문들을 실행한다. exchange() 메소드를 호출할 때 10과 20이라는 두 개의 실인수를 넘겨주고 매개변수에 값을 전달하여 x에는 10, y에는 20이 순서대로 들어가고, temp라는 임시 변수를 사용하여 x와 y값을 서로 교환한다.

①번 출력문으로 "Exchange : x = 20, y = 10" 문장을 출력한다. exchange() 메소드의 모든 명령문을 수행하였으므로 main() 메소드로 이동한다.

그런데 main() 메소드에서 ③번 출력문으로 x와 y 값을 출력하면 "x = 10, y = 20"으로 x와 y 값이 호출하기 전과 같은 값이다. 메소드를 호출할 때 실인수 x와

y의 값만 전달하는 값에 의한 호출로 전달하고, 메소드에서만 사용하는 지역변수이므로 변경된 x와 y는 메소드 안에서만 변경된 것이고 main() 메소드의 x와 y 값을 변경한 것이 아니기 때문이다.

2. 참조형을 실인수로 전달하는 경우

메소드의 매개변수가 배열, 객체 등 참조형인 경우 배열과 객체의 참조 값(reference)을 전달하여 실인수와 매개변수는 같은 기억장소를 갖는 변수가 된다. 따라서 메소드 내에서 값을 변경하면 실인수를 변경한 것과 같은 결과가 된다.

다음 예제는 객체를 실인수로 넘겨 멤버 변수의 값을 서로 교환하고 멤버 변수의 값을 출력하는 프로그램이다.

◆ 예제 3-3 ParameterPassRef.java

```java
public class ParameterPassRef {
  int x, y;
  public void exchange(ParameterPassRef r1) {
    int temp = r1.x;
    r1.x = r1.y;
    r1.y = temp;
    System.out.println(" Exchange : x = "+r1.x+" , y = "+r1.y);
  }
  public static void main(String[] args) {
    ParameterPassRef r=new ParameterPassRef();
    r.x = 10; r.y = 20;
    System.out.println(" x = "+r.x+" , y = "+r.y);
    r.exchange(r);
    System.out.println(" main : x = "+r.x+" , y = "+r.y);
  }
}
```

참조 변수인 객체 r이 실인수이면 객체 r의 참조 값을 넘겨주는데, 매개변수 r1
에 전달해 두 객체 r과 r1은 같은 참조 값을 갖게 되고 같은 기억장소를 가지므로
메소드에서 r1의 멤버 변수 x와 y를 변경하면 r의 멤버 변수를 변경한 것과 같다.
따라서, main() 메소드에서도 변경된 멤버 변수 x와 y의 값을 그대로 사용할 수
있다. 실인수와 매개변수의 참조 변수 이름은 편의상 같은 이름을 사용할 수도 있
다.

다음 예제는 배열을 실인수로 넘겨 원소 값을 변경하고 변경된 배열 값을 출
력하는 프로그램이다.

예제 3-4 ArrayPassEx.java

```java
public class ArrayPassEx {
  void replace(int b[]) {
    for(int i = 0; i < b.length; i++)
      b[i] = b[i]+10;                    // 배열 b(a)의 원소 값을 변경
  }
  static void printArray(int b[]) {      // 배열의 값 출력
    for(int i = 0; i < b.length; i++)
      System.out.printf("%3d",b[i]); // 배열 원소 값 출력
    System.out.println();                // 배열 원소 모두 출력 후 줄바꿈.
  }
  public static void main(String args[]) {
```

```
        ArrayPassEx ap = new ArrayPassEx();
        int[] a = {1, 2, 3, 4, 5};
        // 원래 배열 출력
        System.out.print("변경전 배열 a:");
        ArrayPassEx.printArray(a); // ap.printArray(a);
        ap.replace(a);                   // 배열 값 변경
        System.out.print("변경후 배열 a:");
        printArray(a);                   // 변경된 배열 출력
    }
}
```

실행결과

```
변경전 배열 a:  1  2  3  4  5
변경후 배열 a: 11 12 13 14 15
```

배열 a가 실인수이면 a의 참조 값을 넘겨주는데, replace() 메소드의 매개변수 b에 전달해 두 배열 a와 b는 같은 참조 값을 갖게 되고 같은 기억장소를 가지므로 메소드에서 배열을 변경하면 main() 메소드에서도 변경된 배열을 그대로 사용할 수 있다.

정적 메소드 printArray()는 ArrayPassEx.printArray(a)로 호출할 수 있고, main() 메소드에서 printArray(a)로 호출할 수도 있다.

3.3.3 생성자

클래스 이름과 동일한 이름을 갖는 메소드를 생성자(constructor)라 부르며 객체를 생성할 때 자동으로 호출한다. 생성자는 객체를 생성할 때 객체의 초기화 과정을 기술하는 특수한 메소드로 컴파일러가 자동으로 호출하는 루틴을 말한다. 만약 패키지 외부에서 생성자를 호출할 필요가 있는 경우 접근수정자로 **public**을 지

정해야 한다. 일반 메소드와는 달리 **new** 연산자를 사용해서 객체를 생성할 때 생성자를 자동으로 호출하여 실행한다.

```
class Student {
  // ...
  Student(String name, int no, String depart, String tel) {
    this.name = name;        // 멤버 변수 name에 "강수진" 대입
    this.no = no;            // 멤버 변수 no에 2020102 대입
    this.depart = depart;    // 멤버 변수 depart에 "컴퓨터공학과" 대입
    this.tel = tel;          // 멤버 변수 tel에 "02-456-7777" 대입
  }
}
// ...
Student st = new Student("강수진", 2020102, "컴퓨터공학과", "02-456-7777");
// st 객체 생성하면서 매개변수가 네 개인 Student() 생성자 호출
```

객체를 생성할 때 실인수로 위의 값을 넘겨주면 매개변수가 네 개인 생성자에서 값을 받아 멤버 변수에 대입한다. "this.name = name;"에서 **this**는 호출한 객체를 나타내어 객체 st이고, 객체 st의 멤버 변수 name에 전달받은 name 값 "강수진"을 대입한다. 생성자의 매개변수와 멤버 변수의 이름이 같은 경우 서로 구분하기 위해 멤버 변수에 "**this**" 키워드를 사용한다.

일반 메소드를 만들듯이 생성자를 기술할 수 있는데 일반 메소드와 다른 차이점은 반환하는 복귀형을 표시하지 않고 메소드 이름은 클래스 이름과 같다는 것이다. 클래스를 작성할 때, 생성자는 별도로 만들 수 있고 생략할 수도 있다. 생략한 경우는 명령문이 없고 매개변수가 없는 기본 생성자를 컴퍼일러가 자동으로 생성한다.

```
Student() {  }  // 명령문이 없는 기본 생성자
```

다른 생성자 호출 this()

생성자가 여러 개 있을 때 생성자들 사이에서 다른 생성자를 호출할 수 있다. 다른 생성자를 호출할 때 **this()**를 사용하고 생성자의 첫 번째 문장으로 작성해야 한다. 생성자가 여러 개 있을 경우, 실인수와 매개변수의 개수가 같고 자료형이 일치하는 생성자를 호출한다.

```
class Student {
  // ...
  Student(String name, int no, String depart, String tel) {
   //...
  }

  Student(String name, int no, String tel) {
    this(name, no, "컴퓨터공학과", tel); // 매개변수가 4개인 생성자 호출
  }
 // ...
}
 // ...
Student st = new Student("강수진", 2020102, "02-456-7777");
// st 객체 생성하면서 매개변수가 3개인 두 번째 Student() 생성자 호출
```

위에서 st 객체를 생성하면 매개변수가 세 개인 생성자 Student(String name, int no, String tel)를 호출하고 생성자 안에서 매개변수가 네 개인 생성자 Student(String name, int no, String depart, String tel)를 다시 호출한다.

this()의 첫 번째 실인수 "강수진"을 매개변수 name에 전달하고, 2020102를 no에 전달하고, "컴퓨터공학과"를 depart에 전달하고, "02-456-7777"을 tel에 전달하면서 호출해 "컴퓨터공학과"의 "강수진" 학생 정보를 멤버 변수에 대입한다.

자바에서는 객체를 생성한 후 더 이상 사용하지 않을 경우 가비지(garbage)로

처리하여 자동으로 소멸시킨다. 새로운 객체를 생성할 기억장소가 부족하거나 프로그램에서 작업할 일이 없으면 자바가상머신(JVM)에서 자동으로 가비지를 회수해 기억장소를 재사용할 수 있도록 가비지 컬렉션을 실행한다.

사용자가 **System.gc()** 메소드를 사용해 강제로 가비지 컬렉션을 수행할 수 있지만 바로 작동하는 것이 아니고 시스템에서 적절한 시점에 작동시킨다.

다음 예제는 객체를 생성하면서 생성자의 실인수로 값을 전달하여 멤버 변수 값을 초기화하고 두 값을 서로 교환한 후 멤버 변수의 값을 출력하는 프로그램이다.

 예제 3-5 ExConstructor.java

```java
public class ExConstructor {
    int x, y;                 // 멤버 변수 x, y 정수형으로 선언

    ExConstructor(int x, int y) {  // x = 10, y = 20
        this.x = x;           // 멤버 변수 x = 10
        this.y = y;           // 멤버 변수 y = 20
        System.out.println("두 멤버 변수: "+this.x+" , "+this.y); // ①
    }
    public void exchange() {
        int temp = x;         // 멤버 변수 x 값을 temp에 대입
        x = y;                // 멤버 변수 y 값을 x에 대입
        y = temp;             // temp 값을 멤버 변수 y에 대입
    }
    public static void main(String[] args) {
        ExConstructor obj = new ExConstructor(10, 20);
        System.out.println("초깃값 x = "+obj.x+" , y= "+obj.y); // ②
        obj.exchange();       // 객체를 실인수로 전달하지 않음.
        System.out.println("* exchange 호출 후 결과 *");
        System.out.print("x = "+obj.x+" , y= "+obj.y);
    }
}
```

```
실행 결과

두 멤버 변수: 10 , 20
초깃값 x = 10 , y= 20
* exchange 호출 후 결과 *
x = 20 , y= 10
```

main() 메소드에서 ExConstructor 클래스의 객체 obj를 생성하면서 자동으로 생성자를 호출하여 두 개의 실인수인 10, 20을 넘겨준다.

ExConstructor() 생성자의 매개변수에 값을 전달하여 x에는 10, y에는 20이 들어가고 "this.x = x;" 명령문에 의해 obj 객체의 멤버 변수 x에 10이 들어가고, "this.y = y;" 명령문에 의해 obj 객체의 멤버 변수 y에 20이 들어간다.

①번 출력문에서 "두 수: 10, 20" 문장을 출력한다. 생성자의 모든 명령문을 수행하였으므로 main() 메소드로 돌아와 obj.exchange() 메소드를 호출해 obj 객체의 두 멤버 변수의 값을 서로 교환하고 ②번 출력문에서 두 멤버 변수의 값을 출력한다.

만일 ExConstructor 클래스의 다른 객체인 obj2의 멤버 변수를 교환할 경우는 obj2.exchange() 메소드를 호출한다.

멤버 변수의 값을 서로 교환해서 main() 메소드에서 출력해도 교환된 값을 그대로 출력한다. 멤버 변수는 선언된 클래스 전체 영역에서 사용 가능한 변수이다. 따라서, 클래스 안에서 객체 obj를 실인수로 넘겨주지 않더라도 클래스 안에서 사용 가능한 변수이다. 하나의 클래스 안에서 사용할 자료 중에서 클래스 전체 영역에서 사용할 자료는 멤버 변수로 선언해주면 편리하게 사용할 수 있다.

3.3.4 메소드의 복귀형

메소드를 작성할 때 반환하는 값의 유형을 명시하는데, 반환하는 복귀형의 유형은 메소드를 실행한 후 실행 결과를 반환할 때 반환하는 값의 자료형을 말한다. 보통 일반적인 자료형을 사용할 수 있고 반환하는 값이 없는 경우는 void형을 사용한다.

복귀형에는 기본 자료형인 int, long, float, double 등과 참조형을 사용한다. 반환하는 값이 없을 때 사용하는 void형인 경우, 메소드를 처리한 결과 반환할 값이 없는 경우 사용하고 그 밖의 경우는 return 문을 사용하여 결과 값을 반환한다.

다음 예제는 메소드를 사용해 두 정수의 합을 구하고 값을 반환한 후 출력하는 프로그램이다.

 예제 3-6 ReturnInt.java

```java
public class ReturnInt {
    int x, y, sum;              // 멤버 변수 x, y, sum 정수형으로 선언

    ReturnInt(int x, int y)  // x = 10, y = 20
    {  this.x = x;              // 멤버 변수 x = 10
       this.y = y;   }          // 멤버 변수 y = 20

    public int computeSum() {
        sum = x + y;            // 멤버 변수 x와 y를 합해 sum에 30 대입
        return sum;
    }
    public static void main(String[] args) {
        ReturnInt obj = new ReturnInt(10, 20);
        System.out.println(" 두 수 : "+obj.x+" , "+obj.y);        // ①
        System.out.println(" 두 수의 합 = "+obj.computeSum()); // ②
    }
}
```

실행 결과

```
두 수 : 10 , 20
두 수의 합 = 30
```

main() 메소드에서 ReturnInt 클래스의 객체 obj를 생성하면서 생성자를 호출하

여 x에는 10, y에는 20을 전달하고 멤버 변수 x에 10, y에 20을 대입한다.

다시 main() 으로 돌아와 ①번 출력문을 실행해 "두 수: 10, 20"을 출력하고, ②
번 출력문에서 " 두 수의 합 = "이라는 내용을 출력하고 computeSum() 메소드를
호출한다.

computeSum() 메소드에서 두 멤버 변수의 합을 계산하여 sum에 30을 대입하
고, "return sum;" 문장에 의해 sum 값인 30을 반환하면서 main() 메소드로 돌아
와 "두 수의 합 = " 뒤 obj.computeSum() 자리에 "30"을 출력한다.

다음 예제는 문자열을 반환하는 메소드를 갖는 프로그램이다.

 예제 3-7 ReturnString.java

```
public class ReturnString {
    String msg;              // 멤버 변수 msg 선언
    public String message(String msg) { // msg = "자바 프로그래밍"
        this.msg = msg; // 멤버 변수 msg에 "자바 프로그래밍" 대입
        return this.msg;    // 멤버 변수 msg의 "자바 프로그래밍" 반환
    }
    public static void main(String[] args) {
        ReturnString obj = new ReturnString();   // 객체 obj 생성
        System.out.println( "복귀 값 : "+obj.message("자바 프로그래밍"));
    }
}
```

실행 결과

복귀 값 : 자바 프로그래밍

main() 메소드의 첫 문장에서 ReturnString 클래스의 객체 obj를 생성하고 두
번째 문장에서 message("자바 프로그래밍") 메소드를 호출하면서 메소드를 수행하

고 "자바 프로그래밍"이라는 문자열을 반환하여 "복귀값: 자바프로그래밍"을 출력한다.

3.3.5 메소드 중복(overloading)

객체 지향 언어의 특성 중 하나가 다형성(polymorphism)이고, 다형성이란 적용하는 객체에 따라 메소드의 의미가 달라지는 것으로 같은 이름의 메소드가 여러 개 존재하는 것을 말한다.

자료형이 다르거나 매개변수의 개수가 다른 동일한 이름의 메소드가 여러 개 존재하는 것을 메소드 중복(overloading)이라 한다. 매개변수의 자료형이 다르거나 개수가 다른 매개변수를 사용하여 다양한 기능을 제공한다.

새로운 클래스를 만들 때 슈퍼 클래스에서 메소드를 상속받으면서 서브(확장) 클래스에서 동일한 메소드를 재정의(overriding)하는 경우도 있다. 메소드 재정의는 6.2절에 자세하게 나와 있다.

다음 예제는 같은 이름의 메소드를 두 개 정의하여 정수의 합과 실수의 합을 구하여 출력하는 프로그램이다.

예제 3-8 MethodOverloading.java

```java
public class MethodOverloading {
    int sum;
    double sumdbl;

    public int ComputeSum(int x, int y) {  // x=10, y=20
        sum = x + y;
        return sum;
    }
    public double ComputeSum(double x, double y) {  // x=5.2, y=20.5
        sumdbl = x + y;
        return sumdbl;
    }
```

```
public static void main(String[] args) {
    MethodOverloading obj = new MethodOverloading();
    System.out.println("두 정수의 합 = "+obj.ComputeSum(10, 20));
    System.out.println("두 실수의 합 = "+obj.ComputeSum(5.2, 20.5));
    }
}
```

실행 결과

```
두 정수의 합 = 30
두 실수의 합 = 25.7
```

ComputeSum() 메소드를 정의하여 정수와 실수의 합을 구하는데 두 메소드의 이름이 같으므로 main() 메소드에서 호출할 때 실인수의 자료형으로 서로 구분하여 호출한다.

ComputeSum(10, 20)의 경우 정수의 합을 구하는 첫 번째 ComputeSum (int x, int y)를 호출하는 것이고, ComputeSum(5.2, 20.5)은 실수의 합을 구하는 두 번째 ComputeSum(double x, double y) 메소드를 호출하는 것이다.

3.4 객체 배열

자바에서 배열을 만들 때 객체를 원소로 하는 배열을 생성할 수 있다. 자바에서 객체 배열을 만들 때 배열 원소 각각에 대해 객체를 생성해야 한다.

배열을 선언할 때 배열 원소의 자료형은 다음과 같이 클래스이름을 사용한다.

선언 형식1

클래스이름[] 배열이름;   // 클래스이름 배열이름[];

배열이름 = new 클래스이름[size]; // size는 배열 원소 수

선언 형식2

클래스이름[] 배열이름 = new 클래스이름[size];

선언 예1

Student[] st;   // Student st[];

st = new Student[3];

선언 예2

Student[] st = new Student[3];

// 3개의 원소를 갖는 Student 배열 선언

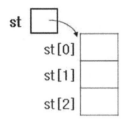

객체 배열 st를 선언하면 세 개의 배열 원소의 참조 값을 저장할 수 있는 기억 장소를 할당받는다.

객체 배열 st는 3개의 Student 객체를 저장하는 배열의 첫 원소 st[0]의 참조 값을 갖는다. 배열 원소의 자료형이 객체가 들어가는 참조형이므로 배열 원소 각각에 대해 객체를 생성해야 기억 장소를 할당받고 3개의 객체를 사용할 수 있다. 배열 원소의 각 객체는 다음과 같이 생성한다.

배열 원소의 객체 생성 예

```java
for(int i = 0; i < st.length; i++)
    st[i] = new Student();    // 각 배열 원소의 객체 생성
```

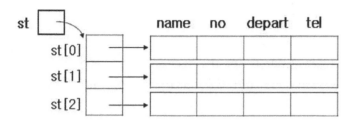

Student 클래스의 객체 st[0], st[1], st[2]를 생성하면, 각 객체마다 Student 클래스의 멤버 변수인 name, no, depart, tel를 저장할 수 있는 기억장소를 할당받고 메소드를 호출해서 사용할 수 있다.

배열 원소 사용 예

```java
for(int i = 0; i < st.length; i++)  // 배열 원소의 학번과 이름을 출력
    System.out.println(st[i].no+" "+st[i].name);
```

for 문을 사용해 각 배열 원소의 학번과 이름을 출력한다. 첨자 i는 0부터 st.length-1까지 i를 1씩 증가하면서 반복해 수행한다. st.length는 배열의 원소 수를 저장하는 필드(멤버 변수)로 3이다. 메소드를 호출할 경우에도 "st[i].메소드이름"으로 호출한다. for 문은 5.3절에 자세하게 나와 있다.

다음 예제는 Student 객체의 배열을 생성해 학생 정보를 출력하는 프로그램이다.

```java
class Student {
  String name;    // 이름
  int    no;      // 학번
  String depart;  // 학과
  String tel;     // 전화번호
  public Student(String name, int no, String depart, String tel) {
    this.name = name;  // 멤버 변수 name에 매개변수 name 값 대입
    this.no = no;
    this.depart = depart;
    this.tel = tel;
  }
}
public class StudentArray {
  public static void main(String[] args) {
    Student[] st = new Student[3];
    String name[] = {"Kim", "Lee", "Cho"};
    String dept[] = {"컴퓨터공학", "전자공학", "소프트웨어공학"};
    String tel[] = {"555-6666", "423-1234", "256-6783"};
    int no = 1000;
    System.out.println("  *** 학생 정보 리스트 ***");
    System.out.println("이름 학번    전화번호      학과");
    for(int i=0; i < st.length; i++)
    { st[i] = new Student(name[i],no++,dept[i],tel[i]); //학생정보생성
      // 학생 정보 출력
      System.out.printf("%s %d ",st[i].name,st[i].no);
      System.out.printf("%s %s\n",st[i].tel,st[i].depart);
    }
  }
}
```

실행결과

```
   *** 학생 정보 리스트 ***
이름 학번   전화번호     학과
Kim 1000 555-6666 컴퓨터공학
Lee 1001 423-1234 전자공학
Cho 1002 256-6783 소프트웨어공학
```

for문에서 첨자 i는 0부터 st.length(3)보다 작은 동안 1씩 증가하면서 총 세 번 수
행하는데, "new Student(name[i], no++, dept[i], tel[i])"로 객체를 생성하면서 생성
자를 호출해 학생 정보를 넣는다. 배열의 각 객체 st의 멤버 변수를 출력할 때
name은 "st[i].name"으로 출력한다.

다음 예제는 학과의 공금을 사용하고 남은 금액을 계산해서 출력하는 프로그램
이다. 공금은 정적(static) 멤버 변수로 선언하고, 학생들이 공금을 사용한 금액을
입력받아서 사용하고 남은 공금 금액을 계산한다.

 예제 3-10 StaticMemberEx.java

```java
import java.util.Scanner;
class StudentCom {
    String name;                    // 이름
    int no;                         // 학번
    String depart="컴퓨터공학";     // 학과
    static int money=1000000;       // 컴퓨터공학과 공금총액

    public StudentCom(String name,int no) {
        this.name = name;
        this.no = no;
```

```java
            }
        }


public class StaticMemberEx {
    public static void main(String[] args) {
        StudentCom[] st = new StudentCom[3];
        String name[] = {"Kim", "Lee", "Cho"};
        int no = 1000;
        int[] use = new int[3];

        System.out.println("* 컴퓨터공학 공급금액 : "+StudentCom.money);
        System.out.println("\n* 컴퓨터공학 학생 정보 리스트 *");
        Scanner s = new Scanner("160000 350000 280000");
        System.out.println("이름\t학번\t공급사용액");

        for(int i = 0; i < st.length; i++)
        { st[i] = new StudentCom(name[i], no++);
          use[i] = s.nextInt();
          System.out.printf("%s\t%d\t%8d\n",st[i].name,st[i].no,use[i]);
          StudentCom.money -=use[i];  // 사용한 공급액 계산
        }
        System.out.println("\n남은 공급금액: "+StudentCom.money);
    }
}
```

실행결과

```
* 컴퓨터공학 공금금액 : 1000000

* 컴퓨터공학 학생 정보 리스트 *
이름        학번        공금사용액
Kim        1000          160000
Lee        1001          350000
Cho        1002          280000

남은 공금금액: 210000
```

정적(static) 멤버 변수인 money는 StudentCom 객체를 생성하기 전에도 "StudentCom.money"로 사용가능한 변수이다. 객체마다 따로 기억장소를 할당받지 않고 모든 객체가 하나의 money를 공유해 모든 학생이 사용한 공금액을 차감하여 남은 공금액을 계산할 수 있다.

3.5 내부 클래스

한 클래스 안에 또 다른 클래스를 정의할 수 있는데 이러한 클래스를 내부 클래스(inner class) 혹은 중첩 클래스(nested class)라 한다.

3.5.1 내부 클래스의 정의

내부 클래스란 어떤 클래스의 내부에서 정의한 클래스로 일반 클래스와 같은 방법으로 정의할 수 있다. 다만 내부 클래스를 참조하여 사용하는 방법이 다르다.

```
class Outer {      // 외부 클래스
  // ...
  class Inner {    // 내부 클래스
    // ...
  }
}
```

Outer 클래스 내부에서는 내부 클래스의 이름을 단순하게 사용하여 참조할 수 있지만 Outer 클래스가 아닌 다른 클래스에서 Inner 클래스를 사용하기 위해서는 다음처럼 Outer 클래스를 통해 접근해야 한다.

```
Outer outerObj = new Outer();
Outer.Inner innerObj = outerObj.new Inner();
```

Inner 클래스에서는 Outer 클래스에서 선언한 모든 멤버 변수나 메소드를 자신의 것처럼 마음대로 사용할 수 있다. 그러나 Outer 클래스에서 Inner 클래스에 있는 멤버 변수나 메소드를 사용하기 위해 Inner 클래스의 객체를 생성해서 사용해야만 한다.

내부 클래스는 별도로 컴파일하지 않더라도 외부 클래스를 컴파일할 때 자동으로 번역하여 다음과 같은 바이트 코드 파일 이름을 갖는다.

```
Outer$Inner.class
```

다음 예제는 정수의 합과 실수의 합을 구하는데, 외부 클래스 안에 정적 내부 클래스를 정의해서 객체를 생성하지 않고 메소드를 호출하여 계산하는 프로그램이다.

예제 3-11 ArithmeticOuter.java

```java
public class ArithmeticOuter {
  static class SumInt {
    static int sum;
    public static int ComputeSum(int x, int y) {
      sum = x + y;
      return sum;
    }
  }
  static class SumDouble{
    static double sumdbl;
    public static double ComputeSum(double x, double y) {
      sumdbl = x + y;
      return sumdbl;
    }
  }
  public static void main(String[] args) {
    System.out.print(" 두 정수의 합 = ");
    System.out.println(SumInt.ComputeSum(5, 10));
    System.out.print(" 두 실수의 합 = ");
    System.out.println(SumDouble.ComputeSum(2.3, 10));
  }
}
```

실행결과

```
두 정수의 합 = 15
두 실수의 합 = 12.3
```

정적(static) 클래스로 정의한 경우 정적 멤버 변수만 사용할 수 있으므로 sum과 sumdbl은 static으로 선언해야 한다. 정적 메소드를 호출할 때 "클래스이름.메소드이름"으로 호출해야 하므로, "SumInt.ComputeSum(5, 10)"을 사용해 SumInt 클래스의 ComputeSum() 메소드를 호출한다.

다음 예제는 외부 클래스와 내부 클래스가 아닌 다른 클래스에서 외부 클래스 객체를 생성하고 두 개의 내부 클래스 객체를 생성하여 정수와 실수의 합을 계산해 출력하는 프로그램이다.

 예제 3-12 ArithmeticExec.java

```java
class ArithmeticOuter {
    int sum;
    double sumdbl;
    class SumInt {
        int ComputeSum(int x, int y) {
            sum = x + y;
            return sum;
        }
    }

    class SumDouble{
        double ComputeSum(double x, double y) {
            sumdbl = x + y;
            return sumdbl;
        }
    }
}
public class ArithmeticExec {
    public static void main(String[] args) {
        ArithmeticOuter obj = new ArithmeticOuter();
```

```
            ArithmeticOuter.SumInt obj1 = obj.new SumInt();
            ArithmeticOuter.SumDouble obj2 = obj.new SumDouble();
            System.out.print(" 두 정수의 합 = ");
            System.out.println(obj1.ComputeSum(15, 20));
            System.out.print(" 두 실수의 합 = ");
            System.out.println(obj2.ComputeSum(5.7, 10.4));
        }
    }
```

실행결과

```
두 정수의 합 = 35
두 실수의 합 = 16.1
```

연 습 문 제

1. 클래스란? 객체지향 개념을 위해 사용하는 목적은 무엇인가?

2. 클래스의 구성 요소를 설명하시오.

3. 생성자를 정의하고 메소드와 다른 점에 대해 설명하시오.

4. 멤버 변수와 메소드에 사용하는 접근수정자의 종류와 접근 허용 정도를 설명하시오.

5. 다형성이란 무엇이며 예를 들어 설명하시오.

6. 메소드를 사용하여 두 수를 읽고 두 수의 합, 차, 곱, 나누기를 구하는 자바 프로그램을 작성하시오.

```
Problems  Javadoc  Declaration  Console
<terminated> MethodSum [Java Application] C:₩Program F
두 정수 입력 --> 16 37
16 + 37 = 53
16 - 37 = -21
16 * 37 = 592
16 / 37 = 0.43243243243243246
```

7. 정적 메소드를 사용하여 원소 수를 읽고 원소의 개수만큼 원소를 읽은 후 배열에 저장하고 합과 평균을 구하여 출력하는 자바 프로그램을 작성하시오.

```
Problems  Javadoc  Declaration  Console
<terminated> SumAvgArr [Java Application] C:₩Program
원소 수 입력 --> 5
계산할 숫자 입력 --> 23 5 9 37 17
합: 91
평균: 18.2
```

8. 참가자 수 n을 입력받아 n명이 끝말잇기 게임을 하면서 게임에 진 참가자를 출력하는 프로그램을 작성하시오. 참가자의 클래스(Player)를 만들어 n개의 객체를 생성하고 게임을 진행하는 클래스(PlayWordGame)를 만들어 작성하시오.

```
String lastWord = startWowd; // startWowd = "자바";
 // lastIndex: 최종 입력한 단어의 맨 마지막 문자의 인덱스
int lastIndex = lastWord.length()-1;    // '바'의 인덱스 가져오기
// 참가자(playWord)의 첫 단어와 끝 단어(lastWord)가 맞는 지 비교
if(lastWord.charAt(lastIndex) == playWord.charAt(0))
```

```
 Problems  Javadoc  Declaration  Console ⊠
<terminated> WordGameEx [Java Application] C:₩Program Files₩J
게임 참가 인원 -> 3
참가자의 이름 입력 -> kim
참가자의 이름 입력 -> lee
참가자의 이름 입력 -> cho
끝말잇기 시작하는 단어는 자바입니다
kim->  바지
lee->  지게
cho->  계정
kim->  장국
lee->  국자
cho->  자동차
kim->  창고
kim이 졌습니다.
```

명령문과 연산자

실세계에서 일어나는 많은 문제들은 프로그래밍 언어를 사용하여 프로그램을 작성함으로써 해결하는데 이러한 문제들을 해결하기 위해 다양한 종류의 명령문을 사용한다. 자바의 명령문에는 배정문, 혼합문, 제어문 등이 있고 표준 C 언어의 명령문과 유사하다. 그밖에 자바에서는 예외처리를 위한 예외처리문과 동기화문을 제공하고 있다.

4.1 자바 명령문

배정문은 변수에 자료 값을 대입하거나 변경하기 위해 사용하는 명령문이고, 혼합문은 여러 명령문을 하나의 문장처럼 묶어 주는 명령문이다. 일반적인 자바 프로그램의 실행 순서는 작성된 순서대로 처리하는데, 제어문은 프로그램의 실행순서를 제어하는 방식을 제공한다. 조건에 따라 실행 문장을 결정하는 조건문과 어떤 문장들을 반복적으로 수행하는 반복문과 다른 명령문으로 이동하는 분기문 등이 있다.

```
                  ┌─ 배정문 : 변수이름 = 수식
                  ├─ 혼합문 : { ... }
                  │               ┌─ 조건문 : if문, switch문
자바명령문 ─┤    제어문 ─┤  반복문 : for문, for-each 문, while문, do-while문
                  │               └─ 분기문 : break문, continue문, return문
                  ├─ 예외처리문 : try-catch-finally문
                  └─ 동기화문 : synchronized
```

예외처리문은 프로그램을 실행하는 과정에서 발생할 수 있는 여러 예외사항들을 처리하는 명령문이고 동기화문은 멀티스레드를 실행하면서 어느 한 시점에는 하나의 스레드[12]만 접근하도록 제어하는 명령문이다.

4.1.1 배정문

배정문은 변수에 자료 값을 대입하거나 변경할 때 사용하는 명령문으로 가장 기본이 되는 자바 명령문이다.

형식

변수이름 = 수식

사용 예

```
num = 10;                 // 변수 num에 10을 대입
sum = num1 + num2;        // num1과 num2를 더한 값을 sum에 대입
mul = mul * no;           // mul에 no를 곱한 값을 mul에 대입
x = y = z = 0;            // z에 0을 대입, y에 0을 대입, x에 0을 대입
```

배정문에서 좌우측의 자료형이 다를 경우 자동으로 형변환이 이뤄지는데, 좌측의 자료형이 우측보다 클 경우는 우측 값을 좌측형으로 변환한다. 그러나, 반대일 경우 캐스트 연산자를 사용해서 명시적으로 자료형을 변환해야 한다.

---

12) 스레드는 순차 프로그램과 유사하게 시작, 실행, 종료의 순서를 갖고 특정한 작업을 실행하는 제어의 흐름이다.

사용 예

```
int num1;
long num2 = num1;    // num1을 long 형으로 자동 변환
num1 = (int)num2;    // num2를 int 형으로 변환
```

num2가 64비트 정수형이고 num1은 32비트 정수형이므로 num1값은 num2에 대입할 수 있는데, 반대로 "num1 = num2" 경우 오류가 발생하므로 위에서처럼 캐스트 연산자 (int)를 사용하여 "(int)num2"처럼 작성해 num2를 int형으로 변환해야 한다. 변환하려는 자료형을 ( ) 안에 지정하면 원하는 자료형으로 변환할 수 있다. 이 경우 자료 값의 크기에 따라 값의 손실이 발생할 수 있다.

다음 예제는 네 개의 변수를 int, long, float, double형으로 선언한 후 배정문으로 값을 대입한 후 출력하는 프로그램이다.

예제 4-1 UseAssign.java

```java
public class UseAssign {
  public static void main(String[] args) {
    int num1 = 7;
    long num2 = num1 + 10;
    double num3= 1.234_5678_912; // num3 = 1.2345678912
    float num4 = (float)num3;     // num4가 float형이라 float로 형 변환
    System.out.println("num1 = "+num1);
    System.out.println("num2 = "+num2);
    System.out.println("num3 = "+num3);
    System.out.println("num4 = "+num4);
  }
}
```

4.1.2 혼합문

혼합문은 여러 문장을 하나로 묶어 한 문장처럼 취급하고자 할 때, 여러 문장들을 중괄호 { }로 묶어서 처리한다. { } 안에는 변수의 형을 선언하는 선언문이나 자바 명령문들이 들어갈 수 있고 같은 블록 안에 속한 문장들이 된다.

형식

```
{
    선언문
    명령문
}
```

사용 예

```
{
    int x = 10;
    x += 10;    // x는 20
}
```

위에서 x와 같은 변수는 자신을 선언한 혼합문내에서만 사용할 수 있는 변수이고, 자신을 선언한 블록 안에서만 참조할 수 있는 변수이므로 지역 변수라 한다. 같은 이름의 변수가 한 블록 안에 두 개 이상 나올 수 없고 블록이 다른 경우는 같은 이름의 변수를 다시 선언하여 사용할 수 있다.

다음 예제는 두 혼합문 안에 같은 변수를 선언한 후 변수 값을 출력하는 프로그램이다.

 예제 4-2 UseCompound.java

```java
public class UseCompound {
  public static void main(String[] args) {
    int num = 10;
    {  int num1 = 20;
       System.out.println("첫번째 블록 num1 = "+num1); // 20 출력
    }
    {  int num1 = 30;
       System.out.println("두번째 블록 num1 = "+num1); // 30 출력
    }
    System.out.println("num = "+num);    // 10 출력
  }
}
```

실행결과

```
첫번째 블록 num1 = 20
두번째 블록 num1 = 30
num = 10
```

4.2 연산자

자바 프로그램에서는 정의한 변수나 상수를 사용해 어떤 계산을 수행하는데 이러한 연산을 수행하기 위해 연산자가 필요하다. 자바에서는 표준 C 언어에서 사용하는 연산자를 대부분 사용하고 타 언어에서보다 연산자가 비교적 풍부하다.

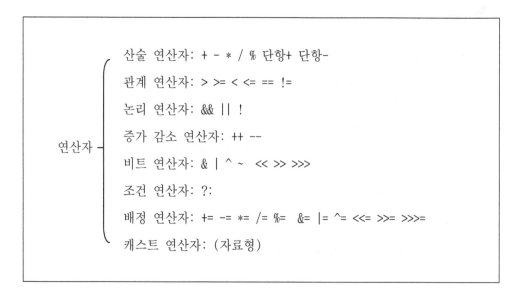

산술 연산자: + - * / % 단항+ 단항-

관계 연산자: > >= < <= == !=

논리 연산자: && || !

증가 감소 연산자: ++ --

비트 연산자: & | ^ ~ << >> >>>

조건 연산자: ?:

배정 연산자: += -= *= /= %= &= |= ^= <<= >>= >>>=

캐스트 연산자: (자료형)

4.2.1 산술 연산자

산술연산자에는 사칙연산을 위한 연산자인 +(덧셈), -(뺄셈), *(곱셈), /(나눗셈), 두 수를 나눈 다음 나머지 값을 취하는 %(나머지) 연산자가 있다. 이들 연산자는 두 개의 피연산자를 사용해서 연산을 수행하는 산술연산자이다. 반면 양수나 음수처럼 부호를 나타내는 부호 연산자(+, -)는 단항연산자이다.

[표 4.1]은 산술연산자를 사용한 예이고 각각의 수식을 순차적으로 연속해서 계산한 결과 값을 작성한 것이다.

〔표 4.1〕 산술연산자 사용 예

연산자 사용	계산 결과 값
10 + 20	30
x = 36 * 2	36×2를 계산 한 후 x라는 변수에 72를 대입함.
y = x / 10	변수 y에 7을 대입 (y는 정수형이므로 7.2가 아닌 7을 대입)
x % 5	72÷5를 계산한 후 나머지 값을 취하므로 2
-x	-72

산술 연산자는 그에 상응하는 수학적 계산을 수행하는데 두 연산자가 정수형이면 계산 결과 값도 정수형이 된다. [표 4.1]에서 72와 10이 모두 정수 값을 나타내므로 72/10을 계산한 결과는 수학에서의 7.2가 아닌 7이 된다. 7.2라는 실수 값이 나오려면 두 수 중 하나만 실수형으로 바꾸면 되므로, x/10 대신 x/10.0을 사용한다. 10은 정수형이지만 10.0은 실수형이기 때문에 둘 중 하나라도 실수형이면 실수형 나눗셈이 되어 계산 결과도 실수형이 된다.

다음 예제는 산술 연산자를 사용해 계산한 결과 값을 출력하는 프로그램이다.

예제 4-3 UseOperator.java

```
public class UseOperator {
  public static void main(String[] args) {
    int num1 = 2 * 7;
    int num2 = num1 / 3;
    int num3 = -num2;
    double num4 = num1 / 3.0;
    System.out.println("num1 = "+num1);
    System.out.println("num2 = "+num2);
    System.out.println("num3 = "+ num3+", num4 = "+ num4);
    num1 = num1 % 4;
```

```
        System.out.println("나머지 연산 후 num1 = "+num1);
    }
  }
```

실행결과

```
num1 = 14
num2 = 4
num3 = -4 , num4 = 4.6666666666666667
나머지 연산 후 num1 = 2
```

num1은 정수형 14이고 3도 정수형이어서 14 ÷ 3을 계산한 결과 값도 정수형이고, num2의 값은 4가 된다.

4.2.2 관계 연산자

관계 연산자는 두 수의 값을 비교하여 큰 지 작은 지 같은 지 같지 않은 지를 검사하여 결과 값을 true 혹은 false로 나타내는 연산자이다. 관계 연산자를 포함한 식을 관계식이라 하고 자바 프로그램의 문장을 제어하는 if 문이나 for 문이나 while 문 같은 제어문에서 제어 조건을 검사하기 위해 관계식을 사용한다.

관계 연산자의 종류와 각 연산자의 의미와 계산 결과는 다음과 같다.

〔표 4.2〕 관계연산자의 의미와 관계식 계산결과

연산자	의미	사용 예	계산 결과 관계식 값
〉	크다	x 〉 y	x 값이 y 값보다 크면 true
〉=	크거나 같다	x 〉= y	x 값이 y 값보다 크거나 같으면 true
〈	작다	x 〈 y	x 값이 y 값보다 작으면 true
〈=	작거나 같다	x 〈= y	x 값이 y 값보다 작거나 같으면 true
==	같다	x == y	x 값과 y 값이 같으면 true
!=	같지 않다	x != y	x 값과 y 값이 같지 않으면 true

관계 연산자 중 앞의 네 개(> >= < <=)를 비교 연산자라 하고 뒤에 두개(== !=)를 상등 연산자라 하는데 비교 연산자가 상등 연산자보다 우선순위가 높다. 관계식과 산술식을 같이 사용한 경우, 산술 연산자가 관계 연산자보다 우선순위가 높기 때문에 산술식부터 먼저 계산한다.

〔표 4.3〕 관계식 사용 예

연산자 사용	계산 결과 값
10 〉 20	10이 20보다 크지 않으므로 계산 결과는 false
x = 10 〈= 10	10과 10은 같으므로 변수 x에 true를 대입
y = 20 == 10	20과 10이 같지 않으므로 변수 y에 false를 대입
5 != 6	5와 6은 같지 않으므로 계산 결과는 true
7 〉= 3	7은 3보다 크기 때문에 계산 결과는 true

다음 예제는 관계 연산자를 사용해 계산한 수식의 결과 값을 출력하는 프로그램이다.

```java
public class UseRelOperator1 {
  public static void main(String[] args) {
    int num1 = 4, num2 = 6, num3 = 10;
    boolean bl1, bl2, bl3;
    bl1 = num1 > num2;
    bl2 = num1 <= num3;
    bl3 = num1 == num2;
    System.out.println("num1= "+num1);
    System.out.println("num2 = "+num2);
    System.out.println("num3 = "+num3);
    System.out.println("num1 > num2 ? "+bl1);
    System.out.println("num1 <= num3 ? "+bl2);
    System.out.println("num1과 num2는 같은가? "+bl3);
  }
}
```

실행결과

```
num1= 4
num2 = 6
num3 = 10
num1 > num2 ? false
num1 <= num3 ? true
num1과 num2는 같은가? false
```

4.2.3 논리 연산자

논리 연산자는 두 피연산자의 논리적 관계를 나타내는 것으로 논리곱(&&), 논리합(||)과 논리 부정(!) 연산자가 있다.

〔표 4.4〕논리연산자 의미와 논리식 값

연산자	의미	사용 예	계산 결과 논리식 값
&&	논리곱(AND)	x && y	x와 y 모두 true일 경우만 true가 되고, 나머지 경우는 모두 false가 됨.
||	논리합(OR)	x || y	x와 y 모두 false일 경우만 false가 되고, 나머지 경우는 모두 true가 됨.
!	부정(NOT)	!x	x가 true이면 논리식 값은 false가 되고, false이면 true가 됨.

수식에서 논리 연산자는 산술 연산자나 관계 연산자 보다 연산의 우선순위가 낮고, 논리 연산자의 순위는 ! > && > || 순이다.

연산자 우선순위는 산술식 > 관계식 > 논리식 순이다.

〔표 4.5〕논리식 사용 예

연산자 사용	계산 결과 값
true && false	true와 false의 논리곱이므로 논리식 값은 false
!true	true의 부정이므로 논리식 값은 false
x = false || false	변수 x에 false 대입
!false && 3 〉7	true와 false의 논리곱이므로 논리식 값은 false

위에서 맨 마지막에 있는 "!false && 3 > 7" 식의 경우 연산자 우선순위에 따라 "3 > 7" 을 먼저 계산하면 관계식 값은 false이고, "!false" 식을 계산하면 true이다. 즉 "true && false" 식이 되어 논리식 값은 false이다.

다음 예제는 논리연산자를 사용해 계산한 수식의 결과 값을 출력하는 프로그램이다.

```java
public class UseRelOperator2 {
    public static void main(String[] args) {
        int num1 = 5, num2 = 10;
        boolean bl1, bl2, bl3, bl4;
        bl1 = num1 < num2;      // true
        bl2 = num1 <= 5;        // true
        bl3 = bl1 && bl2;       // true
        bl4 = !bl3;             // false
        System.out.println("num1= "+num1);
        System.out.println("num2 = "+num2);
        System.out.println("num1 < num2 ? "+bl1);
        System.out.println("num1 <= 5 ? "+bl2);
        System.out.println("num1 < num2 && num1 <= 5 ? "+bl3);
        System.out.println("!(num1 < num2 && num1 <= 5) ? "+bl4);
    }
}
```

실행결과

```
num1= 5
num2 = 10
num1 < num2 ? true
num1 <= 5 ? true
num1 < num2 && num1 <= 5 ? true
!(num1 < num2 && num1 <= 5) ? false
```

4.2.4 증가 감소 연산자

증가 감소 연산자는 정수형 변수의 값을 1 증가하거나 1 감소할 때 간편하게 사용할 수 있는 연산자이다. 1 증가할 때는 ++를 사용하고 1 감소할 때는 --를 사용한다. 이 연산자가 변수 앞에 나오는 경우 변수 값을 먼저 증가하거나 감소한 후에 변수 값을 사용하고, 변수 뒤에 나오는 경우 변수 값을 먼저 사용한 후 변수 값을 증가하거나 감소한다.

〔표 4.6〕 증가감소 연산자 의미

연산자	사용 예	연산 의미
++	++n n++	연산 전에 n 값 1증가 연산 후에 n 값 1증가
--	--n n--	연산 전에 n 값 1감소 연산 후에 n 값 1감소

사용 예1

num1 = 10;
num2 = ++num1; // num1 값과 num2 값은 11이다.

사용 예2

num1 = 10;
num2 = num1++; // num2 값은 10이고 num1 값은 11이다.
                // num2 = num1; num1++;

첫 번째 사용 예를 보면 num1 값을 먼저 증가한 후 num2 값에 대입하므로 num1과 num2 모두 11이다. 반면 두 번째의 경우, num1 변수 값 10을 num2에 넣은 후에 num1 값을 증가하므로 num2 값은 10이고 num1 값은 11이다.

다음 예제는 증가 감소 연산자를 사용해 계산한 수식의 결과 값을 출력하는 프로그램이다.

 예제 4-6 UseOperatorIncDec.java

```java
public class UseOperatorIncDec {
    public static void main(String[] args) {
        int num1 = 1, num2 = 1, num3, num4;
        ++num1; num2++;                // num1 = 2, num2 = 2
        System.out.println("num1 = "+num1+" , num2 = "+num2);
        --num1; num2--;                // num1 = 1, num2 = 1
        System.out.println("num1 = "+num1+" , num2 = "+num2);
        num3 = ++num1 + 10;      // num3 = 12, num1 = 2
        num4 = num1++ + 10;      // num4 = 12, num1 = 3
        System.out.println("num3 = "+num3+" , num4 = "+num4);
    }
}
```

실행결과

```
num1 = 2 , num2 = 2
num1 = 1 , num2 = 1
num3 = 12 , num4 = 12
```

4.2.5 비트 연산자

자바에서 대부분의 연산자가 바이트나 워드 단위로 실행하는데 비해 비트 연산자는 비트 단위로 수식을 계산한다. 비트 연산자는 비연산자인 변수 값을 비트 단위인 이진수 값으로 바꾼 후 각각의 비트에 대해 연산을 수행한다.

비트 연산자의 피연산자는 반드시 **정수형**이어야 하고 비트 연산자의 종류는 다음 표와 같다.

〔표 4.7〕 비트 연산자 종류와 의미

연산자	사용 예	연산 의미
&	x & y	비트 논리곱(AND)
|	x | y	비트 논리합(OR)
^	x ^ y	비트 배타적 논리합(XOR)
<<	x << y	x를 왼쪽으로 y만큼 이동, 오른쪽 빈자리에 0을 채움.
>>	x >> y	x를 오른쪽으로 y만큼 이동, 왼쪽 빈자리에 x가 양수이면 0을 채우고, 음수이면 1을 채움.
>>>	x >>> y	x를 오른쪽으로 y만큼 이동, 왼쪽 빈자리에 0을 채움.
~	~y	1의 보수(one's complement), 1이면 0, 0이면 1로 변경

비트 연산자들 사이에서 연산의 우선순위는 ~가 가장 높고, 다음은 이동연산자 (<<, >>, >>>)이고 &, ^, | 순이다.

비트 연산자 중 &, ^, |의 연산 기능은 다음 표와 같다.

〔표 4.8〕 비트연산자 연산

x	y	x&y	x^y	x|y
1	1	1	0	1
1	0	0	1	1
0	1	0	1	1
0	0	0	0	0

만일 x가 11이고 y가 5라면 x와 y값을 이진수로 나타낸 다음 각각의 비트에 대해 연산을 수행한다. x는 1011_2, y는 0101_2이다.

$$x \quad 1\ 0\ 1\ 1_2 \qquad x \quad 1\ 0\ 1\ 1_2 \qquad x \quad 1\ 0\ 1\ 1_2$$
$$y \quad 0\ 1\ 0\ 1_2 \qquad y \quad 0\ 1\ 0\ 1_2 \qquad y \quad 0\ 1\ 0\ 1_2$$
$$x\&y \quad 0\ 0\ 0\ 1_2 \qquad x\text{\textasciicircum}y \quad 1\ 1\ 1\ 0_2 \qquad x|y \quad 1\ 1\ 1\ 1_2$$

실제로 x와 y의 비트연산을 수행할 때 x와 y의 자료형에 따라 비트수를 결정하고 x와 y가 양수이면 앞에 0을 채운다. 예를 들면, x와 y가 short형일 경우 16비트이 므로 0000000000001011_2과 0000000000000101_2이 되고 모든 비트에 대해 비트 연산을 수행하는데, 앞자리는 두 수 모두 0이므로 계산 결과도 모두 0이다.

비트 연산의 연산 결과 값은 이진수를 다시 십진수로 변환한 값이므로 x&y 연산 의 결과 값은 1이고, x^y 연산의 결과 값은 14이고, x|y 연산의 결과 값은 15이다.

1의 보수 연산자(~)는 각각의 비트 값을 반대 비트로 바꾸는 연산자이다. 즉, 1 은 0으로, 0은 1로 변환한다.

다음 예제는 비트 연산자를 사용해 수식을 계산한 후 출력하는 프로그램이다.

예제 4-7 UseOperatorBit.java

```java
public class UseOperatorBit {
    public static void main(String[] args) {
        int num1 = 9, num2 = 7;
        System.out.println("num1 = "+num1);
        System.out.println("num2 = "+num2);
        System.out.println("num1 & num2 = "+(num1 & num2));
        System.out.println("num1 ^ num2 = "+(num1 ^ num2));
        System.out.println("num1 | num2 = "+(num1 | num2));
    }
}
```

실행결과

```
num1 = 9
num2 = 7
num1 & num2 = 1
num1 ^ num2 = 14
num1 | num2 = 15
```

x << y 식에서 **왼쪽 이동 연산자 <<**는 x를 y 값만큼 왼쪽으로 이동하고 이동한 빈 자리를 0으로 채우는 기능을 수행한다.

x >> y 식에서 **오른쪽 이동 연산자 >>**는 x를 y 값만큼 오른쪽으로 이동하고 이동한 빈자리는 x의 부호에 따라 x가 양수이면 0으로 채우고 x가 음수이면 1로 채우는 기능을 수행한다. x의 가장 왼쪽 비트가 0이면 양수이고 1이면 음수이다.

x >>> y 식에서 **부호 없는 오른쪽 이동 연산자 >>>**는 x를 y 값만큼 오른쪽으로 이동하고 이동한 빈자리는 x의 부호와 상관없이 무조건 0으로 채우는 기능을 수행한다. x 값이 양수일 때 x >> y와 x >>> y의 계산 결과는 같다.

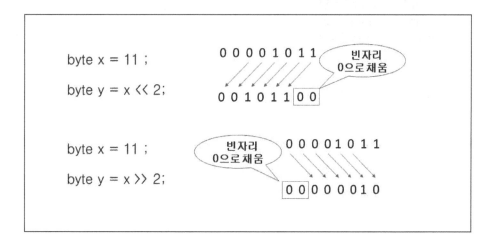

다음 예제는 비트 이동 연산자를 사용해 수식을 계산한 후 출력하는 프로그램이다.

```
public class UseOperatorShift {
  public static void main(String[] args) {
    int num1 = 14, num2 = 2;
    System.out.println("num1 = "+num1);
    System.out.println("num2 = "+num2);
    System.out.println("num1 << num2 = "+(num1 << num2));
    System.out.println("num1 >> num2 = "+(num1 >> num2));
    System.out.println("num1 >>> num2 = "+(num1 >>> num2));
  }
}
```

실행결과

```
num1 = 14
num2 = 2
num1 << num2 = 56
num1 >> num2 = 3
num1 >>> num2 = 3
```

4.2.6 조건 연산자

조건 연산자는 세 개의 피연산자를 갖는 삼항 연산자로서 5장에 나오는 제어문 중 **if** 문과 의미는 같다.

형식

식1 ? 식2 : 식3

식1의 조건식이 참이면 조건 연산자의 전체 식 값이 식2가 되고, 아니면 식3이 조건 연산자의 결과 값이 된다.

```
max = x > y ? x : y;
```

x와 y의 값을 비교해서 x가 y보다 크면 전체 식 값은 x가 되고 아니면 y가 되어 x와 y중 큰 값이 변수 max에 들어간다.

위의 문장을 if 문으로 바꾸면 다음과 같다.

```
if (x > y)  max = x; else max = y;
```

다음 예제는 두 정수를 입력받은 후 조건연산자를 사용해 두 수 중 큰 수를 출력하는 프로그램이다.

예제 4-9 UseOperatorCond.java

```java
import java.util.Scanner;
public class UseOperatorCond {
    public static void main(String[] args) {
        Scanner s = new Scanner(System.in);
        System.out.print("두 정수 입력 --> ");
        int num1 = s.nextInt();
        int num2 = s.nextInt();
        int max = (num1 > num2) ? num1 : num2;
        System.out.println("num1 = "+num1);
```

```
        System.out.println("num2 = "+num2);
        System.out.println("num1과 num2 중 큰 수: "+max);
        s.close();
    }
}
```

실행결과

```
두 정수 입력 --> 78 91
num1 = 78
num2 = 91
num1과 num2 중 큰 수: 91
```

4.2.7 배정 연산자

배정 연산자는 배정문의 우측 첫 피연산자가 좌측의 변수와 같은 경우 문장을 간단히 나타내기 위해 사용하는 연산자이다.

예를 들면 "x = x + y;"를 "x += y;"로 간단히 표현할 수 있다.

형식

식1 = 식1 op 식2 ⇒ 식1 op= 식2
op는 산술연산자(+ - * / %)와 비트 연산자(& ^ | ≪ ≫ ≪≪)를 사용한다.

사용 예

```
x -= 3;              // x = x - 3;
num1 /= num2;        // num1 = num1 / num2;
x &= y;              // x = x & y;
no <<= 3;            // no = no << 3;
```

다음 예제는 배정 연산자를 사용해 수식을 계산한 결과 값을 출력하는 프로그램이다.

✎ **예제 4-10** OperatorAssign.java

```java
public class OperatorAssign {
    public static void main(String[] args) {
        int num1 = 8, num2 = 6, num3 = 18, num4 = 20;
        num1 += num2;      // num1은 14
        num2 *= 4;         // num2는 24
        num3 &= num1;      // num3는 2
        num4 >>= 3;        // num4는 2
        System.out.println("num1 = "+num1);
        System.out.println("num2 = "+num2);
        System.out.println("num3 = "+num3);
        System.out.println("num4 = "+num4);
    }
}
```

실행결과

```
num1 = 14
num2 = 24
num3 = 2
num4 = 2
```

4.2.8 캐스트 연산자

캐스트 연산자는 사용자가 명시적으로 변수의 자료형을 다른 자료형으로 변환하고자 할 때 사용하는 자료형 변환 연산자이다.

형식

(자료형)식

소괄호 ( ) 안에 변환하고자하는 자료형을 나타내면 그 자료형으로 변환한다.

사용 예

(int) 1.15   // 1.15에서 정수 값을 취하므로 1
(float) 5   // 5를 실수형으로 변환하여 5.0
(float) 2 / 5   // (float)2를 계산하면 2.0, 2.0/5를 계산하면 0.4

다음 예제는 캐스트 연산자를 사용해 변수의 자료형을 변환하고 수식의 값을 계산한 후 출력하는 프로그램이다.

예제 4-11 UseOperatorAssign.java

```java
public class UseOperatorAssign {
    public static void main(String[] args) {
        int num1 = 6;
        float num2, num3;
        num2 = (float) num1;          // num2 = 6.0
        num3 = (float) num1 / 5;      // num3 = 1.2
        System.out.println("num1 = "+num1);
        System.out.println("num2 = "+num2);
        System.out.println("num3 = "+num3);
    }
}
```

실행결과

```
num1 = 6
num2 = 6.0
num3 = 1.2
```

연 습 문 제

1. 자바에서 사용가능한 연산자를 종류별로 구분하여 설명하시오.

2. 다음 수식을 자바 산술식으로 나타내시오.

(1) $x + yz$

(2) $x - yz^2$

(3) $x\dfrac{3}{5}$

(4) $\dfrac{x - y}{x}$

3. 자바에서 사용하는 연산자들의 우선순위를 비교하여 나열하시오.

4. 다음 수식을 계산한 후 결과 값을 쓰시오. (단 x = 10, y = 20 이라 가정)

(1) x * 4 - y

(2) y % 3 + 5

(3) x == y || x > 5

(4) x >= 10 && y >= 20

(5) x ^ y & 5

5. 메소드를 사용해 두 정수를 입력받아 산술연산(+ - * / %)과 비트연산(&

| ^)을 수행한 결과를 출력하는 프로그램을 작성하시오.

```
Problems * Javadoc Declaration Console
<terminated> MethodOperator [Java Application] C:\Program Files
두 정수 입력 --> 11 3
11 + 3 = 14
11 - 3 = 8
11 * 3 = 33
11 / 3 = 3.6666666666666665
11 % 3 = 2
11 & 3 = 3
11 | 3 = 11
11 ^ 3 = 8
```

6. 세 수 중 가장 큰 수를 구하는 계산식을 하나의 조건 연산자를 사용하여
   작성하시오.

```
Problems * Javadoc Declaration Console
<terminated> ConOperator [Java Application] C:\Pr
세 정수 입력 --> 98 75 67
max = 98

세 정수 입력 --> 12 34 62
max = 62

세 정수 입력 --> 45 91 75
max = 91
```

7. 서적 목록을 보여주고 메소드를 사용해 구매할 서적과 지불할 돈을 입력

하고 거스름돈을 계산하여 출력하는 프로그램을 작성하시오.

```
🥏 Problems  🔲 Javadoc  🔲 Declaration  🖵 Console 🔲
<terminated> BookSale [Java Application] C:₩Program Files₩Java
      ******   책  리스트  ******
자바        JSP        파이썬      C++        DB
20000      21000      18000      22000      17000

책이름과 금액 입력 --> 자바 19000
금액이 작아 책을 구매할 수 없음.

책이름과 금액 입력 --> 파이썬 20000
|
거스름돈 :  2000
```

 제어문

프로그램은 보통 위에서 아래로 작성한 순서대로 실행하는데 다양한 종류의 문제를 해결하려면 특정한 조건에 따라 실행하는 순서를 바꿔야하는 경우도 생기고 특별한 문장들은 반복적으로 여러 번 실행해야할 경우도 있다. 프로그램의 실행순서를 조정하기 위해 제어문을 사용한다.

5.1 제어문의 종류

제어문은 프로그램의 실행순서를 조정하기 위해 사용하고, 조건문, 반복문, 분기문으로 분류할 수 있다.

조건문 : if문, switch문

제어문 ─ 반복문 : for문, for-each 문, while문, do-while문

분기문 : break문, continue문, return문

조건문은 주어진 조건에 따라 수행해야할 명령문이 다를 때 사용하는 문장이다. 조건문에는 if 문과 switch 문이 있다. if 문은 조건에 따라 서로 다른 문장을 실행할 경우 사용한다. switch 문은 조건이 많아 여러 가지 조건으로 분류해서 처리해야 할 경우에 사용한다.

반복문은 정해진 횟수만큼 반복적으로 실행하거나 주어진 조건을 만족할 때까지 계속 반복적으로 수행하는 명령문이다. 자바에서는 for 문, for-each 문, while

문, do-while 문이 있다.

for 문은 정해진 횟수만큼 일련의 명령문들을 반복적으로 실행할 때 사용한다. for-each 문은 배열이나 enum(열거: enumeration) 클래스의 원소에 대해 주어진 명령문들을 반복해서 실행할 때 사용한다. while 문은 주어진 조건식의 조건이 참일 때 명령문들을 반복해서 실행한다. do-while 문은 명령문들을 먼저 실행한 후 조건을 검사해 조건에 상관없이 적어도 한번 이상 반복할 경우 사용하는 반복문이다.

특정한 문제를 해결하는 프로그램을 작성할 때 무한히 반복하게 조건을 줄 수 있는데 이 경우 무한 반복문을 빠져나오도록 제어하기 위해 분기문 중 break 문을 사용한다.

분기문은 지정한 명령문으로 제어를 옮기는 문장으로, break 문, continue 문 return 문이 있다. break 문은 자신이 속한 블록 밖으로 제어를 이동할 때 사용한다. 반복문을 실행하는 중에 continue 문을 만나면 반복을 시작하는 곳으로 제어를 옮긴다. return 문은 메소드의 실행을 종료하고 자신을 호출한 곳으로 제어를 옮겨 이동하는 문장이다.

5.2 조건문

조건문은 주어진 조건에 따라 수행해야할 명령문이 다를 경우 사용하는 문장으로 if 문과 switch 문이 있다.

5.2.1 if 문

if 문은 조건에 따라 서로 다른 문장을 수행해야하는 경우 사용한다. if 문의 조건식은 true나 false 값을 갖는 논리식이다.

형식

1. if (조건식) 문장;
2. if (조건식) 문장1; else 문장2;

첫 번째 if 문에서 조건을 나타내는 키워드 **if** 가 나오고 소괄호 ( ) 안에 검토해야 할 조건식이 들어가고 조건이 참일 경우 문장을 수행한다.

두 번째 if 문에서는 소괄호 ( ) 안에 검토해야 할 조건식이 들어가고 조건이 참일 때 문장1을 수행하고 조건이 거짓이면 문장2를 수행한다. 즉, 둘 중 조건에 따라 하나의 문장만 실행한다.

사용 예1

```
if (score >= 90) grade = 'A';
if (x > y) max = x; else max = y;
```

첫 문장에서 score가 90보다 크거나 같으면 grade는 'A'가 된다.

두 번째 문장에서 x가 y보다 크면 max에는 x 값이 들어가고 아니면 y 값이 max에 들어간다. 즉, 둘 중 큰 수가 max가 된다.

만일 참일 경우나 거짓일 경우 수행해야 할 문장이 여러 개 있을 경우 혼합문을 나타내는 중괄호 { }를 사용하여 한 묶음으로 나타내준다.

사용 예2

```
if (score >= 90)
  { grade = 'A';
    System.out.println("grade ="+grade);
  }
```

score가 90보다 크거나 같으면 grade는 'A'가 되고 grade 값을 출력한다.

다음 예제는 두 수를 입력받고 두 수 중 큰 수를 max에 저장하고 max 값을 출력하는 프로그램이다.

✎ 예제 5-1 UseIfStatement.java

```java
import java.util.Scanner;
public class UseIfStatement {
    public static void main(String[] args)
    {   Scanner s=new Scanner(System.in);
        System.out.print("두개의 수 입력: ");
        int num1 = s.nextInt();
        int num2 = s.nextInt();
        int  max;
        if (num1 > num2) max = num1;
        else max = num2;
        System.out.println("num1 = "+num1);
        System.out.println("num2 = "+num2);
        System.out.println("maxinum number = "+max);
        s.close();
    }
}
```

실행결과

```
두개의 수 입력: 23 78
num1 = 23
num2 = 78
maximum number = 78
```

5.2.2 중첩(nested) if 문

if 문의 문장 안에 또 다른 if 문을 정의할 수 있는데 이를 중첩(nested) if문이라 하며 참일 경우 실행할 문장 안에 if 문을 정의하는 경우와 else 부분에 if 문을 반복하여 정의하는 경우가 있다.

참인 경우 실행할 문장 안에 사용한 중첩 if 문은 다음과 같다.

형식

```
if (조건식1)
   if (조건식2)
      if (조건식3)
         :
         문장;
```

모든 조건식이 참일 경우에만 문장을 실행한다.

no가 100보다 크고 sum이 30000보다 크고 score가 90보다 커야 "Very Good!!"이라 출력한다.

중첩 if 문의 다른 형태는 else 부분에 if 문을 반복하는 경우이다.

조건식1이 참이면 문장1을 실행하고 if 문을 끝내고 if 다음 문장으로 이동한다. 만일 조건식1이 거짓이고 조건식2가 참이면 문장2를 수행하고 if 문을 끝내고 if 다음 문장으로 이동한다. 마찬가지로 조건식1과 조건식2가 거짓이면 조건식3을 검사하는 과정을 같은 방법으로 조건식n까지 반복한다. 최종적으로 조건식1부터 조건식n까지 모두 거짓일 때 마지막 else 뒤에 나오는 문장n+1을 실행한다. 즉, 조건식1부터 조건식n까지 조건을 검사해서 참인 경우 해당 조건식을 만족하는 문장을 실행하고 모두 거짓이면 마지막 else 뒤에 나오는 문장n+1을 실행한다.

사용 예

```
if (score >= 90) grade = 'A';
else if (score >= 80) grade = 'B';
else if (score >= 70) grade = 'C';
else if (score >= 60) grade = 'D';
else grade = 'F';
```

score가 90보다 크거나 같으면 grade가 'A'가 되고, score가 89에서 80까지의 값이면 grade가 'B'가 되고, score가 79에서 70까지의 값이면 grade가 'C'가 되고, score가 69에서 60까지의 값이면 grade가 'D'가 되고, 60보다 작은 경우 grade는 'F'가 된다.

다음 예제는 문자를 입력받고 숫자인지, 영문 대문자인지, 영문 소문자인지 아니면 기타 특수문자인지 판별하여 출력하는 프로그램이다. charAt(0) 메소드를 사용해 문자열의 첫 문자를 가져와서 처리한다.

예제 5-2 UseNestedIfStatement.java

```java
import java.util.Scanner;
public class UseNestedIfStatement {
  public static void main(String[] args)
  { Scanner scanner = new Scanner(System.in);
    System.out.print("하나의 문자나 수 입력: ");
    String str = scanner.next();
    char ch = str.charAt(0);  // str의 첫 문자를 ch에 대입
     // if(Character.isDigit(ch)) -- ch가 숫자인가?
    if (ch >='0' && ch <='9')
       System.out.println("입력된 것은 숫자입니다");
    // else if(Character.isUpperCase(ch)) --  ch가 영문대문자인가?
```

```
            else if (ch >='A' && ch <='Z')
        System.out.println("입력된 것은 영문 대문자입니다");
    // else if(Character.isLowerCase(ch)) -- ch가 영문소문자인가?
            else if (ch >='a' && ch <='z')
        System.out.println("입력된 것은 영문 소문자입니다");
            else if (ch >='가' && ch <='힝')
        System.out.println("입력된 것은 한글입니다");
            else
        System.out.println("입력된 것은 기타 특수문자입니다");
            scanner.close();
        }
    }
```

실행결과

```
하나의 문자나 수 입력: B
입력된 것은 영문 대문자입니다


하나의 문자나 수 입력: 7
입력된 것은 숫자입니다


하나의 문자나 수 입력: 김
입력된 것은 한글입니다
```

처음 실행한 것은 대문자 B를 입력한 경우이고 두 번째는 숫자를 입력한 경우이고 마지막에 실행한 것은 한글 김을 입력한 경우이다.

str의 첫 문자를 ch에 대입하기 위해 "ch = str.charAt(0);"을 사용한다.

참고로 Character 클래스의 isDigit(ch) 메소드를 사용해 숫자인지 판별하고,

isLowerCase(ch) 메소드를 사용해 영문소문자인지 판별하고, isUpperCase(ch) 메소드를 사용해 영문대문자인지 판별할 수 있다. Character 클래스의 메소드를 사용할 때 Character.isDigit(ch)로 사용한다.

문자열의 앞과 뒤에 있는 공백문자를 제거할 때 "str = str.trim();"처럼 trim() 메소드를 사용하는데, 입력받은 문자열일 경우는 사용할 필요가 없다.

다음 예제는 1부터 3까지의 학과 코드 값을 입력받아 해당 학과명을 출력하는 프로그램이다.

예제 5-3 NestedIfStatement2.java

```java
import java.util.Scanner;

public class NestedIfStatement2 {
  public static void main(String[] args)
  {
    Scanner scanner = new Scanner(System.in);
    System.out.print("1-3까지 수 입력: ");
    int no = scanner.nextInt();
    if (no == 1)
       System.out.println("컴퓨터공학");
    else if (no == 2)
       System.out.println("시스템소프트웨어공학");
    else if (no == 3)
       System.out.println("전자공학");
    else
       System.out.println("기타");
    scanner.close();
  }
}
```

1부터 3까지의 수를 입력한 경우 해당하는 전공을 출력하고 아니면 "기타"라고 출력한다.

5.2.3 switch 문

if 문의 경우 조건식의 결과에 따라 참인 경우와 거짓인 두 경우로 나눠진다. 실제로 문제를 해결하려고 할 때 여러 가지 조건으로 분류해서 처리해야 할 경우가 있다. 이 때 사용하는 것이 switch 문이다. if 문으로 나타내기에 부적절한 경우 사용하고 형식은 다음과 같다.

형식

```
switch (식) {
  case 상수식1: 문장1;
  case 상수식2: 문장2;
      :
  case 상수식n: 문장n;
  default: 문장n+1;
}
```

키워드 **switch** 가 나오고 식이 나오고 식의 종류 값이 상수식1부터 상수식n까지 나온다. 상수식 값은 서로 다른 값이어야 하고 임의의 순서대로 상수식 값을 나열한다.

식과 상수식을 비교하여 두 값이 같은 경우 그에 해당하는 문장을 실행한다. 식의 값이 나열한 모든 상수식의 값과 다르면 **default** 다음에 나오는 문장n+1을 실행한다.

자바의 switch 문은 어떤 상수식 값과 같은 경우 해당하는 문장부터 순차적으로 아래 문장으로 내려가면서 문장들을 실행하기 때문에 break 문을 사용해 switch 문 밖으로 제어를 이동하도록 해야 한다.

사용 예

```
switch (no) {
  case 1: System.out.println("컴퓨터공학"); break;
  case 2: System.out.println("시스템소프트웨어공학"); break;
  case 3: System.out.println("전자공학"); break;
  default: System.out.println("기타");
}
```

---

no 값이 1이면 "컴퓨터공학"을 출력하고, no 값이 2이면 "시스템소프트웨어공학"을 출력하고, no 값이 3이면 "전자공학"을 출력하고, 그 밖의 경우 "기타"를 출력한다.

만일 case의 각 구문에 break 문을 생략하면 다음 case로 계속 실행하여 no 값에 따라 해당하는 전공만을 출력하는 것이 아니고 다음에 나오는 문장들도 수행해 다른 전공도 출력하는데, break 문을 넣으면 no 값에 따라 해당하는 전공만을 출력하고 switch 문을 빠져나와 다음 문장을 실행한다.

switch 문의 식에 사용할 수 있는 자료형은 int, char, String인데 String의 경우 자바 7부터 사용 가능하다.

```
String day = "Monday";
switch (day) {
  case "Monday": System.out.println("월요일입니다."); break;
  case "Tuesday": System.out.println("화요일입니다."); break;
  case "Wednesday": System.out.println("수요일입니다."); break;
  case "Thursday": System.out.println("목요일입니다."); break;
  case "Friday": System.out.println("금요일입니다."); break;
  case "Saturday": System.out.println("토요일입니다."); break;
  case "Sunday": System.out.println("일요일입니다."); break;      }
```

다음 예제는 빈칸으로 분리된 수식을 입력받아 수식의 값을 계산하여 출력하는 프로그램이다.

✎ **예제 5-4** SwitchCalculator.java

```
import java.util.Scanner;
public class SwitchCalculator {
  public static void main(String[] args) {
    int result;
    Scanner scanner = new Scanner(System.in);
    System.out.print("수식 입력 -- (ex) 3 * 7 --> ");
    int num1 = scanner.nextInt();
    String str = scanner.next();
    int num2 = scanner.nextInt();
    switch (str)
    { case "+":  result = num1 + num2;
                 System.out.println(num1+" + "+num2+" = "+result);
```

```
                    break;
    case "-":  result = num1 - num2;
               System.out.println(num1+" - "+num2+" = "+result);
               break;
    case "*":  result = num1 * num2;
               System.out.println(num1+" * "+num2+" = "+result);
               break;
    case "/":  result = num1 / num2;
               System.out.println(num1+" / "+num2+" = "+result);
               break;
    case "%": result = num1 % num2;
               System.out.println(num1+" % "+num2+" = "+result);
               break;
    default: System.out.println("잘못된 연산자입니다.");
    }
    scanner.close();
  }
}
```

실행 결과

```
수식 입력 -- (ex) 3 * 7 --> 5 * 7
5 * 7 = 35
```

5.3 반복문

반복문은 프로그램의 어떤 부분을 지정한 횟수만큼 반복하거나 주어진 조건을 만족할 때까지 반복적으로 실행하는 문장으로 for 문, for-each 문, while 문, do-while 문이 있다.

5.3.1 for 문

for 문은 자주 사용하는 반복문으로 정해진 횟수만큼 명령문들을 반복적으로 실행할 때 사용한다.

형식

for(초기식; 조건식; 증감식)

   문장;

---

for 문은 세 개의 식과 문장으로 구성되어진다. "문장"은 루프 몸체(loop body)라 하며 조건식이 참일 때 반복적으로 실행하는 명령문이다. 실행할 문장이 여러 개일 때 혼합문 { }으로 묶어서 { } 안에 실행할 명령문들을 작성한다.

초기식

초기식은 반복을 제어하는 제어 변수의 초깃값을 설정하는 식이다. 변수를 선언하고 제어 변수에 초깃값을 줄 경우 제어 변수는 for 문 안에서만 사용가능한 지역 변수이다. 초기식은 for 문을 처음 실행할 때 단 한번만 수행하는 식이다.

조건식

조건식은 문장의 반복 실행 여부를 결정하는 식이다. 조건이 참일 때 문장을 실행하고 거짓이면 for 문을 끝내고 for 다음 문장으로 제어를 옮긴다. for 문을 무한 반복할 경우 조건식에 "true"를 넣어준다.

증감식

증감식은 조건이 맞아 문장을 한번 실행할 때마다 제어변수를 변경하는 식으로 초깃값과 조건에 따라 증가할 수도 있고 감소할 수도 있다.

for 문을 실행하는 순서를 나타내면 다음과 같다.

```
for (①초기식; ②조건식; ③증감식)
    ④문장;
```

①번식을 제일 먼저 실행하여 제어변수에 초깃값을 설정한다. 초기식은 for문을 처음 실행할 때 단 한번만 수행하는 식이다.

②번식을 검사해 조건이 참이면 ④번 문장을 수행하고 조건이 거짓이면 for 문을 끝낸다. 조건이 참이어서 ④번 문장을 실행한 후 ③번 증감식을 수행해 제어변수 값을 변경한다.

다시 ②번식의 조건을 검사한 후 조건이 참이면 ④번 문장을 수행하고 조건이 거짓이면 for 문을 끝내는 과정을 반복적으로 수행한다.

즉, 실행순서는 ① → ② → ④ → ③ → ② → ④ → ③ ... 이고, 맨 처음 ①번 초기식을 수행한 후 ② → ④ → ③을 반복적으로 수행하는데, ②번 조건식이 참인 경우 실행하고 거짓이면 for 문을 끝낸다.

```
사용 예1
int sum = 0;
for (int i = 1; i <= 5; i++)
    sum += i;                   // sum = sum + i; 1부터 5까지의 합
```

제어변수 i를 1로 초기화한 후 i가 5보다 작거나 같은 동안 i를 1 증가하면서 i가 5가 될 때까지 i 값을 sum에 더하는 for 문이다.

[표 5.1] for 문 실행 과정

i 값	조건식	sum 값	문장 실행 후 i 값
1	true	0+1(1)	2
2	true	0+1+2(3)	3
3	true	0+1+2+3(6)	4
4	true	0+1+2+3+4(10)	5
5	true	0+1+2+3+4+5(15)	6
6	false		

처음 i가 1일 때 1은 5보다 작은 조건을 만족해 sum에 1(0+1)이 더해지고 i를 1 증가하면 i는 2가 된다. i가 2일 때 5보다 작으므로 sum에 2(0+1+2)가 더해지고, 다시 i를 1 증가하면 i는 3이 된다. i가 3일 때 5보다 작으므로 다시 sum에 3(0+1+2+3)을 더하는 과정을 i가 5가 될 때까지 반복적으로 실행한다. 마지막으로 i가 6일 때 조건을 만족하지 않아 반복문을 끝낸다.

for 문은 1부터 5까지의 합을 계산해 sum에 대입한다.

```
사용 예2
int sum = 0;
for (int i = 5; i >= 1; i--)
    sum += i;                // sum = sum + i; 5부터 1까지의 합
```

첫 번째 사용 예와 반대로 제어변수를 5로 초기화한 후 i가 1이 될 때까지 i를 1

감소하면서 각각의 i 값을 sum에 더하는 과정을 반복적으로 수행한다.

사용 예3

```
int sum = 0;
for (int i = 1; true ; i++)
   { sum += i;              // sum = sum + i; 1부터 5까지의 합
     if (i==5) break;
   }
```

1부터 5까지의 합을 구하는데, i는 1부터 1증가하면서 무한 반복하도록 조건을 주고 i가 5가 될 때 루프를 빠져나와 for 문을 끝낸다.

사용 예4

```
int sum = 0;
for (int i = 1; i <= 10; i += 2)
   sum += i;            // 1부터 10까지 홀수의 합
```

1부터 10까지 숫자 중에서 홀수의 합을 구하는 for 문이다. 증감식에서 i += 2(i = i + 2)를 사용해 i 값을 2씩 증가시킨다.

사용 예5

```
int[] num = { 2, 15, 37, 51, 77 };
int sum = 0;
for(int i = 0; i < num.length; i++)
   sum += num[i];
```

정수 배열 num 원소들의 합계를 구하는 for 문이다. num의 총 원소는 5이고 배열의 length 멤버 변수를 사용해 "i < num.length"의 조건을 검사해 처리한다.

다음 예제는 정수 n을 입력받고 n!(Factorial) 값을 계산해서 출력하는 프로그램이다.

✎ 예제 5-5 ForFactorial.java

```java
import java.util.Scanner;
public class ForFactorial {
public static void main(String[] args)
  { Scanner scanner = new Scanner(System.in);
    System.out.print("factorial을 곱할 수 입력: ");
    int n = scanner.nextInt();
    int factorial = 1;
    for(int i = 2; i <= n; i++)
        factorial *= i;
    System.out.println("1부터 "+n+"까지의 곱: "+factorial);
    scanner.close();
  }
}
```

실행 결과

```
factorial을 구할 수 입력: 6
1부터 6까지의 곱: 720
```

중첩 반복(nested loop)

중첩 반복은 반복문 안에 다른 반복문을 작성한 경우이다. 여기서 반복문에는 for, while, do-while 등 다양한 반복문을 사용할 수 있다.

사용 예

```
for(int i = 1; i <= 10; i++)      // ①
  { for(int j = 1; j <= 10; j++)  // ②
      문장;
  }
}
```

---

①번 반복문은 i가 1부터 10까지 i를 1증가하면서 ②번 반복문을 실행하는 것이고, ②번 반복문은 j가 1부터 10까지 j를 1증가시키면서 문장을 10번 실행하는 반복문이다.

①번 반복문에서 i가 1일 때 조건이 참이어서 ②번 반복문을 수행하고 i는 1증가한다. i가 2일 때 조건이 참이어서 ②번 반복문을 수행하고 i는 1증가한다. 같은 방법으로 i가 11이 되면 반복문을 끝내게 되어 문장을 10×10번 수행한다.

다음 예제는 중첩 반복문을 사용해 구구단을 계산하여 출력하는 프로그램이다.

 예제 5-6 GugudanEx.java

```java
public class GugudanEx {
    public static void main(String[] args) {
        System.out.println("********* 구 구 단  *********");
        for(int i = 1; i <= 9; i++)      // i는 단
        { for(int j = 1; j <= 9; j++)    // 각 단별 구구단 값 출력
```

```
            System.out.printf("%d * %d = %2d ", i, j, i*j);
        System.out.println();              // 줄 바꿈
      }
    }
  }
```

실행결과

```
********* 구 구 단 *********
1 * 1 =  1 1 * 2 =  2 1 * 3 =  3 1 * 4 =  4 1 * 5 =  5 1 * 6 =  6 1 * 7 =  7 1 * 8 =  8 1 * 9 =  9
2 * 1 =  2 2 * 2 =  4 2 * 3 =  6 2 * 4 =  8 2 * 5 = 10 2 * 6 = 12 2 * 7 = 14 2 * 8 = 16 2 * 9 = 18
3 * 1 =  3 3 * 2 =  6 3 * 3 =  9 3 * 4 = 12 3 * 5 = 15 3 * 6 = 18 3 * 7 = 21 3 * 8 = 24 3 * 9 = 27
4 * 1 =  4 4 * 2 =  8 4 * 3 = 12 4 * 4 = 16 4 * 5 = 20 4 * 6 = 24 4 * 7 = 28 4 * 8 = 32 4 * 9 = 36
5 * 1 =  5 5 * 2 = 10 5 * 3 = 15 5 * 4 = 20 5 * 5 = 25 5 * 6 = 30 5 * 7 = 35 5 * 8 = 40 5 * 9 = 45
6 * 1 =  6 6 * 2 = 12 6 * 3 = 18 6 * 4 = 24 6 * 5 = 30 6 * 6 = 36 6 * 7 = 42 6 * 8 = 48 6 * 9 = 54
7 * 1 =  7 7 * 2 = 14 7 * 3 = 21 7 * 4 = 28 7 * 5 = 35 7 * 6 = 42 7 * 7 = 49 7 * 8 = 56 7 * 9 = 63
8 * 1 =  8 8 * 2 = 16 8 * 3 = 24 8 * 4 = 32 8 * 5 = 40 8 * 6 = 48 8 * 7 = 56 8 * 8 = 64 8 * 9 = 72
9 * 1 =  9 9 * 2 = 18 9 * 3 = 27 9 * 4 = 36 9 * 5 = 45 9 * 6 = 54 9 * 7 = 63 9 * 8 = 72 9 * 9 = 81
```

5.3.2 for-each문

for-each 문은 배열이나 enum 클래스(열거: enumeration)의 원소 수만큼 루프를 반복해서 실행하고 각 원소의 값을 순서대로 접근해 사용할 경우 유용한 반복문이다.

형식

for (자료형 변수이름 : 배열이름)   // 자료형은 배열의 자료형과 같다.
　문장;

for (enum클래스이름 객체이름 : enum클래스이름.values())
　문장;

배열 사용 예

```
int () num = {10, 20, 30, 40, 50};
int sum = 0;
for (int n : num )
    sum += n;      // sum은 배열 num 원소들의 합계
```

---

enum 사용 예

```
enum Day{  MONDAY,TUESDAY, WEDNESDAY,
           THURSDAY, FRIDAY, SATURDAY, SUNDAY; }
 ...
for(Day d : Day.values())
    System.out.print(d + " ");
// enum 클래스의 Day 값 출력
// MONDAY TUESDAY WEDNESDAY THURSDAY FRIDAY SATURDAY SUNDAY
```

---

enum 클래스

enum 클래스는 기호 명칭들을 정의한 것으로 enum 클래스를 기반으로 클래스 Day를 선언해서 사용한다. 예를 들면 요일이름을 Day라는 enum 클래스로 다음과 같이 정의하고 today 객체를 Day 클래스로 선언해 사용한다.

```
enum Day{  MONDAY, TUESDAY, WEDNESDAY,
           THURSDAY, FRIDAY, SATURDAY, SUNDAY;        }
 ...
Day today;  // enum 클래스 Day의 객체 today 선언
today = Day.MONDAY;  // today에 MONDAY라는 값을 대입
```

---

enum 클래스 Day를 정의하는 명령문은 클래스를 정의하는 것이므로 main() 메

소드을 포함해서 다른 모든 메소드 안에서는 선언할 수 없다. 클래스 외부나 클래스의 멤버를 선언하는 위치에서 정의한다.

다음 예제는 정수, 문자열, enum 클래스에 대해 for-each문을 사용해서, 정수 배열의 합을 구하고, 과일 이름을 갖는 문자열 배열을 출력하고, 요일을 enum 클래스 Day로 정의하고 각 요일을 출력하는 프로그램이다.

Day 클래스의 객체 today에는 요일 중 하나의 값(Day.MONDAY)이 들어가고, for-each문에서 Day의 값을 가져올 때 Day.values() 메소드를 사용한다.

 예제 5-7 ForeachEx.java

```java
import java.util.Arrays;
enum Day{ MONDAY, TUESDAY, WEDNESDAY, THURSDAY,
            FRIDAY, SATURDAY, SUNDAY; }
public class ForeachEx {
   /* enum Day{ MONDAY,TUESDAY, WEDNESDAY, THURSDAY,
               FRIDAY, SATURDAY, SUNDAY; }
     enum Day 선언 가능한 위치
   */
   public static void main(String[] args) {
       int [] num = { 10,20,30,40,50 };
       int sum = 0;
       for(int n : num) { // n은 num[0], num[1], ..., num[4]로 반복
          System.out.print(n+" ");      // 반복되는 n 값 출력
          sum += n;
        }
       System.out.println("합은 "+sum);
       // num 배열 String 형태로 [ ] 안에 한꺼번에 출력
       System.out.println("num 배열 : "+Arrays.toString(num));
       String f[] = { "망고", "사과", "체리", "딸기", "바나나" };
       System.out.print("과일 이름: ");
```

```
        for(String s : f) // s는 f[0], f[1], …, f[5]로 반복
            System.out.print(s + " ");
        System.out.println();
        // f 배열 String 형태로 [ ] 안에 한꺼번에 출력
        System.out.println("과일 배열 f : "+Arrays.toString(f));
        Day today = Day.MONDAY;
        System.out.println("오늘은 "+ today+" 입니다.");
        System.out.print("요일 이름: ");
        for(Day d : Day.values())
            System.out.print(d + " ");
    }
}
```

실행결과

```
10 20 30 40 50 합은 150
num 배열 : [10, 20, 30, 40, 50]
과일 이름: 망고 사과 체리 딸기 바나나
과일 배열 f : [망고, 사과, 체리, 딸기, 바나나]
오늘은 MONDAY 입니다.
요일 이름: MONDAY TUESDAY WEDNESDAY THURSDAY FRIDAY SATURDAY SUNDAY
```

배열 원소를 [ ] 형태로 출력하기 위해 Arrays.toString(배열이름) 메소드를 출력문에 사용한다. Arrays 클래스가 java.util 패키지에 들어 있어 java.util.Arrays를 import하고, 출력문에 Arrays.toString(num)을 사용하면 배열 원소를 [ ] 안에 넣어서 [10, 20, 30, 40, 50] 같은 형태로 출력한다. 과일 이름 배열 f도 Arrays.toString(f)를 사용해 같은 방법으로 출력한다. Arrays 클래스는 8장에 자세하게 나와 있다.

```
import java.util.Arrays;
 …
System.out.println("num 배열 : "+Arrays.toString(num));
 …
System.out.println("파일 배열 f : "+Arrays.toString(f));
```

5.3.3 while 문

while 문은 주어진 조건식의 조건이 참일 때 일련의 명령문들을 반복해서 실행한다. 만일 조건이 거짓이면 while 문안에 있는 명령문들을 한 번도 실행하지 않고 while 문을 끝낸다.

형식
```
while (조건식)
   문장;
```

키워드 **while**이 제일 먼저 나오고 ( ) 안에 조건식이 나와서 조건을 검사하고 조건이 참이면 문장을 실행하고 거짓이면 while 문의 실행을 끝낸다. 만일 반복적으로 실행할 부분이 여러 문장일 경우는 { }를 사용하여 혼합문 형식으로 나타낸다.

사용 예
```
int i = 1, sum = 0;
while ( i <= 5 ) {
   sum += i;     // sum = sum + i;
   i++;
}
```

1부터 5까지의 합계를 구하는 과정으로 처음에 i에 1을 넣고 i는 5보다 작거나 같은 조건을 만족하므로 sum에 i 값을 더하면 i가 1일 때는 1까지의 합이 sum에 들어간다. i를 1 증가하면 i는 2가 되고 다시 조건을 비교하여 참이므로 sum에 i 값을 더하면 sum에 2까지의 합이 들어간다. i를 1 증가하는 과정을 반복적으로 수행하게 되고 i가 5가 될 때까지 수행하므로 1부터 5까지의 합을 구하는 과정이다.

while 문과 for 문을 비교하여 다음과 같이 나타낼 수 있다.

for(초기식; 조건식; 증감식)
　문장;
	초기식;
	while (조건식){
	　문장;
	　　증감식;
	}

for 문의 경우 ( ) 안에 세 종류의 식이 다 들어가는 반면 while 문의 경우 초기식을 먼저 기술한 후 while과 조건식을 쓰고 참일 경우 실행할 문장 안에 증감식이 들어간다.

다음 예제는 n을 입력받아 while 문과 for 문을 사용해서 1부터 n까지의 합계를 계산해서 출력하는 프로그램이다.

✎ 예제 5-8 WhileStatement.java

```
import java.util.Scanner;
public class WhileStatement{
    public static void main(String[] args)
```

```
{ Scanner scanner = new Scanner(System.in);
    System.out.print("합을 구할 수 입력: ");
    int n = scanner.nextInt();
    int i = 1, sum = 0;
    while (i <= n)
        sum += i++;  // sum = sum + i;  i++;
    System.out.println("1부터 "+n+"까지의 while 문 합: "+sum);
    sum = 0;
    for (i = 1; i <= n; i++)
        sum += i;
    System.out.println("1부터 "+n+"까지의 for 문 합: "+sum);
    scanner.close();
    }
}
```

실행 결과

```
합을 구할 수 입력: 6
1부터 6까지의 while 문 합: 21
1부터 6까지의 for 문 합: 21
```

5.3.4 do-while 문

for 문과 while 문은 조건을 검사해서 조건이 참인 경우에 일련의 문장을 반복
적으로 실행하는데, 만일 조건이 거짓인 경우는 한 번도 실행하지 않는 경우가 발
생할 수 있다.

do-while 문은 조건을 먼저 검사하는 것이 아니라 문장을 먼저 실행한 후 조건
을 검사하는 반복문으로 조건에 관계없이 적어도 한번은 실행하는 반복문이다.

do-while 문의 조건이 참이 아니면 반복을 종료하고 do-while 문을 빠져 나온다.

형식

```
do
   문장;
while (조건식);
```

---

do 키워드가 제일 앞에 나오고 반복 수행할 문장이 나오고 **while** 키워드 뒤 소괄호 ( ) 안에 조건식이 들어간다.

반복 수행할 문장이 두 개 이상인 경우 { }를 사용하여 혼합문 형식으로 나타낸다. 반복적으로 수행할 문장을 먼저 실행한 후 조건을 검사하므로 적어도 한번이상 문장을 실행한다.

사용 예

```
int i = 1, sum = 0;
do
  sum += i++;    // sum = sum + i; i++;
while (i <= 5);
```

1부터 5까지의 합을 구하는 do-while 문이다.

다음 예제는 n을 입력받아 do-while 문을 사용해서 1부터 n까지 짝수의 합계를 계산해서 출력하는 프로그램이다.

```java
import java.util.Scanner;
public class DoWhileStatement
{ public static void main(String[] args)
  { Scanner scanner = new Scanner(System.in);
    System.out.print("합을 구할 수 입력: ");
    int n = scanner.nextInt();
    int i = 2, sum = 0;
    do {
      sum += i;
      i += 2;
      } while (i <= n);
    System.out.println("1부터 "+n+"까지 짝수의 합: "+sum);
    scanner.close();
  }
}
```

실행 결과

합을 구할 수 입력: 9
1부터 9까지 짝수의 합: 20

5.4 분기문

분기문은 제어를 다른 곳으로 옮기는 문장으로 break 문, continue 문, return 문이 있다.

5.4.1 break 문

break 문은 어떤 경우를 만족할 때 문장을 실행한 후 switch 문을 벗어나기 위해 사용하고, for 문이나 while 문 같은 반복문에서 반복하는 루프를 빠져나오기 위해 사용한다. break 문이 여러 개의 블록 안에 포함되어 있을 때 자신을 감싸는 하나의 블록 밖으로 제어를 옮기는 역할을 한다.

형식
break;
break 레이블;

레이블은 생략 가능한 것으로 선택적인 부분이다. 레이블이 없는 경우는 자신을 감싸고 있는 블록을 빠져나오고, 레이블을 사용한 경우 레이블이 있는 블록 밖으로 이동한다.

```
while (true) {
    문장1;
    if (조건식) break;
    문장2;
}
```

---

while 문의 조건이 true이므로 while 구문은 무한히 반복하는 루프이다. while 루프에서 문장1을 실행하고 조건에 따라 참이면 문장2를 실행하지 않고 while 루프를 빠져나온다. 위와 같이 무한히 반복하는 루프에 break 문을 넣어 while 구문을 빠져 나오게 할 수 있다.

다음 예제는 n을 입력받아 1부터 n까지의 합계를 구하는데, break 문을 사용해서 무한 반복 루프를 빠져나오게 하는 프로그램이다.

 예제 5-10 BreakStatement.java

```java
import java.util.Scanner;
public class BreakStatement {
    public static void main(String[] args)
    { Scanner scanner = new Scanner(System.in);
        System.out.print("합을 구할 수 입력: ");
        int n = scanner.nextInt();
        int i = 1, sum = 0;
        while (true) {
            sum += i++;    // sum = sum + i;  i++;
            if (i > n) break;
        }
        System.out.println("1부터 "+n+"까지의 합: "+sum);
        scanner.close();
    }
}
```

실행 결과

```
합을 구할 수 입력: 7
1부터 7까지의 합: 28
```

반복문을 여러 개 사용한 중첩 반복문의 경우 "break;" 문장으로 여러 반복문을 한꺼번에 빠져 나오게 할 수 없지만, 레이블을 사용하면 중첩 반복문을 빠져나오게 할 수 있다.

```
labelFor:
for (int i = 1; i < n; i++) {

  for (int j = 1; j < m; j++) {
    // …
    break;              // ①
    // …
    break labelFor;     // ②
    // …
  }                     // 두번째 for(int j = 1; j < m; j++) 문
  문장1;
}                       // 첫번째 for(int i = 1; i < n; i++) 문
문장2;
```

위의 예에서 "labelFor"는 첫 번째 for(i = 1; i < n; i++) 문을 나타내는 레이블이고, 첫 번째 for 문 안에 두 번째 for 문이 있다.

①번 break 문은 레이블이 없으므로 자신을 감싸는 두 번째 for 문을 빠져나와 문장1을 수행한다.

②번 break 문은 "labelFor"라는 레이블이 있고 "labelFor"는 첫 번째 for 문 앞에 나오므로 첫 번째 for 문을 빠져나오게 되어 문장2를 실행한다.

5.4.2 continue 문

continue 문은 반복문에서 문장을 실행하다가 다음 반복을 시작하는 곳으로 제어를 옮기는 기능을 수행한다.

형식
continue;
continue 레이블;

반복문에서 continue 문을 만나면 다음 문장을 실행하지 않고 반복을 시작하는 곳으로 제어를 옮긴다. for 문의 경우 continue가 나오면 for문의 ( ) 안에 나오는 식 중 증감식으로 제어를 옮긴다.

```
int i, sum = 0;
for (i = 1; i <= 10; i++) {
  if (i % 3 == 0)
     continue;
  sum += i;
}
```

위의 for 문의 경우 1부터 10까지의 합을 구하는 것인데 3의 배수의 합은 제외하고 나머지 수에 대한 합계를 구하는 구문이다. 즉, i를 3으로 나누어서 0인 경우는 "sum += i;" 문장을 수행하지 않고 for 문의 시작부분 중 증감식인 "i++"로 이동하여 i를 1 증가하고 조건을 검사한 후 조건에 따라 다음 반복을 수행하거나 종료한다.

```
int i = 0, sum = 0;
while (i < 10) {
  i++;
  if (i % 3 == 0)
    continue;
  sum += i;
}
```

for 문과 마찬가지로 3의 배수를 제외한 1부터 10까지의 합을 구하는 구문으로 continue 문을 만나면 "sum += i;" 문장을 수행하지 않고 while 문의 시작부분인 조건식 "(i < 10)"으로 이동하여 조건에 따라 다음 반복을 수행하거나 종료한다.

continue 문은 break 문처럼 레이블을 사용할 수 있고 사용 형식은 break 문과 동일하다. 레이블이 없는 경우의 continue 문은 자신을 둘러싸는 블록의 시작부분으로 이동하는 것이고, 레이블이 있는 경우는 레이블이 있는 반복문의 시작부분으로 이동하는 것이다.

다음 예제는 n을 입력받아 1부터 n까지 합계를 구하는데, continue 문을 사용해서 3의 배수는 제외하고 나머지 수에 대해 합계를 구하는 프로그램이다.

예제 5-11 ContinueStatement.java

```java
import java.util.Scanner;
public class ContinueStatement {
  public static void main(String[] args)
  { Scanner scanner = new Scanner(System.in);
    System.out.print("합을 구할 수 입력: ");
    int n = scanner.nextInt();
    int i = 0, sum = 0;
```

```
        while (i < n) {
            i++;
            if (i % 3 == 0)
                continue;
            sum += i;
        }
        System.out.println("1부터 "+n+"까지 3의 배수를 제외한 합: "+sum);
        scanner.close();
    }
}
```

실행 결과

합을 구할 수 입력: 9
1부터 9까지 3의 배수를 제외한 합: 27

5.4.3 return 문

return 문은 메소드의 실행을 종료하고 자신을 호출한 곳으로 제어를 옮겨 이동하는 문장이다.

형식

return;

return 식;

return 문은 식이 선택적으로 나올 수 있는데 식이 있는 경우 자신을 호출한 곳으로 제어를 이동하면서 식 값을 반환하여 넘겨주는 역할을 수행한다. 즉 함수를 계산하면 함수의 결과 값이 나오듯이 메소드를 수행한 후 계산한 결과 값을 호출한 위치에 넘겨주는 것이다.

하나의 클래스 안에 여러 개의 메소드를 정의할 때, 메소드의 순서는 상관없이 멤버 변수 다음에 정의하고, 메소드를 정의한 순서와 상관없이 메소드를 호출할 수 있다.

다음 예제는 합을 구하는 메소드를 호출해 합을 계산한 후 반환하면 반환한 값을 main()에서 출력하는 프로그램이다.

 예제 5-12 ReturnStatement.java

```java
import java.util.Scanner;
public class ReturnStatement {
  public static void main(String[] args)
  {  Scanner scanner = new Scanner(System.in);
     System.out.print("합을 구할 수 입력: ");
     int n = scanner.nextInt();
     int sum = computeSum(n); // sum에 합계를 대입
     System.out.println("1부터 "+n+"까지의 합: "+sum);
     scanner.close();
  }
  public static int computeSum(int n) {
     int i = 1, hap = 0;
     while (i <= n)
        hap += i++;              // hap = hap + i; i++;
     return hap;
  }
}
```

합을 구할 수 입력: 6
1부터 6)까지의 합: 21

 n까지의 합계를 구하는 과정을 computeSum(n)이라는 메소드를 호출하여 실행한다. 메소드를 호출할 때 실인수 n을 넘겨주면 n까지의 합계를 hap에 대입하고, return 문을 사용하여 hap을 main() 메소드에 넘겨준다. main() 메소드에서는 변수 sum에 합계를 대입해서 출력한다.

연 습 문 제

1. if 문과 swich 문을 비교하여 설명하시오.

2. 반복문을 사용하는 목적은 무엇이며 사용 예를 각각의 반복문별로 예시 하시오.

3. 분기문을 종류대로 분류하고 각각을 사용하는 경우를 예를 들어 설명하 시오.

4. 다음과 같이 구구단을 출력하는 프로그램을 작성하시오.

```
Problems  Javadoc  Declaration  Console
<terminated> OddGugudanEx [Java Application] C:\Program Files\Java\jre-
        ********** 구 구 단 **********
1 * 3 =  3 1 * 5 =  5 1 * 7 =  7 1 * 9 =  9
3 * 3 =  9 3 * 5 = 15 3 * 7 = 21 3 * 9 = 27
5 * 3 = 15 5 * 5 = 25 5 * 7 = 35 5 * 9 = 45
7 * 3 = 21 7 * 5 = 35 7 * 7 = 49 7 * 9 = 63
9 * 3 = 27 9 * 5 = 45 9 * 7 = 63 9 * 9 = 81
```

5. 사용자와 컴퓨터가 가위 바위 보 게임을 하는 프로그램을 작성하시오. 사용자가 가위 바위 보 중 하나를 입력하면 컴퓨터는 가위 바위 보 중 랜덤하게 하나를 선택한 후 누가 이겼는지 출력하고 "stop"를 입력하면 게임을 종료한다.

```
String com[] = { "가위", "바위", "보" };
int n = (int)(Math.random()*3);  // 0에서 2까지 난수 생성
문자열u가 문자열c와 같은지 비교할 때 u.equals(c)를 사용, 같으면 true, 아니면 false
if(u.equals(c)) // 사용자(u)와 컴퓨터(c)가 같은 경우
    System.out.println("비겼음.");
```

```
Problems  Javadoc  Declaration  Console
<terminated> GaiVaiBoGame [Java Application] C:\Program Files\Java\
컴퓨터와 가위 바위 보 게임을 합니다.
가위 바위 보 >> 가위
사용자 = 가위 , 컴퓨터 = 보, 사용자 승(勝)
가위 바위 보 >> 바위
사용자 = 바위 , 컴퓨터 = 보, 컴퓨터 승(勝)
가위 바위 보 >> 보
사용자 = 보 , 컴퓨터 = 바위, 사용자 승(勝)
가위 바위 보 >> 가위
사용자 = 가위 , 컴퓨터 = 바위, 컴퓨터 승(勝)
가위 바위 보 >> 보
사용자 = 보 , 컴퓨터 = 보, 비겼음.
가위 바위 보 >> stop
게임 종료...
```

06 상속

클래스는 자바 프로그램의 기본 단위이고 실세계의 객체를 모델링하여 프로그램을 작성한다. 자바와 같은 객체 지향 언어에서는 이미 만들어진 클래스를 기반으로 자료나 메소드를 확장하여 새로운 클래스를 만들 수 있는데 이를 서브(확장) 클래스라 한다. 확장하는데 기본이 된 클래스를 슈퍼(상위) 클래스라 한다. 서브 클래스는 슈퍼 클래스에서 선언한 자료나 메소드를 그대로 상속받아 자신의 클래스에서 사용할 수 있다.

이미 만들어진 클래스로부터 자료나 메소드를 상속받아 서브(확장) 클래스를 만들 경우 재사용성을 높일 수 있고 대형 프로젝트를 수행할 때 아주 유용한 방법이다.

6.1 서브 클래스

이미 존재하는 클래스에 새로운 자료나 메소드를 추가하여 새로운 클래스를 만들 수 있는데 기존의 클래스를 슈퍼 클래스(superclass) 혹은 상위 클래스라 하고 새로 확장하여 정의한 클래스를 서브 클래스(subclass) 혹은 확장 클래스(extended class)라 한다.

슈퍼 클래스에 서로 다른 정보를 추가하여 서브 클래스들을 만들 수 있는데, 부모의 재산을 자녀가 상속받듯이 슈퍼 클래스의 정보를 서브 클래스에서 그대로 상속받아 사용할 수 있다. 슈퍼 클래스의 정보를 별도로 정의하지 않아도 그대로 상속받아 사용하므로 효율적인 프로그램을 작성할 수 있다.

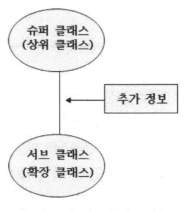

〔그림 6.1〕 서브 클래스 상속

자바 프로그램을 작성하면서 여러 클래스들을 작성할 때, 이 중에 연관 있는 클래스들을 모아서 클래스들의 공통적인 특성과 행위를 슈퍼 클래스로 만든다. 예를 들면 Student 클래스와 WorkerStudent 클래스를 만들 경우 [그림 6.2]에서 볼 수 있듯이 **이름, 학번, 학과, 전화번호**와 **공부하는 것**을 두 클래스에서 공통적인 특성과 행위로 갖는다.

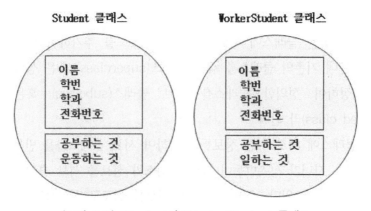

〔그림 6.2〕 Student와 WorkerStudent 클래스

공통적인 특성과 행위를 갖는 두 클래스를 별도의 클래스로 각각 만드는 것 보다 공통적인 특성을 모아 슈퍼 클래스로 만들고 슈퍼 클래스에서 상속받도록 하면 서브 클래스를 간단하게 작성할 수 있다.

[그림 6.3]처럼 공통적인 특성과 행위를 갖는 Person 클래스를 슈퍼 클래스로 만들고 Person 클래스로 부터 확장하여 서브 클래스를 만들면 각 서브 클래스를 간결하게 작성할 수 있다.

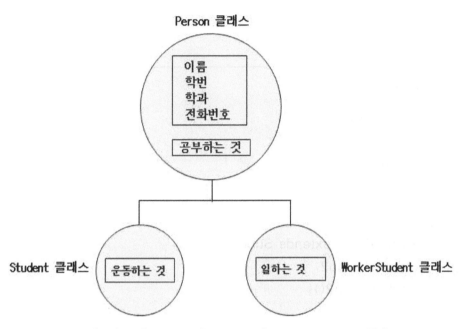

〔그림 6.3〕 Person과 Student와 WorkerStudent 클래스

6.1.1 서브 클래스 작성

기존의 슈퍼 클래스에서 서브 클래스를 작성하는 형식은 다음과 같다.

형식

class 서브클래스이름 **extends** 슈퍼클래스이름 {

   // 멤버 변수 선언

   // 생성자

   // 메소드

}

보통의 클래스를 생성할 때처럼 키워드 **class** 뒤에 서브 클래스이름을 기술하고 키워드 **extends** 뒤에 기존에 작성한 슈퍼 클래스이름을 기술한 후 중괄호 { } 안에 보통 클래스를 생성하듯 멤버 변수를 선언하고 생성자를 만들고 메소드들을 작성한다.

사용 예

```
class SuperClass {
  int sup1, sup2;
  void method1(){
    //...
  }
}
class SubClass extends SuperClass {
  int sub1, sub2;
  void method2(){
    //...
  }
}
```

SuperClass에서 정수형 sup1과 sup2 두 개의 멤버 변수를 선언하고 있고 method1() 메소드를 정의하고 있다. SubClass는 SuperClass로부터 확장하여 만들어진 클래스로 자신이 선언한 멤버 변수 sub1과 sub2 외에 상속받은 sup1과 sup2 총 네 개의 정수형 멤버 변수를 사용할 수 있고 자신이 정의한 메소드인 method2() 외에 슈퍼 클래스로부터 상속받은 method1(), 총 2개의 메소드를 사용할 수 있다.

만일 SubClass를 SuperClass로부터 상속받지 않고 동일한 기능을 가진 클래스를 만들 경우 다음과 같이 작성해야한다.

```
class SubClass {
    int sup1, sup2, sub1, sub2;
    void method1(){
     //...
    }
    void method2(){
     //...
    }
}
```

자바에서 정의한 모든 클래스는 오직 하나의 슈퍼 클래스를 가질 수 있는데, 자바의 최상위 클래스는 **Object** 클래스이다. 클래스를 정의할 때 기존의 클래스로부터 상속받지 않는 경우 모든 클래스는 Object 클래스로부터 확장한 서브 클래스로 생성된다.

위의 예제에서 SuperClass 클래스는 어떤 슈퍼 클래스도 명시하지 않았으므로 Object 클래스의 서브 클래스가 되고 SubClass 클래스는 SuperClass를 슈퍼 클래스로 가지므로 클래스들의 계층 구조를 그리면 [그림 6.4]와 같다.

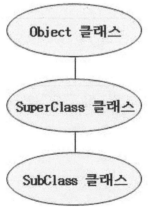

〔그림 6.4〕클래스 계층구조

6.1.2 서브 클래스의 멤버 변수

    서브 클래스에서 멤버 변수를 선언하는 방법은 일반 클래스에서와 동일하게 자료형을 먼저 기술하고 멤버 변수 이름을 지정한다. 서브 클래스는 자신이 선언한 멤버 변수 외에 슈퍼 클래스에서 선언한 멤버 변수를 그대로 상속받아 사용한다.

    서브 클래스에서 슈퍼 클래스와 동일한 이름의 멤버 변수를 선언하면, 서브 클래스에서 선언한 멤버 변수가 우선순위가 높아서 슈퍼 클래스의 멤버 변수는 숨겨지고 서브 클래스의 멤버 변수를 사용한다.

    서브 클래스와 동일한 이름으로 선언한 슈퍼 클래스의 멤버 변수를 서브 클래스 안에서 사용하려면 super라는 키워드와 함께 사용해야 슈퍼 클래스의 멤버 변수를 사용할 수 있다.

형식

super.멤버변수

    만일 a와 b를 슈퍼 클래스와 서브 클래스 안에 동시에 선언한 경우 서브 클래스 안에서 슈퍼 클래스의 a와 b를 사용하려면 다음과 같이 기술한다.

```
super.a
super.b
```

사용 예

```
class SuperClass2 {
  int a = 1;
  int b = 2;
  void method1(){
    //...
```

```
    }
  }
class SubClass2 extends SuperClass2 {
  int a = 11;
  int b = 12;
  void method2(){
    System.out.println("서브 클래스 a = "+a+" b = "+b);              // ①
    System.out.print("슈퍼 클래스 a = "+super.a+" b = "+super.b); // ②
    //...
  }
}
```

슈퍼 클래스에서 선언한 a와 b가 서브 클래스에도 선언된 경우 ①번 출력문처럼 a와 b를 출력할 때 서브 클래스의 a와 b 값을 출력하여 결과는 다음과 같다.

```
서브 클래스 a = 11 b = 12
```

만일 서브 클래스 안에서 슈퍼 클래스의 a와 b를 사용하고 싶으면 ②번 문장처럼 "super.a", "super.b"라고 명시해야한다. ②번 출력문의 결과는 다음과 같다.

```
슈퍼 클래스 a = 1 b = 2
```

다음 예제는 서브 클래스의 객체를 생성하여 display() 메소드 안에서 서브 클래스의 멤버 변수 a, b와 슈퍼 클래스의 멤버 변수 super.a, super.b를 출력하고, 메소드를 사용해 서브 클래스의 멤버 변수의 합과 슈퍼 클래스의 멤버 변수의 합을 구하는 프로그램이다.

```java
class SuperClass {
  int a = 1;
  int b = 2;
 }
class SubClass extends SuperClass {
   int sum;
   int a = 10;
   int b = 20;
   void display(){
     System.out.println("서브 클래스 a = "+a+" b = "+b); //a=10, b=20
     System.out.println("슈퍼 클래스 a = "+super.a+" b = "+super.b);
    }
   public int computeSub(){
     sum = a + b;
     return sum;            }
   public int computeSup(){
     sum = super.a + super.b;
     return sum;            }
 }
 public class ExtendsClass {
   public static void main(String[] args) {
     int sum1, sum2;
     SubClass sub = new SubClass();
     sub.display();
     sum1 = sub.computeSub();
     System.out.println("서브 클래스 a + b = "+sum1);
     sum2 = sub.computeSup();
     System.out.println("슈퍼 클래스 a + b = "+sum2);
    }
  }
```

실행결과

```
서브클래스 a = 10 b = 20
슈퍼클래스 a = 1 b = 2
서브 클래스 a + b = 30
슈퍼 클래스 a + b = 3
```

위 프로그램에는 세 개의 클래스를 정의하고 있다. SuperClass 클래스는 정수형 멤버 변수 a와 b를 갖는 클래스이고, SuperClass 클래스로부터 확장 받은 서브 클래스 SubClass는 자신이 선언한 멤버 변수인 a와 b 및 sum을 갖는다. SubClass는 슈퍼 클래스로부터 상속받은 멤버 변수 a와 b도 갖는다.

세 개의 메소드를 선언하고 있는데, display() 메소드는 SubClass의 멤버 변수인 a와 b를 출력하고 슈퍼 클래스로부터 상속받은 멤버 변수인 a와 b를 출력하는 메소드이다.

computeSub() 메소드는 SubClass의 멤버 변수인 a와 b의 합을 구하는 메소드이고, computeSup() 메소드는 상속받은 슈퍼 클래스의 a와 b의 합계를 구하는 메소드이다. 상속받은 a와 b를 SubClass에서 사용하기 위해 super.a와 super.b라고 기술한다.

ExtendsClass 클래스는 main() 메소드를 갖고 있는 메소드로 public이 붙어 있고 자바 파일이름과 같은 이름으로 작성한다.

"SubClass sub = new SubClass();"처럼 객체를 생성하는 명령문을 사용하여 SubClass 클래스의 객체 sub를 생성하고 "sub.computesub()"처럼 "객체이름.메소드이름"으로 SubClass 클래스의 메소드를 호출하여 합계를 구하는 과정을 실행한다.

6.1.3 서브 클래스의 생성자

서브 클래스의 생성자를 사용하는 방법은 일반적인 클래스와 동일하다. 서브 클래스는 슈퍼 클래스의 멤버를 그대로 상속받기 때문에 서브 클래스 객체를 생성할 때 서브 클래스의 생성자에서 슈퍼 클래스의 생성자를 먼저 호출하고 자신의 생성자를 실행한다. 서브 클래스에서 슈퍼 클래스의 생성자를 직접 호출하지 않으면 슈퍼 클래스의 기본 생성자를 자동으로 호출한다.

다음 예제는 서브 클래스의 객체를 생성할 때 슈퍼 클래스의 생성자부터 호출하고 서브 클래스의 생성자를 호출하는 프로그램이다.

예제 6-2 ConstructorClass.java

```java
class SuperClass {
  int a = 1;
  SuperClass() {
    System.out.println("슈퍼 클래스 생성자 호출 a = "+a);
  }
}
class SubClass extends SuperClass {
  int b = 2;
  SubClass() {
    System.out.println("서브 클래스 생성자 호출 b = "+b);
  }
}
public class ConstructorClass {
  public static void main(String[] args) {
    SubClass sub = new SubClass();
    System.out.println("main 메소드 출력문");
  }
}
```

실행결과

슈퍼 클래스 생성자 호출 a = 1
서브 클래스 생성자 호출 b = 2
main 메소드 출력문

ConstructorClass 클래스의 main() 메소드에서 SubClass 클래스의 sub 객체를 생성하면 SubClass의 생성자를 자동으로 호출한다. 이 때 SubClass가 SuperClass 의 서브 클래스이므로 SuperClass의 생성자부터 먼저 호출하여 "슈퍼 클래스 생성자 호출 a = 1"이라는 출력문을 먼저 출력하고 자신의 생성자를 호출하여 "서브 클래스 생성자 호출 b = 2"라는 문장을 출력한다. main() 메소드로 돌아와서 "main 메소드 출력문"이라는 내용을 출력한다.

만일 서브 클래스의 생성자에서 슈퍼 클래스의 생성자를 명시적으로 호출하고자 할 경우 **super( )** 메소드를 사용하여 다음과 같이 호출한다.

super(실인수목록);

서브 클래스의 생성자에서 슈퍼 클래스의 생성자를 명시적으로 호출할 경우 **"super(실인수목록);"**이라는 명령문을 서브 클래스 생성자의 첫 문장으로 작성해야 한다.
주의할 사항은 보통 생성자를 만들지 않으면 기본 생성자는 자동으로 생성해 주는데, 생성자를 하나라도 작성하면 매개변수가 없는 기본 생성자는 자동으로 생성하지 않는다.

다음 예제는 서브 클래스 객체를 생성할 때 슈퍼 클래스의 생성자부터 호출하는데 "super(100);"에 의해 정수형 매개변수를 갖는 슈퍼 클래스의 생성자를 호출하는 프로그램이다.

 예제 6-3 ConstructorSuper.java

```java
class SuperClass {
  int a = 1;
  SuperClass() {
    System.out.println("슈퍼 클래스 생성자 호출1  a ="+a);
  }
  SuperClass(int x) {
    a = x;
    System.out.println("슈퍼 클래스 생성자 호출2 a = "+a); // 100 출력
  }
}
class SubClass extends SuperClass {
  int b = 2;
  SubClass() {
    super(100);  // 두 번째 생성자인 SuperClass(int x) 호출
    System.out.println("서브 클래스 생성자 호출 b = "+b);   }
  }
public class ConstructorSuper {
  public static void main(String[] args) {
    SubClass sub = new SubClass();
    System.out.println("main 메소드 출력문");
  }
}
```

실행결과

```
슈퍼 클래스 생성자 호출2 a = 100
서브 클래스 생성자 호출 b = 2
main 메소드 출력문
```

ConstructorSuper 클래스의 main() 메소드에서 SubClass 클래스의 객체인 sub를 생성하면 생성자를 자동으로 호출한다. sub의 생성자 안에 있는 "super(100);" 문장으로 슈퍼 클래스의 생성자를 명시적으로 호출하여 슈퍼 클래스 SuperClass의 생성자 중 매개변수를 갖는 "SuperClass(int x)"라는 두 번째 생성자를 호출하고 "슈퍼 클래스 생성자 호출2 a = 100"을 출력한다. 다음으로 자신의 생성자를 호출하여 "서브 클래스 생성자 호출 b = 2"를 출력하고 main() 메소드로 돌아와 "main 메소드 출력문"을 출력한다.

6.2 메소드 상속

서브 클래스는 슈퍼 클래스로부터 메소드를 상속받는데 슈퍼 클래스에서 **private** 접근 한정자로 선언한 메소드는 선언한 클래스에서만 사용할 수 있어서 서브 클래스로 상속할 수 없다.

슈퍼 클래스의 메소드 중 서브 클래스에 같은 이름의 메소드가 있고 매개변수의 수와 각각의 자료형이 동일할 경우, 서브 클래스에서 정의한 메소드를 우선적으로 사용한다. 이처럼 서브 클래스에서 동일한 메소드를 다시 정의하는 것을 재정의 (overriding)라 한다. 메소드를 재정의한 경우 슈퍼 클래스의 메소드는 숨겨지고 서브 클래스에서 선언한 메소드를 사용한다. 즉, 슈퍼 클래스의 메소드 대신 서브 클래스의 메소드를 우선적으로 사용한다. 만일 서브 클래스 안에서 동일한 이름으로 정의한 슈퍼 클래스의 메소드를 사용할 경우에는 멤버 변수 경우처럼 **super**라는 키워드를 사용하여 슈퍼 클래스의 메소드를 호출할 수 있다.

형식

super.메소드이름(실인수목록);

만일 슈퍼 클래스와 서브 클래스 모두에 display()라는 메소드를 정의하고 있을 때 슈퍼 클래스의 display() 메소드를 호출하려면 다음과 같이 작성한다.

```
super.display();
```

다음 예제는 서브 클래스에서 슈퍼 클래스의 display() 메소드를 재정의해 자신의 display() 메소드를 호출하는데 이 메소드 안에서 "super.display()"를 사용해 슈퍼 클래스의 메소드도 호출하는 프로그램이다.

 예제 6-4 MethodTest.java

```java
class SuperClass {
  int a = 1;
  public void display() {
    System.out.println("슈퍼 클래스 출력문 a = "+a);
  }
}
class SubClass extends SuperClass {
  int b = 2;
  public void display() {
    System.out.println("서브 클래스 출력문 b = "+b);
    super.display();
  }
}
public class MethodTest {
  public static void main(String[] args) {
    SubClass sub = new SubClass();
    System.out.println("서브 클래스 메소드에서 슈퍼 클래스 메소드 호출");
    sub.display();
```

```
    }
  }
```

출력결과

```
서브 클래스 메소드에서 슈퍼 클래스 메소드 호출
서브 클래스 출력문 b = 2
슈퍼 클래스 출력문 a = 1
```

SubClass 클래스의 display() 메소드에서 슈퍼 클래스의 메소드를 호출하여 출력하는데, 슈퍼 클래스의 메소드를 호출하기 위해 "super.display();"라는 문장을 사용한다.

슈퍼 클래스에서 정의한 메소드 중 매개변수의 수와 자료형이 같은 동일한 이름의 메소드를 서브 클래스에서 재정의(overriding)했을 때 멤버 변수의 경우처럼 서브 클래스의 메소드를 우선적으로 사용하고, 키워드 **super**를 사용해 슈퍼 클래스의 메소드를 호출해서 사용할 수 있다.

다음 예제는 슈퍼 클래스의 display() 메소드를 서브 클래스에서 재정의하여 서브 클래스의 메소드를 우선적으로 사용하는 것과 SubClass에서 두 가지 display() 메소드를 중복 정의한 경우 매개변수의 자료형에 따라 선별적으로 호출하는 프로그램이다.

🖊 예제 6-5 OverridingOverloading.java

```java
class SuperClass {
  int a = 1;
  public void display() {
    System.out.println("슈퍼 클래스 출력문 a = "+a);
  }
```

```
    }
class SubClass extends SuperClass {
    int b = 2;
    public void display() {
        System.out.println("서브 클래스 출력문1  b = "+b);  // b = 2
    }
    public void display(int x) {    // x = 20
        b = x;                       // b = 20
        System.out.println("서브 클래스 출력문2  b = "+b);
    }
}
public class OverridingOverloading {
    public static void main(String[] args) {
        SubClass sub = new SubClass();
        sub.display();
        sub.display(20);
    }
}
```

출력결과

```
서브 클래스 출력문1  b = 2
서브 클래스 출력문2  b = 20
```

　　SubClass에서 두 가지 종류의 display() 메소드를 정의하고 있는데, 첫 번째 메소드는 매개변수가 없는 것이고 두 번째는 정수형 매개변수를 하나 갖고 있어서 호출할 때 실인수의 자료형에 따라서 두 메소드를 서로 구별하여 호출한다.

　　main() 메소드에서 "sub.display();" 명령문은 슈퍼 클래스의 display() 메소드가 아니라 서브 클래스의 첫 번째 display() 메소드를 호출하는 것이고 "서브 클래스 출력문1 b = 2" 문장을 출력한다.

main() 메소드에서 "sub.display(20);" 명령문은 실인수로 "20"이라는 정수형의 값을 전달하므로 서브 클래스의 두 번째 display(int x) 메소드를 호출하는 것이고 "서브 클래스 출력문2 b = 20"을 출력한다.

final 한정자가 붙은 최종 메소드는 서브 클래스에서 재정의할 수 없다. 다음에서 처럼 최종 메소드 display()는 서브 클래스에서 재정의할 수 없는 메소드이다.

```
final void display() {
  //...
}
```

6.3 추상 클래스

추상 메소드를 갖고 있는 클래스를 추상 클래스라 한다. 추상 메소드란 함수 원형과 같은 것으로 실행해야할 문장을 기술하는 중괄호 { }가 없는 메소드이다. 또한, 추상 메소드를 갖고 있지 않더라도 클래스를 정의할 때 **abstract** 키워드를 붙이면 추상 클래스로 정의할 수 있다. 하나 이상의 추상 메소드를 가진 경우 추상 클래스이므로 **abstract** 키워드를 **class** 앞에 붙여야 한다. 추상 메소드의 유무와 상관없이 추상 클래스는 객체를 생성할 수 없다.

```
abstract class AbstractClass {
  public abstract void display1();  // 추상 메소드
  public void display2() {
    // 문장;
  }
}
```

display1() 메소드의 경우 실행할 문장을 정의하지 않았으므로 추상 메소드이다. 반면 display2()의 경우는 { } 안에 실행할 문장을 기술하고 있으므로 추상 메소드가 아니다.

AbstractClass의 경우 두 개의 메소드를 갖고 있고 이 중에 하나가 추상 메소드이므로 추상 클래스로 선언해야 한다. 추상 메소드를 갖는 경우 객체를 바로 생성할 수 없고, 서브 클래스에서 추상 메소드를 구현한 후 서브 클래스의 객체를 생성해야 한다.

추상 메소드를 구현할 때, 추상 클래스를 슈퍼 클래스로 지정하고 추상 클래스의 서브 클래스를 만들면서, 서브 클래스 안에서 추상 메소드의 **abstract** 키워드는 빼고 메소드를 작성해야 한다. 메소드 안에서 실행할 문장들을 기술하고 일반 메소드로 바뀌면 서브 클래스의 객체를 생성한 후 사용할 수 있다.

다음 예제는 display1() 추상 메소드를 구현하는 서브 클래스를 만들고, 서브 클래스의 객체를 생성한 후 display1() 메소드를 호출하는 프로그램이다.

✎ 예제 6-6 AbstractClassTest.java

```java
abstract class AbstractClass {        // 추상 클래스
  public abstract void display1();  // 추상 메소드
  public void display2() {
    System.out.println("추상 클래스에서의 출력문");    }
 }
class AbsSubClass extends AbstractClass { // 추상 클래스의 서브 클래스
  int a = 1;
  public void display1() {    // 추상 메소드 작성
    System.out.println("서브 클래스 출력문  a = "+a);
   }
  }
```

```
public class AbstractClassTest  {
  public static void main(String[] args) {
    // 추상 클래스의 서브 클래스 객체 생성
    AbsSubClass sub = new AbsSubClass();
    sub.display1();
    sub.display2();
  }
}
```

출력결과

```
서브 클래스 출력문  a = 1
추상 클래스에서의 출력문
```

AbstractClass의 경우 display1()과 display2() 메소드를 갖고 있는데 display1() 메소드의 경우 실행할 명령문이 없는 추상 메소드이므로 AbstractClass 클래스는 추상 클래스이다. 추상 클래스는 자신의 객체를 바로 생성할 수 없으므로 AbsSubClass 클래스를 서브 클래스로 정의하고 있다. 이 서브 클래스에서 자신이 선언한 추상 메소드인 display1() 메소드의 명령문을 작성한다.

main() 메소드에서 AbsSubClass 클래스의 객체인 sub를 생성하고 "sub.display1();" 문장처럼 display1() 메소드를 호출하여 "서브 클래스 출력문 a = 1"을 출력하고, "sub.display2();" 문장처럼 display2() 메소드를 호출하여 "추상 클래스에서의 출력문"을 출력한다.

1. 슈퍼 클래스와 서브 클래스를 비교하여 설명하시오.

2. 추상 클래스란 무엇인가? 추상 클래스에서 객체를 생성하는 방법을 설명하시오.

3. 슈퍼 클래스와 서브 클래스에 동시에 정의한 멤버 변수를 구분하여 사용하는 방법을 설명하시오.

4. 슈퍼 클래스에 선언한 메소드를 서브 클래스에서 재정의했을 경우 두 메소드를 구분하여 사용하는 방법을 예를 들어 설명하시오.

5. 세 정수와 세 실수를 읽고 서브 클래스를 생성하여 세 정수의 합과 세 실수의 합을 구해 출력하는 과정을 메소드를 사용하여 프로그램을 작성하시오.

```
<terminated> SumSubClass [Java Application] C:\Program Files\Java\jre
세 정수와 세 실수 입력 --> 2 12.3 7 2.8 15 34.1
|
** 세 정수와 세 실수의 합 **
2 + 7 + 15 = 24
12.3 + 2.8 + 34.1 = 49.2
```

6. 속도와 차종을 멤버 변수로 하는 Car 클래스를 만들어 속도와 차종을 출력하는 print() 메소드를 작성하고, Car에서 상속받은 SportsCar 서브 클래스에 차주 멤버 변수를 추가하여 SportsCar 서브 클래스를 작성한다. SportsCar 서브 클래스의 객체 수를 입력받아 객체를 생성하고 세 정보를 모두 출력하는 print() 메소드를 재정의하여 출력하는 프로그램을 작성하시오. SportsCar의 객체에 대해 속도가 가장 빠른 차주명을 출력하는 메소드도 작성하시오.

```
Problems  Javadoc  Declaration  Console
<terminated> SportsCarEx [Java Application] C:\Program
차량 수 입력 --> 5

    ** 차량 리스트 **
속도    차종         차주
130    sonata      Kim
150    BMW         Lee
120    avante      Cho
160    bentz       Jung
100    toco        Kang

속도가 가장 빠른 차주: Jung
```

```
class Car {
  int speed;
  String kind;

  Car(int s, String k){
        ...
  }

  public void print() {
        ...
  }
}
class SportsCar extends Car{
  String name;

  SportsCar(int s, String k, String name){
      // ...
  }

  public void print() {
      // ...
  }

  public void maxPrint(SportsCar s) {
      //  ...
  }
}
```

인터페이스와 람다식

자바에서는 인터페이스를 지원하여 사용자 접속을 기술하는데, 인터페이스는 메소드와 상수로 작성한다. 인터페이스의 형식은 클래스와 유사하나 상수와 실행할 문장들을 갖고 있지 않은 메소드(추상 메소드)로만 구성된 프로그램 단위라 할 수 있다. 복잡한 응용 프로그램을 개발할 때 많은 클래스들을 작성하는데, 인터페이스를 작성해 클래스들을 연결해주는 역할을 담당한다.

자바에서는 클래스의 경우 단일 상속만 지원하고 다중 상속을 지원하지 않지만 인터페이스에서는 다중 상속이 가능하다. 모든 클래스는 하나의 슈퍼 클래스만 갖는 단일 상속만 가능하여 다중 상속을 표현하기 위한 방법으로 인터페이스를 사용한다.

7.1 인터페이스 선언

인터페이스의 구성 요소는 상수들과 명령문이 없는 메소드 원형들이다.

형식

〔public〕interface 인터페이스이름
{
  // 상수 선언
  // 메소드 원형
}

인터페이스는 클래스와 형식은 유사한데 **public** 키워드는 생략 가능한 것이고

class 대신 **interface** 키워드를 사용하고 인터페이스 이름을 기술하고 { } 안에 상수를 선언하고 하나 이상의 메소드를 선언한다.

```
사용 예
public interface Item
{
    int SIZE1 = 1001;
    int SIZE2 = 2001;

    public void sizePrint();
}
```

인터페이스에서 선언한 두 개의 상수 SIZE1과 SIZE2는 처음 값을 지정한 후 프로그램에서 값을 변경할 수 없어서 "public static final"이란 속성을 묵시적으로 갖는다.

하나의 메소드를 선언하고 있는데 실행할 문장들을 기술하는 { } 중괄호를 포함하지 않아 묵시적으로 추상 메소드의 속성을 갖는다. 실제로 프로그램을 작성할 때는 인터페이스의 추상 메소드를 구현하는 클래스를 작성하고, 이 클래스 안에 추상 메소드를 실행할 문장들을 구현해야 한다.

만일 인터페이스에서 선언한 모든 메소드를 다 구현하지 않고 실행할 문장들을 정의하지 않은 메소드가 있을 경우 이 메소드는 추상 메소드의 속성을 갖는다. 이런 추상 메소드를 가진 클래스는 추상 클래스로 선언해야 한다.

클래스와 마찬가지로 인터페이스의 소스 파일이름은 "인터페이스이름.java"이고 컴파일된 결과 "인터페이스이름.class" 파일을 생성한다.

이클립스에서 인터페이스를 만드는 방법

• 인터페이스 파일을 생성할 자바 프로젝트를 선택한 후 [파일] 메뉴에서 [New]-[interface]를 선택한다.

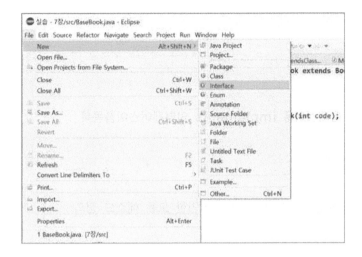

▼ 아이콘을 클릭한 후 "Inteface"를 선택해도 인터페이스 파일을 생성할 수 있고, "Package Explorer" 안의 "src"에서 오른쪽 마우스 버튼을 눌러 [New]-[Interface]를 선택해도 인터페이스 파일을 생성할 수 있다.

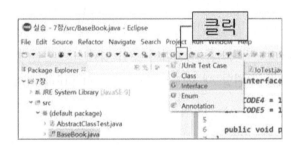

7.2 인터페이스 구현

인터페이스에서 선언한 메소드는 추상 메소드의 속성을 갖고 있기 때문에 인터페이스의 객체를 직접 생성할 수 없고, 추상 메소드의 기능을 실행할 문장들을 정의하는 클래스가 있어야 한다. 즉, 인터페이스를 구현하는 클래스를 작성하여 추상 메소드를 구현한다.

인터페이스를 구현하는 클래스를 작성하는 형식은 다음과 같다.

형식

〔public〕 class 클래스이름 implements 인터페이스이름목록
{
   // 멤버 변수 선언
   // 생성자
   // 추상 메소드 구현--인터페이스에서 선언한 모든 메소드 정의
   // 메소드
}

인터페이스를 구현하는 클래스는 클래스이름 뒤에 **implements**라는 키워드를 기술하고 바로 뒤에 구현할 인터페이스이름들을 콤마(,)로 구분하여 기술한다.

보통의 클래스와 다른 점은 인터페이스에서 선언한 추상 메소드를 정의하는 구현부분이 추가되어 있다는 점이다. 만일 인터페이스에서 선언한 모든 추상 메소드를 구현하지 않을 경우 **abstract** 키워드를 기술하여 추상 클래스로 만들어야 한다.

클래스 안에서 추상 메소드를 구현할 때 메소드 앞에 반드시 **public**이라 명시해야 한다.

다음 예제는 인터페이스와 인터페이스를 구현하는 클래스를 만들어 인터페이스의 메소드를 구현하여 실행하는 프로그램이다.

 예제 7-1 BookOutput.java와 InterfaceTest.java

＊ BookOutput.java
```
public interface BookOutput {
    int CODE[] = { 1001,1002, 1003};
    void print();
```

```
    void getCode(int code);
}
```

＊ InterfaceTest.java

```java
public class InterfaceTest implements BookOutput {
  public void print() {
    System.out.print("세 CODE: ");
    for(int i = 0; i < CODE.length; i++)
      System.out.print(CODE[i]+" ");
    System.out.println();
  }
  public void getCode(int code){
    System.out.println("취득한 code = "+code);
  }
  public static void main(String[] args) {
    InterfaceTest obj = new InterfaceTest();
    obj.print();
    obj.getCode(1007);
  }
}
```

실행결과

```
세 CODE: 1001 1002 1003
취득한 code = 1007
```

실행하는 방법은 BookOutput 인터페이스를 작성한 후 "BookOutput.java"로 저장한 후 컴파일하고, InterfaceTest 클래스는 "InterfaceTest.java"로 저장한 후

컴파일하여 main() 메소드가 있는 "InterfaceTest.java"를 실행하면 시스템에서 자동으로 인터페이스와 클래스를 연결하여 위와 같은 결과 값을 출력한다.

이클립스에서는 파일을 작성하면 컴파일 된 ".class" 파일은 자동으로 생성하므로 두 파일을 작성한 후 "InterfaceTest.java"를 실행하면 "BookOutput.java" 인터페이스 파일과 함께 실행한다.

BookOutput 인터페이스에서, 세 개의 원소를 갖는 배열 CODE를 선언하고 print(), getCode() 메소드를 선언한다. print(), getCode() 메소드는 추상 메소드이므로 이를 구현하는 클래스가 있어야 하고, InterfaceTest 클래스에서 두 메소드를 구현한다. print()는 세 가지 CODE 값을 출력하는 메소드이고 getCode()는 코드 값을 실인수로 받아 코드 값을 출력하는 메소드이다. CODE 배열은 **final**의 속성을 가지므로 "CODE = CODE1;" 명령문처럼 다른 배열을 대입할 수 없지만 배열의 원소 값은 변경할 수 있다.

7.3 인터페이스 상속

클래스와 마찬가지로 인터페이스를 선언할 때 이미 존재하는 인터페이스를 확장하여 확장된 서브 인터페이스를 만들 수 있다. 이때 기존의 인터페이스는 슈퍼 인터페이스가 된다.

형식

〔public〕 **interface** 서브인터페이스이름 **extends** 슈퍼인터페이스이름목록 {
　　// 상수 선언
　　// 메소드 선언
　}

서브 인터페이스 이름 뒤에 **extends**라는 키워드를 기술하고 인터페이스이름목록

에는 슈퍼 인터페이스들을 콤마(,)로 구분하여 나열한다. 슈퍼 인터페이스가 한 개일 경우는 하나만 기술한다. 클래스와는 달리 여러 개의 인터페이스를 슈퍼 인터페이스로 가질 수 있어 다중 상속이 가능하다.

사용 예

```
public interface SubBook extends BookOutput
{   int CODE2[] = {1004, 1005};
    public void printbook(int code);
 }
```

SubBook 인터페이스의 경우 BookOutput 인터페이스가 슈퍼 인터페이스이므로 슈퍼 인터페이스에서 선언한 배열 CODE를 상속받고 자신이 선언한 배열 CODE2를 포함하여 모두 2개의 배열을 갖는다. 마찬가지로 슈퍼 인터페이스에서 선언한 print()와 getCode()를 상속받고 자신이 선언한 printbook()을 포함하여 모두 세 개의 메소드를 사용할 수 있다.

클래스 상속과 마찬가지로 동일한 이름의 상수를 서브 인터페이스 안에서 다시 선언하는 경우, 슈퍼 인터페이스의 상수가 아니라 서브 인터페이스의 상수 값을 사용한다. 슈퍼 인터페이스의 상수를 사용하려면 슈퍼 인터페이스의 이름 뒤에 점(.)을 찍고 상수이름을 기술한다.

사용 예

```
public interface Item2
{ int SIZE1 = 1001;   }

public interface SubItem2 extends Item2
{   int SIZE1 = 2001;
    int SIZE2 = 2002;   }
```

Item2와 SubItem2에서 SIZE1을 선언한 경우, 슈퍼 인터페이스인 Item2의 SIZE1을 사용하려면 **"Item2.SIZE1"**이라고 기술한다.

다음 예제는 인터페이스를 상속해 서브 인터페이스를 만들고, 서브 인터페이스를 구현하는 클래스에서 메소드를 정의해 호출하는 프로그램이다.

✎ 예제 7-2 BookOutput.java, SubBook.java, InterfaceExtends.java

```java
* BookOutput.java
public interface BookOutput {
    int CODE[] = { 1001,1002, 1003 };
    void print();
    void getCode(int code);
}


* SubBook.java
public interface SubBook extends BookOutput
{   int CODE[] = { 1004, 1005 };
    public void printbook(int code);
 }


* InterfaceExtends.java
public class InterfaceExtends implements SubBook {
  public void print() {
    System.out.print("다섯 CODE: ");
    for(int i = 0; i < BookOutput.CODE.length; i++)
        System.out.print(BookOutput.CODE[i]+" ");
    for(int i = 0; i < CODE.length; i++)
        System.out.print(CODE[i]+" ");
    System.out.println();
  }
```

```java
    public void getCode(int code){
        System.out.println("취득한 code = "+code);
    }
    public void printbook(int code){
        String name = "";
        boolean flag = true;
        switch (code) {
          case 1001: name = "자바"; break;
          case 1002: name = "C++"; break;
          case 1003: name = "ASP"; break;
          case 1004: name = "JSP"; break;
          case 1005: name = "C"; break;
          default: System.out.println("잘못된 code를 입력하였습니다");
                   flag = false;
        }
        if (flag)
          System.out.println("code "+code+" 책 이름 = "+name);
    }
    public static void main(String[] args) {
        InterfaceExtends obj = new InterfaceExtends();
        obj.print();
        obj.getCode(CODE[1]);    // SubBook의 CODE[1]
        obj.printbook(BookOutput.CODE[0]);
    }
}
```

```
다섯 CODE: 1001 1002 1003 1004 1005
취득한 code = 1005
code 1001 책 이름 = 자바
```

InterfaceExtends는 SubBook 인터페이스를 구현하는 클래스로 print(), getCode(), printbook() 메소드를 정의하여 구현하고 있다. SubBook 인터페이스는 BookOutput의 CODE를 상속받는데, 같은 이름의 배열 CODE를 두 개 갖는다. 슈퍼 인터페이스 BookOutput의 CODE를 사용할 경우 "BookOutput.CODE"라고 작성해야 하고, SubBook의 CODE는 CODE라고 작성한다.

print()는 BookOutput의 CODE과 SubBook의 CODE 값을 출력하는 메소드이고, getCode()는 코드 값을 실인수로 받아 코드 값을 출력하는 메소드이다. printbook()은 코드 값을 실인수로 받아서 코드에 해당하는 책이름을 출력하는 메소드로 BookOutput의 CODE의 값 "1001"을 넘겨받아 해당하는 책이름인 "자바"를 출력한다.

서브 인터페이스는 여러 개의 슈퍼 인터페이스를 가질 수 있다. 여러 개의 인터페이스로부터 상속받는 것을 다중 상속이라 한다.

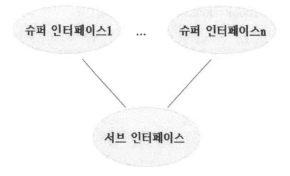

〔그림 7.1〕 인터페이스 상속

사용 예

```
public interface Item1
{   int SIZE1 = 1001;   }

public interface Item2
{  int SIZE2 = 2001;
   int SIZE3 = 2002;  }

public interface SubItem3 extends Item1, Item2
{  int SIZE4 = 3001;
   int SIZE5 = 3002;
   int SIZE6 = 3003;
}
```

자바에서는 여러 클래스로부터 상속받아 새로운 클래스를 만들 수 없다. 즉 클래스로부터 다중 상속을 허용하지 않는데, 대신 슈퍼 클래스로부터 상속받고 인터페이스를 구현하여 서브 클래스를 만들 경우 슈퍼 클래스와 인터페이스로부터 상속이 이뤄질 수 있다.

형식

```
class 클래스이름 extends 슈퍼 클래스이름 implements 인터페이스이름목록
{
   // 멤버 변수 선언
   // 추상 메소드 구현
   // 메소드
}
```

다음 예제는 슈퍼 클래스에서 상속받고 인퍼테이스를 구현하는 클래스를 만드는 프로그램이다.

 예제 7-3 BookOutput1.java와 ClassExtends.java

* **BookOutput1.java**
```java
public interface BookOutput1 {
    int CODE[] = { 1001,1002, 1003 };
    void print();
}
```

* **ClassExtends.java**
```java
class BookClass {
    public void getCode(int code){
        System.out.println("code = "+code);
    }
}

public class ClassExtends extends BookClass implements BookOutput1
{ public void print() {
    System.out.print("세 CODE: ");
    for(int i = 0; i < CODE.length; i++)
        System.out.print(CODE[i]+" ");
    System.out.println();
    }
    public void getCode(int code){
        System.out.println("취득한 code = "+code);
        super.getCode(code); // 슈퍼클래스 BookClass의 getCode() 호출
    }
    public static void main(String[] args) {
        ClassExtends obj = new ClassExtends();
        obj.print();
```

```
        obj.getCode(CODE[2]); // 서브클래스 ClassExtends의 getCode() 호출
    }
}
```

실행결과

```
세 CODE: 1001 1002 1003
취득한 code = 1003
code = 1003
```

ClassExtends 클래스의 경우 BookClass의 서브 클래스이므로, getCode() 메소드를 상속받아 getCode() 메소드를 재정의하고, BookOutput1 인터페이스를 구현해 print() 메소드에서 배열 CODE의 원소 값을 출력한다.

main() 메소드에서 ClassExtends 클래스의 객체 obj를 생성하여 print()와 getCode() 메소드를 호출하고 있다.

7.4 default 메소드와 static 메소드

자바 8부터 인터페이스에 **default 메소드**와 **static 메소드**를 추가하여 사용할 수 있다. default 메소드는 인터페이스의 추상 메소드를 클래스에서 따로 구현하지 않고, 인터페이스 자체에서 기본 메소드로서 인터페이스를 작성하면서 메소드의 기능을 바로 정의할 수 있는 메소드이다. 기존의 방법처럼 클래스에서 인터페이스를 구현하지 않아도 된다.

static 메소드는 클래스에서 사용하던 정적 메소드를 인터페이스에서도 사용할 수 있도록 정의하는 것으로, 클래스에서 사용하던 것처럼 인터페이스에서도 정적

메소드를 사용할 수 있다.

사용 예

```java
public interface DefaultBookOutput {
    int CODE()  = { 1001, 1002, 1003 };
    int CODE2() = { 2001, 2002, 2003 };

    static void print()    // static Method
    { System.out.println("* static Method 출력 ");
      System.out.print("세 CODE: ");
      for(int i = 0; i < CODE.length; i++)
         System.out.print(CODE[i]+" ");
      System.out.println("\n");
    }

    default void print2()  // default Method
    {  System.out.println("* Default Method 출력 ");
       System.out.print("세 CODE: ");
       for(int i = 0; i < CODE2.length; i++)
          System.out.print(CODE2[i]+" ");
       System.out.println();
    }
}
```

default 메소드 호출 방법

인터페이스 객체를 생성하고 "**객체이름.메소드이름**"으로 default 메소드를 호출한다. { } 안에 인터페이스의 다른 추상 메소드가 있는 경우 이 메소드를 정의할 수도 있다.

---

default 메소드 호출 형식

인터페이스이름 객체이름 = new 인터페이스이름() { // ... };
객체이름.**default**메소드이름();

---

default 메소드 호출 사용 예

DefaultBookOutput db = new DefaultBookOutput() { };
db.print2();

---

static 메소드 호출 방법

static 메소드는 클래스에서 사용하던 정적 메소드를 인터페이스에서도 사용하는 것으로, 클래스의 정적 메소드를 사용하는 방법과 유사하게 "**인터페이스이름.메소드이름**"으로 호출해서 사용한다.

정적 메소드 호출 형식

인터페이스이름.static메소드이름();

정적 메소드 호출 사용 예

DefaultBookOutput.print();

다음 예제는 인터페이스의 default 메소드와 static 메소드를 사용해 두 메소드

를 호출하는 프로그램이다.

 예제 7-4 DefaultBookOutput.java, DefaultEx.java

---

* DefaultBookOutput.java
```java
public interface DefaultBookOutput {
  int CODE[]  = { 1001,1002, 1003 };
  int CODE2[] = { 2001,2002, 2003 };
  static void print()    // static Method
  { System.out.println("* static Method 출력 ");
    System.out.print("세 CODE: ");
    for(int i = 0; i < CODE.length; i++)
      System.out.print(CODE[i]+" ");
    System.out.println("\n");
  }
  default void print2()  // default Method
  { System.out.println("* Default Method 출력 ");
    System.out.print("세 CODE: ");
    for(int i = 0; i <CODE2.length; i++)
      System.out.print(CODE2[i]+" ");
    System.out.println();
  }
}
```

* DefaultEx.java
```java
public class DefaultEx {
  public static void main(String[] args) {
    DefaultBookOutput.print();  // static 메소드 호출
    DefaultBookOutput db = new DefaultBookOutput() { };
    db.print2();        // default 메소드 호출
  }
}
```

실행결과

```
* static Method 출력
새 CODE: 1001 1002 1003

* Default Method 출력
새 CODE: 2001 2002 2003
```

인터페이스의 default 메소드 상속

인터페이스는 클래스처럼 슈퍼 인터페이스의 default 메소드를 상속받을 수 있다. 슈퍼 인터페이스에서 상속받을 때, default 메소드의 상속 방식을 다음 세 가지 중에서 선택할 수 있다.

1. 슈퍼 인터페이스의 default 메소드를 그대로 상속한다.
2. 슈퍼 인터페이스의 default 메소드를 재정의(Override)한다.
3. 슈퍼 인터페이스의 default 메소드를 추상 메소드로 재선언한다.

사용자는 서브 인터페이스에서 슈퍼 인터페이스의 default 메소드를 상속받을 때 세 가지 방식 중 하나를 선택해서 상황에 따라 융통성 있게 작성할 수 있다.

7.5 람다식

람다식(lambda expression)은 메소드를 하나의 식으로 표현한 것으로, Java SE 8부터 람다식을 사용할 수 있다. 함수형 인터페이스는 상수 없이 하나의 메소드만 선언한 인터페이스인데, 함수형 인터페이스의 경우 메소드를 람다식으로 표현할 수 있다. 메소드를 람다식으로 표현하면, 전통적인 방식처럼 클래스를 작성해 메소드를 구현하지 않아도 함수형 인터페이스의 메소드를 호출해서 사용할 수 있다.

7.5.1 람다식이란?

람다식(lambda expression)은 메소드를 하나의 식으로 표현한 것으로 이름이 없는 메소드이고, Java SE 8부터 람다식을 사용할 수 있다. 이전 버전의 자바에서는 메소드만으로 객체를 바로 생성할 수 없었는데 람다식을 정의하여 객체를 만들 수 있다. 람다식을 사용하면 불필요한 코드를 줄여주는 간결함과 작성된 코드의 가독성을 높여준다는 장점이 있다.

람다식 형식

〈매개변수목록〉 -〉 { 문장 }

자바에서는 화살표(->) 기호를 사용하여 람다식을 작성한다. ( ) 안에 람다식에서 사용할 매개변수들을 쉼표(,)로 분리하여 자료형과 같이 선언하고, 문장 부분에 처리할 명령문들을 기술한다.

람다식 사용 예

```
(int x, int y) -> { return x+y; }   // x와 y의 합을 반환
 a -> System.out.println(a)          // 매개변수가 하나이면 () 생략가능
                                     // 한 문장이면 { }와 ; 생략가능
```

둘 중 큰 값을 구하는 max() 메소드를 람다식으로 표현하면 다음과 같다.

메소드

```
int max(int n1, int n2) {
    return n1 > n2 ? n1 : n2;
}
```

람다식

```
(int n1, int n2) -> n1 > n2 ? n1 : n2
```

메소드를 람다식으로 표현하면, 메소드를 구현하는 클래스를 작성한 후 객체를 생성하지 않아도 메소드를 사용할 수 있다.

자바에서 람다식을 작성할 때 주의해야 할 사항은 다음과 같다.

1. 매개변수의 자료형을 추론할 수 있는 경우에는 자료형을 생략할 수 있다.
2. 매개변수가 하나인 경우에는 소괄호 ( )를 생략할 수 있다.
3. 람다식의 { } 안의 문장이 하나의 명령문만으로 이루어진 경우에는 중괄호 { } 를 생략할 수 있다. 이 경우 세미콜론(;)은 생략한다.
4. 람다식의 { } 안의 문장이 하나의 return 문으로만 이루어진 경우에는 중괄호 { }를 생략할 수 없다.
5. return 문 대신 표현식을 사용할 수 있고, 반환하는 값은 표현식의 결과 값이 된다. 이 경우 중괄호 { }와 세미콜론(;)은 생략한다.

7.5.2 함수형 인터페이스

함수형 인터페이스는 상수없이 하나의 메소드만 선언한 인터페이스이다. Java 8 부터 함수형 인터페이스 개념을 사용하고, 함수형 인터페이스의 경우, 인터페이스의 메소드를 구현하는 클래스를 만들지 않더라도 메소드를 람다식으로 표현하여 메소드를 사용할 수 있도록 기능을 제공한다. 그러나, 두 개 이상의 메소드를 선언한 인터페이스에서는 람다식을 활용할 수 없다.

사용자가 선언한 인터페이스가 함수형 인터페이스임을 나타내는 수단으로 FunctionalInterface 어노테이션(@FunctionalInterface)을 사용하는데, 인터페이스를 선언할 때 인터페이스 바로 위에 "@FunctionalInterface" 문장을 작성한다. 함수형 인터페이스를 작성할 때 두 개 이상의 추상 메소드를 선언하고 있는지 컴파일러가 검사해주는 기능을 제공한다.

그러나, 사용자가 어노테이션을 통해 명시적으로 지정하지 않더라도 함수형 인터페이스의 정의를 만족하는 인터페이스라면 자바 컴파일러는 함수형 인터페이스로 취급한다.

함수형 인터페이스로 선언한 메소드를 호출해 사용하기 위해, 먼저 함수형 인터페이스의 객체를 선언하고 객체에 람다식을 배정해 정의하면 메소드를 호출할 수 있다. 주목할 만한 것은 기존의 인터페이스를 사용하는 방법처럼 인터페이스를 구현하는 클래스를 작성하지 않아도 람다식을 활용해 인터페이스의 메소드를 정의한 후 메소드를 바로 호출할 수 있다는 사실이다.

```
함수형인터페이스 객체 선언과 호출 형식
함수형인터페이스이름 객체이름;
객체이름 = 람다식;              // 함수형인터페이스이름 객체이름 = 람다식;
…
객체이름.메소드이름()          // 메소드 호출
```

```
함수형인터페이스 객체 선언과 호출 예1
FunctionInterface fi;          // 함수형 인터페이스 객체 fi 선언
fi = () -> { String str = "람다식 사용";
             System.out.println(str);  };   // "람다식 사용" 출력
…
fi.methodFunc()          // 메소드 호출
```

```
함수형인터페이스 객체 선언과 호출 예2
FunctionInterface fi = () -> { String str = "람다식 사용";
                              System.out.println(str);  };
…
fi.methodFunc()          // 메소드 호출
```

람다식을 사용하여 자바에서도 함수 프로그래밍을 제공하고 있다. 함수 프로그래밍을 사용하면 자료 처리를 수학적인 함수를 계산하는 것처럼 처리하여 부작용 (side-effect)이 없는 함수가 가능하고, 변수의 값이 변하는 상태에 따라 함수 값이 달라지지 않는다.

다음 예제는 함수형 인터페이스의 메소드를 람다식으로 표현해 두 수 중 큰 값을 출력하는 프로그램이다. 함수형 인터페이스인 Compute 인터페이스는 별도의 인터페이스 파일을 작성하지 않고 "LambdaEx.java" 파일 안에 작성해도 된다.

```java
import java.util.Scanner;
@FunctionalInterface
interface Compute {    // 함수형 인터페이스 선언
    int max(int n1, int n2);
}

public class LambdaEx {
    public static void main(String[] args){
        Scanner s = new Scanner(System.in);
        System.out.print("두 수 입력 --> ");
        int n1 = s.nextInt();
        int n2 = s.nextInt();
        System.out.println("** 람다식 활용 **");
        Compute maxNum = (x, y) -> x > y ? x : y;    // 추상 메소드 구현
        System.out.print(n1+"과 "+n2+" 중 큰 수: ");
        System.out.println(maxNum.max(n1, n2));       // 메소드 호출
        s.close();
    }
}
```

실행결과

```
두 수 입력 --> 127  79
** 람다식 활용 **
127과 79 중 큰 수: 127
```

함수형 인터페이스 Compute에서 max() 메소드를 선언하고, main() 메소드에서 "Compute maxNum = (x, y) -> x > y ? x : y;" 명령문으로 Compute 인터페이스의 객체 maxNum을 생성하면서 max()에서 실행할 명령문을 람다식으로 정의한

후 "maxNum.max(n1, n2);" 명령문으로 max() 메소드를 호출해 실행한다.

다음 예제는 함수형 인터페이스의 메소드를 선언하고 두 가지 종류의 메소드를 람다식으로 표현해 두 메소드를 호출하는 프로그램이다. 함수형 인터페이스의 경우 인터페이스 파일을 따로 만들지 않고 하나의 자바 파일에 작성해도 된다.

 예제 7-6 LambdaFunEx.java

```java
import java.util.Scanner;
@FunctionalInterface
interface FunctionInterface {
    public void methodFunc();
}
public class LambdaFunEx {
    public static void main(String[] args) {
        FunctionInterface fi;
        System.out.println("** 람다식 활용 **");
        fi = () -> {    // "람다식 사용" 출력
            String str = "람다식 사용";
            System.out.println(str);
        };
        fi.methodFunc();
        fi = () -> {    // 두 수의 합계 계산
            Scanner scanner = new Scanner(System.in);
            System.out.print("두 수 입력: ");
            int x = scanner.nextInt();
            int y = scanner.nextInt();
            int sum = x + y;
            System.out.println(x+" + "+y+" = "+sum);
```

```
        scanner.close();
    };
    fi.methodFunc();
  }
}
```

함수형 인터페이스 FunctionInterface에서 methodFunc() 메소드를 선언하고, main() 메소드에서 "FunctionInterface fi;" 명령문으로 함수형 인터페이스 객체 fi를 선언한다.

"fi = () -> {   ...   };" 명령문으로 methodFunc()에서 실행할 명령문을 람다식으로 정의한 후 "fi.methodFunc();" 명령문으로 정의한 메소드를 호출해 실행한다. 두 가지 종류의 람다식을 정의해 서로 다른 기능의 메소드를 호출할 수 있다.

연습문제

1. 인터페이스란? 클래스와의 공통점과 차이점을 기술하시오.

2. 자바에서 클래스의 다중 상속을 흉내 낼 수 있는 방법을 설명하시오.

3. 인터페이스에서 슈퍼 인터페이스를 서브 인터페이스로 확장하여 정의하는 방법을 예를 들어 설명하시오.

4. 인터페이스에서 다중 상속이 이뤄지는 경우를 예를 들어 설명하시오.

5. 슈퍼 인터페이스와 서브 인터페이스에 동시에 선언한 상수를 서로 구분하여 사용하는 방법을 설명하시오.

6. 인터페이스에서 default 메소드와 static 메소드를 사용하는 방법을 비교하여 설명하시오.

7. 두 수의 합을 구하는 add(x, y)와 1부터 n까지의 짝수의 합을 구하는 add(n) 메소드를 갖는 인터페이스를 선언하고, 인터페이스를 구현하는 클래스를 만들어 두 메소드의 실행 결과를 출력하는 프로그램을 작성하시오.

```
Problems  Javadoc  Declaration  Console
<terminated> AddInterfaceEx [Java Application] C:\Program
두 정수 입력 --> 38  15
38 + 15 = 53

합을 구할 수 입력 --> 12
1부터 12까지의 짝수의 합 : 42
```

8. 함수형 인터페이스을 정의하고 위의 두 메소드를 람다식을 활용해 계산하는 프로그램을 작성하시오.

```
@FunctionalInterface
public interface AddInterface {
    public void add();
}
```

```
public class RamdaAddEx {
  public static void main(String[] args) {
    AddInterface ai;
    ai = () -> {
            ...
        };
    ai.add();
    ...
    ai = () -> {
            ...
        };
    ai.add();
  }
}
```

```
Problems  Javadoc  Declaration  Console
<terminated> RamdaAddEx (1) [Java Application] C:\Program Fil
* 람다식 활용 *
두 정수 입력 --> 15  72
15 + 72 = 87

합을 구할 수 입력 --> 10
1부터 10까지 짝수의 합 : 30
```

자바에서는 클래스 종류가 다양하고 많아서 패키지(package)를 사용하여 서로 연관성이 있는 클래스들을 묶어준다. 패키지는 서로 관련 있는 클래스나 인터페이스, 서브 패키지를 하나의 단위로 묶는 방법이다.

자바에서 기본적으로 제공해주는 패키지에는 java.lang, java.util, java.io, java.applet, java.awt, javax.swing 등이 있다. 예를 들어 java.lang 패키지 안에는 수많은 클래스들이 있고, 자바를 실행하는데 필요한 아주 기본적인 클래스들을 정의하고 있다. 따라서 모든 자바 파일에서 java.lang 패키지를 사용해야 하므로 시스템에서 자동으로 포함시켜 사용할 수 있게 해준다.

java.lang 패키지 외에 다른 패키지에 있는 클래스들을 사용할 경우 자바 소스 파일에 원하는 패키지를 포함시켜야 하고 **import**라는 키워드를 사용한다. 즉, 이미 만들어진 패키지나 자바 프로젝트 안에서 사용자가 정의한 새로운 패키지를 자바 프로그램에 포함시켜야할 경우 **import** 구문을 사용한다.

사용자는 프로그램을 작성하면서 필요에 따라 새로운 패키지를 정의할 수 있는데 패키지 선언문을 사용하여 새로운 패키지를 정의할 수 있다.

8.1 패키지 선언

프로그래머가 서로 관련 있는 클래스나 인터페이스를 새로운 패키지로 정의하기 위해서 자바 파일의 첫 번째 문장으로 패키지를 선언한다.

형식

package 패키지이름;

패키지는 계층적인 구조를 가지며 폴더를 생성한다.

사용 예

```java
package myclass.draws;
public class Draw1 {
  //...
}
...
package myclass.draws;
public class Draw2 {
  //...
}
```

---

myclass.draws 패키지의 자바 파일에서 클래스를 작성할 때 **public** 키워드를 반드시 붙여야 하고, **public**를 붙여야 다른 패키지에서도 클래스를 사용할 수 있다.

위 예제의 경우, "myclass.draws"라는 패키지에 "Draw1.java"와"Draw2.java"라는 두 개의 자바 파일을 생성한다. "myclass"폴더 밑에 "draws" 폴더가 생기고 이 폴더 밑에 "Draw1.java"와 "Draw2.java" 파일을 생성한다.

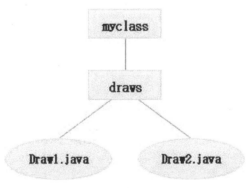

〔그림 8.1〕 myclass의 파일 계층구조

복잡한 응용 프로그램을 만들 경우 여러 사람이 작업한 내용을 각 사람별로 다른 패키지로 만들어 자바 파일을 생성하는데, 패키지가 다를 경우 같은 클래스 이름의 파일을 만들어도 클래스가 서로 충돌하는 상황을 방지할 수 있다. 자바는 패키지별로 클래스 파일을 찾으므로 하나의 자바 프로젝트 안에 서로 다른 패키지에 같은 이름의 클래스가 만들어진 경우에도 프로젝트 안에서 오류 없이 사용할 수 있다.

8.1.1 이클립스에서 패키지 만들기

이클립스에서 메뉴를 사용하면 패키지를 쉽게 만들 수 있다.

이클립스에서 패키지 만드는 방법

1. 새로운 자바 프로젝트("8장")를 만들고, 프로젝트를 선택한 후 [File]-[New]-[Package]를 선택하거나 ▼ 버튼을 클릭한 후 "Package"를 선택하거나 패키지를 만드는 ⊞ 아이콘을 클릭한다.

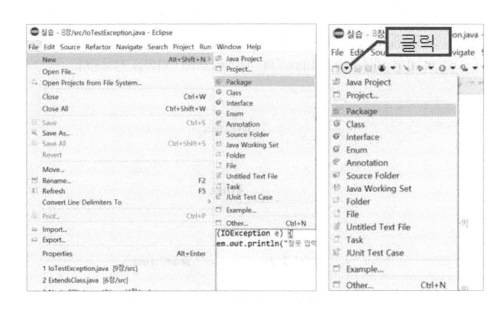

2. 패키지 이름 "myclass.draws"를 입력하고 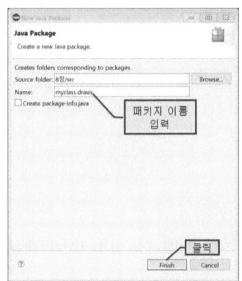 Finish 버튼을 누르면 자바 프로 젝트 안에 "myclass.draws"가 생성된 것을 확인할 수 있다.

그림에서 볼 수 있듯이 Draw1 자바 파일을 생성하면 자바 파일의 첫 명령문 으로 package 문이 자동으로 들어간다.

```java
package myclass.draws;
public class Draw1 {
  // ...
}
```

패키지 이름은 "myclass.draws"처럼 지정할 수도 있고, 간단히 "draws"로 지정할 수도 있다.

8.2 패키지 사용

자바에서 제공하는 패키지나 사용자가 정의한 패키지를 프로그램에서 사용할 경우 **import** 문을 작성한다.

형식

import 패키지이름.클래스이름;

앞에서 선언한 myclass.draws 패키지를 사용하려면 다음과 같다.

사용 예

import myclass.draws.*

여기서 * 는 "myclass.draws" 패키지 안에 있는 모든 파일을 포함시켜서 사용하겠다는 의미이다. 즉, "Draw1.java"와 "Draw2.java" 파일을 사용할 수 있다.

클래스에서 자신이 작성하지 않은 외부의 패키지를 사용하려면 클래스 선언부 위에 import 문을 작성하여 원하는 패키지를 프로그램에 포함시켜야 한다.

자바 컴파일러에서 기본적으로 포함하는 java.lang 패키지의 경우에는 import 문을 사용할 필요가 없다. 이외의 모든 패키지는 패키지에서 선언한 클래스를 사용하기 위해 import 문을 사용하여 자바 프로그램에 포함시켜야 한다.

8.3 자바 언어 패키지

자바에서 기본적으로 제공해주는 패키지에는 java.lang, java.util, java.io, java.awt, javax.swing, java.applet 등이 있다. 예를 들어 java.lang 패키지 안에는 자바의 기능을 확장해주는 기본적인 클래스들이 있다. java.lang 패키지에는 모든 클래스의 슈퍼 클래스가 되는 Object 클래스가 있고 자바의 기본 자료형과 일치하는 래퍼 클래스들이 있고 이외에 다양한 인터페이스와 클래스들이 있다.

java.util 패키지는 Arrays, Date, Random, Scanner 등 여러 가지 유용한 클래스들을 포함한다.

java.awt 패키지는 추상 윈도우 툴킷(Abstract Window Toolkit) 클래스들을 포함하고, 추상 윈도우 툴킷은 GUI 응용 프로그램을 만들 수 있게 해준다.

javax.swing 패키지는 스윙 컴포넌트 클래스들을 포함하고, GUI 응용 프로그램을 만들 수 있게 해준다.

java.awt.image 패키지는 이미지 처리와 관련된 클래스들을 포함한다.

java.io 패키지는 입출력에 관계된 클래스들을 포함한다.

java.net 패키지는 네트워크 연결과 관련된 클래스들을 포함한다.

java.applet 패키지는 애플릿을 만들 수 있게 해주는 패키지이다. 모든 애플릿 클래스는 이 패키지의 Applet 클래스에서 파생된다.

이외에도 java.rmi는 원격 메소드 호출 관련 패키지이고, java.beans는 자바 컴포넌트 소프트웨어 모델인 빈즈 관련 패키지이고, java.sql은 데이터베이스 조작 관련 패키지이고, java.text는 다국어 지원 관련 패키지이다.

java.lang 패키지는 다른 패키지와는 달리 **import** 문을 사용하지 않아도 자바 컴파일러에서 자동으로 포함시키는 패키지이다.

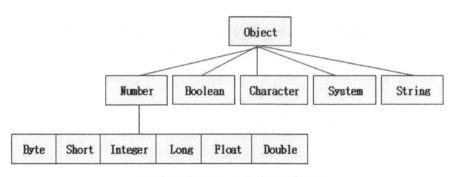

〔그림 8.2〕 Object 클래스 계층 구조

8.3.1 Object 클래스

Object 클래스는 모든 클래스의 슈퍼 클래스이고 클래스 계층 구조에서 루트에 해당하는 최상위 클래스이다. Object 클래스를 슈퍼 클래스로 명시하지 않더라도 모든 클래스들은 기본적으로 Object 클래스를 슈퍼 클래스로 갖고 Object 클래스의 메소드들을 상속받는다.

〔표 8.1〕 Object 클래스의 메소드

메소드	기능
Object clone()	객체를 동일하게 복사
boolean equals()	객체의 동일성을 검사
int hashCode()	객체의 해쉬 코드 값 반환
Class getClass()	실행중인 현재 객체의 클래스를 반환
String toString()	객체를 문자열로 변환
wait()	Runnable 상태의 스레드를 Not Runnable 상태로 전이
notify()	Not Runnable 상태의 스레드를 Runnable 상태로 이동

8.3.2 System 클래스

System 클래스는 자바가상기계(JVM: java virtual machine)와 운영체제 시스템에 대한 제어와 보안을 다루기 위한 클래스이다.

프로그램 종료 exit() 메소드

main() 메소드 안에서 return 문을 만나거나 문장 끝에 도달하면 프로그램을 끝내지만, 복잡한 프로그램인 경우 다른 메소드 안에서 프로그램을 종료해야 하는데 이 때 **exit()** 메소드를 사용한다.

exit() 메소드에는 int 형의 실인수를 넘겨주는데, 이 값이 0이면 프로그램이 정상적으로 종료된 것이고, 0이 아닐 경우 비정상으로 종료하였음을 의미한다.

```
System.exit(0);  // 정상종료
System.exit(1);  // 비정상 종료
```

환경변수를 읽는 getenv() 메소드

환경변수의 설정방법은 운영체제마다 조금씩 다른데, 자바에서는 이런 환경 변수의 값을 **getenv()** 메소드를 사용해 프로그램 안으로 가져올 수 있다. 환경변수의 이름, 예를 들면 "path"를 실인수로 넘겨주면 환경변수 값을 문자열로 반환한다.

```
String  str = System.getenv("path");
```

가비지 컬렉터(garbage collector) 호출 gc() 메소드

자바가상기계(JVM)에는 사용하지 않는 객체를 자동으로 삭제하는 가비지 컬렉터 (garbage collector)라는 모듈이 있다. 새로운 객체를 생성할 기억장소가 부족하거나 프로그램에서 작업할 일이 없으면 시스템에서 자동으로 작동하고, 사용자가 호출할 경우 **gc()** 메소드를 사용해 호출하는데, 호출하는 시점은 시스템에서 결정해서 호출한다.

```
System.gc();
```

8.3.3 래퍼 클래스

자바에서 지원하는 자료형은 8개의 기본 자료형을 제외하고 모두 객체로 표현하는 참조형이다. 자바가 객체 지향 언어이므로 객체를 대상으로 처리하는 경우가 많아서 8개의 기본 자료형도 그에 해당하는 클래스를 지원하여 객체로 처리할 수 있도록 제공한다. 예를 들면 int 형은 Integer, Char 형은 Character, double 형은 Double 클래스가 있다. 이와 같이 기본 자료형을 표현하는 클래스들을 래퍼 (wrapper) 클래스라 한다.

Number 클래스는 추상 클래스로서 Byte, Short, Integer, Long, Float, Double 클래스들의 슈퍼 클래스이다. Number의 서브 클래스인 Byte, Short, Integer, Long, Float, Double 클래스는 각각의 기본 자료형을 객체로 처리할 수 있는 클래스들이다.

Number 클래스는 다음과 같이 형변환에 관한 메소드들을 포함하고 있다.

〔표 8.2〕 Number 클래스의 메소드

메소드	기능
abstract byte byteValue()	byte형으로 변환
abstract short shortValue()	short형으로 변환
abstract int intValue()	int형으로 변환
abstract long longValue()	long형으로 변환
abstract float floatValue()	float형으로 변환
abstract double doubleValue()	double형으로 변환

각 클래스에서 많이 사용하는 메소드들은 다음과 같다.

Byte 클래스는 byte형을 다루는 메소드들을 갖고 있다.

〔표 8.3〕 Byte 클래스의 메소드

메소드	기능
static byte parseByte(String s)	문자열을 byte형으로 바꾸는 메소드
static Byte valueOf(String s)	문자열을 byte형으로 변환한 후 이 값으로 초기화된 Byte 객체를 반환
int compareTo(Byte Byte)	두 개의 Byte값을 비교하여 같으면 0을 반환

Short 클래스는 short형을 다루는 메소드를 갖고 있다.

〔표 8.4〕 Short 클래스의 메소드

메소드	기능
static short parseShort(String s)	문자열을 short형으로 바꾸는 메소드
static Short valueOf(String s)	문자열을 short형으로 변환한 후 이 값으로 초기화된 Short 객체를 반환
int compareTo(Short Short)	두 개의 Short 값을 비교하여 같으면 0을 반환

Integer 클래스는 int형을 다루는 메소드를 갖고 있다.

〔표 8.5〕 Integer 클래스의 메소드

메소드	기능
static int parseInt(String s)	문자열을 int형으로 바꾸는 메소드
static String toString(int n)	int형을 문자열로 바꾸는 메소드
static Integer valueOf(String s)	문자열을 int형으로 변환한 후 이 값으로 초기화된 Integer 객체를 반환
int compareTo(Integer Integer)	두 개의 Integer값을 비교하여 같으면 0을 반환
public byte byteValue()	현재 Integer형의 값을 byte형으로 변환
public short shortValue()	현재 Integer형의 값을 short형으로 변환
public int intValue()	현재 Integer형의 값을 int형으로 변환
public long longValue()	현재 Integer형의 값을 long형으로 변환
public float floatValue()	현재 Integer형의 값을 float형으로 변환
public double doubleValue()	현재 Integer형의 값을 double형으로 변환

메소드 앞에 **static** 키워드가 있는 메소드는 정적 메소드(클래스 멤버)로 "**클래스이름.메소드이름**"으로 호출해 사용할 수 있다. 예를 들면 문자열 "123"을 정수형 123으로 변환할 때 "Integer.parseInt("123")"으로 호출해 사용하고, 반대로 123을 문자열로 바꿀 경우 "Integer.toString(123)"을 사용한다.

Double 클래스는 double형을 다루는 메소드를 갖고 있다.

〔표 8.6〕 Double 클래스의 메소드

메소드	기능
static boolean isInfinite(double d)	매개변수 d가 무한대인지 검사
static boolean isNaN(double d)	매개변수 d가 문자이면 true, 숫자이면 false 반환
static double parseDouble(String s)	문자열을 double형으로 바꾸는 메소드
static Double valueOf(String s)	문자열을 double형으로 변환한 후 이 값으로 초기화된 Double 객체를 반환

Boolean 클래스는 기본 자료형인 boolean형을 다루는데 필요한 상수와 메소드들을 갖고 있다. 예로서 boolean 형의 값을 문자열로 변환하거나 문자열로 저장한 **true**나 **false**를 boolean 형으로 바꿔주는 메소드가 있다.

〔표 8.7〕 Boolean 클래스의 메소드

메소드	기능
Boolean(boolean b)	초깃값으로 b를 받아 boolean 객체를 만드는 생성자
Boolean(String s)	s값을 받아 Boolean 객체를 만드는 생성자
boolean booleanValue()	객체의 boolean 값을 반환
static Boolean valueOf(String s)	문자열 s에 해당하는 Boolean 값을 반환

Character 클래스는 char형을 다루는데 필요한 상수와 메소드들이 있다. 예를 들면, 맨 앞에 **static**이 있는 정적 메소드 중 숫자인지 판별하는 isDigit() 메소드는 "**Character.isDigit()**"로 호출한다.

〔표 8.8〕 Character 클래스의 메소드

메소드	기능
Character(char value)	value 값으로 객체를 초기화
char charValue()	char형으로 변환
static boolean isDigit(char c)	숫자이면 true, 아니면 false 반환
static boolean isLetter(char c)	문자이면 true, 아니면 false 반환
static boolean isLetterOrDigit(char c)	문자나 숫자이면 true, 아니면 false 반환
static boolean isLowerCase(char c)	소문자이면 true, 아니면 false 반환
static boolean isUpperCase(char c)	대문자이면 true, 아니면 false 반환
static boolean isSpace(char c)	공백문자이면 true, 아니면 false 반환
Static char toLowerCase(char c)	대문자를 소문자로 변경
Static char toUpperCase(char c)	소문자를 대문자로 변경

8.3.4 String 클래스와 StringBuffer 클래스

String 클래스는 String을 다루기 위한 클래스로, 문자열과 관련된 기능을 처리하는 여러 가지 다양한 메소드들이 존재한다.

String 클래스 객체 s에 다른 문자열을 연결하려면 **concat()** 메소드를 사용한다.

```
String s = new String("Java"); // String 객체 s 생성
String sc = s.concat(" Programming");
// s는 "Java", sc는 "Java Programming"
```

concat() 메소드를 실행한 후 String 객체 s의 값에는 변화가 없고, 새로운 String 객체 sc에 "Java"와 "Programming"을 연결한 문자열을 저장해서 사용한다.

String 클래스의 주요 메소드는 다음과 같다. String 클래스 문자열 안에 있는

각 문자를 나타낼 때 인덱스로 구분하고 인덱스는 0부터 시작한다.

〔표 8.9〕 String 클래스의 메소드와 메소드 사용 예

메소드	기능
char charAt(int index) str.charAt(1)	문자열 str 안에서 인덱스(1) 위치의 한 문자를 반환
boolean equals(Object ob) str1.equals(str2)	문자열 str1과 str2를 비교해 같으면 true, 아니면 false 반환
String concat(String s) str.concat(s)	문자열 str과 문자열 s를 연결해 새로운 문자열을 반환
boolean contains("문자") str.contains("ab")	문자열 str 안에 "문자"("ab") 즉, a와 b 둘 다 있으면 true, 아니면 false 반환
int indexOf(char c) str.indexOf(c)	문자열 str 안에서 문자 c가 처음 나타나는 인덱스 반환
int lastIndexOf(char c) str.lastIndexOf(c)	문자열 str 안에서 문자 c가 마지막에 나타나는 인덱스 반환
int compareTo(String s) str.compareTo(s)	두 문자열을 사전 순으로 비교해 같으면 0, 문자열 str이 s보다 먼저 나오면 음수, 아니면 양수 반환
String[] split(String s) str.split(s)	문자열 s안에 있는 각 문자로 문자열 str를 분리하여 배열에 저장해 반환
int length() str.length()	문자열 str의 길이를 반환
String toLowerCase() str.toLowerCase()	문자열 str의 모든 문자들을 소문자로 변경
String toUpperCase() str.toUpperCase()	문자열 str의 모든 문자들을 대문자로 변경
String trim() str.trim()	문자열 str의 앞뒤에 있는 공백문자를 모두 삭제
String replace("문자1", "문자2") str.replace("ab", "cd")	문자열 str에 있는 "문자1"("ab")을 "문자2"("cd")로 변경

String substring(int n1, int n2) str.substring(2, 5)	문자열 str의 n1(2)에서 n2-1(4)까지의 문자열 반환, n2가 생략되면 끝에 있는 문자까지 반환

StringBuffer 클래스

StringBuffer 클래스는 문자열을 다루는 클래스인데, String과 달리 가변 크기의 버퍼로 문자의 개수에 따라 크기를 자동으로 조질해서 해당 문자열을 직접 수정할 수 있다.

```
// "Hello"를 갖는 StringBuffer 객체 sb 생성
StringBuffer sb = new StringBuffer("Hello");
```

sb 문자열 끝에 "world"를 추가할 경우 **sb.append("world")** 메소드를 사용하고, 중간에 문자열을 삽입할 경우 **sb.insert(index, "문자열")** 메소드를 사용한다. StringBuffer 클래스의 문자열의 각 문자를 나타낼 때 인덱스를 사용하고 인덱스는 0부터 시작한다.

현재 문자열 sb의 특정 위치 안에 있는 문자열을 다른 문자열로 변경할 경우 **sb.replace(r1, r2, "변경 문자열")** 메소드를 사용한다. sb의 인덱스 r1부터 r2-1까지의 문자열을 "변경 문자열"로 바꾼다.

```
sb.append(" world");
// sb 문자열 끝에 "world" 추가, sb = "Hello world"
sb.insert(5, " java");
// 인덱스 5에 " java " 삽입, sb = "Hello java world"
sb.replace(6, 10, "my");
// 인덱스 6부터 9까지 "my"로 변경, sb = "Hello my world"
```

다음 예제는 String과 StringBuffer 클래스를 활용해 문자열을 처리하는 프로그램이다.

예제 8-1 TestString.java

```java
import java.util.Random;
public class TestString {
 public static void main(String[] args) {
   String str1 = new String(" java\t ");     // str1 = " java      "
   String str2 = new String(", C++, C ");
   String str3 = "java";
   System.out.println("str1:"+str1+",str2:"+str2+",str3:"+str3);
   str1 = str1.trim(); // 공백문자와 탭을 사용한 공백문자 삭제
   System.out.println("trim 후 str1:\""+str1+"\""); // \"은 "를 출력
   System.out.print("str1과 str3이 같은 문자열 인가? ");
   System.out.println(str1.equals(str3));
   System.out.println("str1 안에 v 문자의 유무:"+str1.contains("v"));
   str1 = str1.concat(str2);
   System.out.println("srt1과 st2 연결:"+str1);
   String s[] = str1.split(","); // 문자열 분리
   for (int i = 0; i < s.length; i++)
      System.out.println("분리된 문자열" + i + ": " + s[i]);
   str1 = str1.replace("java", "C#"); // Java를 C#으로 변경
   System.out.println("java를 C#으로 replace:"+str1);

   str1 = str1.substring(4);        // 인덱스 4부터 끝까지 서브 스트링 반환
   System.out.println("substring 후 str1:"+str1);
   char ch = str1.charAt(0);
   System.out.println("str1의 index 0 문자:"+ch);
```

```java
        StringBuffer sb = new StringBuffer("Hello");
        System.out.println("sb: "+sb);
        sb.append(" world");            // sb 문자열 끝에 " world" 추가
        System.out.println("추가 후 sb: "+sb);
        sb.insert(5, " java");          // sb의 index 5에 " java" 삽입
        System.out.println("삽입 후 sb: "+sb);
        sb.replace(6, 10, "my");        // sb의 index 6부터 9까지 "my"로 변경
        System.out.println("replace 후 sb: "+sb);
    }
}
```

실행결과

```
str1: java         ,str2:, C++, C ,str3:java
trim 후 str1:"java"
str1과 str3이 같은문자열 인가? true
str1 안에 v 문자의 유무:true
srt1과 st2 연결:java, C++, C
분리된 문자열0: java
분리된 문자열1:  C++
분리된 문자열2:  C
java를 C#으로 replace:C#, C++, C
substring 후 str1:C++, C
str1의 index 0 문자:C
sb: Hello
추가 후 sb: Hello world
삽입 후 sb: Hello java world
replace 후 sb: Hello my world
```

8.3.5 Math와 Random 클래스

Math 클래스에서는 산술 연산을 처리하는 메소드를 제공하는데, 모든 메소드가 정적(static) 메소드라 "**Math.메소드이름()**"으로 사용할 수 있다. Math 클래스는 java.lang 패키지에 정의되어 자동으로 포함된다.

난수를 생성하는 **random()** 메소드는 0.0(포함)에서 1.0(미포함) 사이의 실수 값을 반환하는데 1부터 10까지의 정수 값의 난수를 얻으려면 다음과 같이 사용한다.

```
int n = (int)(Math.random()*10+1); // 1부터 10까지의 난수 생성
```

〔표 8.10〕 Math 클래스의 메소드

메소드	기능
static double abs(double d)	실수 d의 절댓값 반환
static double exp(double d)	e^d 값 반환
static double sin(double d)	실수 d의 sin 값 반환
static double cos(double d)	실수 d의 cos 값 반환
static double tan(double d)	실수 d의 tan 값 반환
static long round(double d)	실수 d를 소수 첫째자리에서 반올림해 long형으로 반환
static double sqrt(double d)	실수 d의 제곱근 반환
static int max(int d1, int d2) static double max(double d1, double d2)	두 수 중 큰 값 반환
static int min(int d1, int d2) static double min(double d1, double d2)	두 수 중 작은 값 반환
static double pow(double m, double pow)	m^{pow} 값을 반환

Random 클래스

Random 클래스는 난수를 생성하는 클래스로 java.util 패키지에 정의되어 java.util.Random 클래스를 **import**해서 사용한다. 정수 난수 값을 얻으려면 난수 생성시 **nextInt()** 메소드를 사용한다.

```
import java.util.Random;
...
Random r = new Random();
int n = r.nextInt();            // 음수, 0, 양수 정수 범위 난수 생성
int n = r.nextInt(10)+1;     // 1부터 10까지 정수 값 난수 생성
```

8.3.6 Arrays 클래스

Arrays 클래스는 배열과 관련된 다양한 메소드들을 갖고 있다. java.util 패키지에 있어 **java.util.Arrays** 클래스를 **import**해서 사용한다. 배열의 원소 값들을 크기순으로 정렬하거나 원소들의 값을 특정한 값으로 지정하거나 특정한 값을 찾아 원소의 첨자를 얻거나 배열 원소 전체를 [ ] 형태로 바꾸는 등 다양한 메소드가 있다.

```
import java.util.Arrays;
```

〔표 8.11〕 Arrays 클래스의 메소드

메소드	기능
int binarySearch(a, key)	배열 a에서 key 값을 갖는 원소의 첨자 반환
boolean equals(a1, a2)	두 개의 배열이 같은지를 비교
void sort(a)	배열 a을 오름차순으로 정렬

void fill(a, val)	배열 a의 모든 원소를 val 값으로 설정
String toString(a)	배열 a의 모든 원소들을 〔 〕 문자열로 반환
int〔〕 copyOf(a, length)	배열 a의 전체 원소를 복사해 반환
int〔〕 copyOfRange(a, r1, r2)	배열 a의 r1 첨자에서 r2-1까지 원소의 값을 복사해 반환

다음 예제는 Arrays 클래스를 활용해 배열과 관련된 작업을 수행하는 프로그램이다. binarySearch()는 이진 탐색을 수행하는 메소드로, sort() 메소드를 사용해 배열을 먼저 정렬한 다음 호출해야 한다.

 예제 8-2 TestArrays.java

```java
import java.util.Arrays;
public class TestArrays {
  public static void main(String[] args) {
    int[] ar = {12, 75, 28, 83, 36};
    Arrays.sort(ar);   // 이진 탐색 이전에 무조건 정렬해야 함.
    // 배열 ar의 정렬 결과 : 12, 28, 36, 75, 83
    System.out.print("배열 ar : ");
    for (int n : ar)
       System.out.print(n+" ");
    System.out.println();
    System.out.println("배열 ar : "+Arrays.toString(ar)); // []으로 출력
    int inx = Arrays.binarySearch(ar, 75);    // 75의 첨자를 반환
    System.out.println("75의 첨자 : "+inx);    // 결과 3
    Arrays.fill(ar, 15);
    System.out.println("배열 ar : "+Arrays.toString(ar));
```

```
        int[] ar2= Arrays.copyOf(ar, ar.length);
        System.out.println("배열 ar2 : "+Arrays.toString(ar2)); // []으로 출력
        System.out.println("두 배열이 같은가? "+Arrays.equals(ar, ar2));
    }
}
```

실행결과

```
배열 ar : 12 28 36 75 83
배열 ar : [12, 28, 36, 75, 83]
75의 첨자 : 3
배열 ar : [15, 15, 15, 15, 15]
배열 ar2 : [15, 15, 15, 15, 15]
두 배열이 같은가? true
```

8.3.7 Calendar 클래스

Calendar는 날짜와 시간에 관한 정보를 표시하는 클래스로, **java.util.Calendar**를 import해서 사용한다. Calendar 클래스는 추상 클래스이므로 객체를 직접 생성할 수 없고, **getInstance()** 메소드를 이용하여 시스템의 날짜와 시간 정보를 사용할 수 있다.

날짜와 시간을 나타내는 주요 상수는 다음 표와 같다.

〔표 8.12〕 Calendar 클래스의 주요 상수

상수	설명
Calendar.YEAR	현재 년도
Calendar.MONTH	현재 월(1월은 0)
Calendar.DATE	현재 월의 날짜
Calendar.WEEK_OF_YEAR	현재 년도의 몇째 주
Calendar.WEEK_OF_MONTH	현재 월의 몇째 주

Calendar.DAY_OF_YEAR	현재 년도의 날짜
Calendar.DAY_OF_MONTH	현재 월의 날짜 (DATE와 동일)
Calendar.DAY_OF_WEEK	현재 요일 (일요일 1, ... 토요일은 7)
Calendar.HOUR	현재 시간 (12시간제)
Calendar.HOUR_OF_DAY	현재 시간 (24시간제)
Calendar.MINUTE	현재 분
Calendar.SECOND	현재 초

Calendar 클래스의 주요 메소드는 다음 표와 같다.

〔표 8.13〕 Calendar 클래스 메소드

메소드	기능
boolean after(Object obj)	obj와 비교하여 현재 날짜 이후이면 true, 아니면 false를 반환
boolean before(Object obj)	obj와 비교하여 현재 날짜 이전이면 true, 아니면 false를 반환
boolean equals(Object obj)	같은 날짜인지 비교하여 같으면 true, 아니면 false 반환
int get(int field)	현재 객체의 주어진 값의 필드에 해당하는 상수 값을 반환 상수 값은 Calendar 클래스의 상수에서 가져옴.
static Calendar getInstance()	현재 날짜와 시간 정보를 가진 Calendar 객체를 반환
Date getTime()	현재의 객체를 Date 객체로 변환
void set(int year, int month, int date)	현재 객체의 년, 월, 일 값을 다른 값으로 설정
void setTime(Date date)	date 객체의 날짜와 시간 정보를 현재 객체로 생성

다음 예제는 현재의 날짜 정보를 Calendar 클래스의 상수를 사용해 출력하는 프로그램이다.

```java
import java.util.Calendar;
public class TestCalendar {
  public static void main(String[] args){
    Calendar cal = Calendar.getInstance();
    int year = cal.get(Calendar.YEAR);              // 년
    int month = cal.get(Calendar.MONTH)+1;          // 월
    int day = cal.get(Calendar.DATE);        // DAY_OF_MONTH, 날짜
    int hour = cal.get(Calendar.HOUR_OF_DAY);  // 시(hour)
    int min = cal.get(Calendar.MINUTE);             // 분

    System.out.println("** 현재시간 **");
    System.out.println(year + "년 "+ month+"월 "+day+"일");
    System.out.print(hour + "시 "+ min+"분 ");
    System.out.println(cal.get(Calendar.SECOND)+"초");
  }
}
```

실행결과

```
** 현재시간 **
2020년 1월 3일
15시 12분 1초
```

Date 클래스

Date는 날짜를 표현하는 클래스이고 **java.util.Date**를 import해서 사용한다.

Date 클래스는 객체 간에 날짜 정보를 주고받을 때 주로 사용한다.

Date 객체 d를 생성한 후 날짜를 사용할 수 있다. d를 출력하면 "Fri Jan 03 15:56:58 KST 2020" 형식으로 날짜를 표시한다.

```
import java.util.Date;
...
Date d = new Date();
System.out.println("날짜: "+ d);
// 날짜: Fri Jan 03 15:56:58 KST 2020
```

SimpleDateFormat 클래스

SimpleDateFormat은 날짜를 원하는 형식으로 표시하는 클래스이고 java.util 패키지에 정의되어 **java.util.SimpleDateFormat**를 import해서 사용한다. Date 객체의 날짜 표시 형식을 간단한 형식으로 변경할 때 사용하는 클래스이다.

객체를 생성하면서 생성자안에 원하는 날짜 형식을 지정해 날짜 표시 형식을 변경할 수 있다. 'y'는 년을 나타내는데, "yyyy"는 네 자리 연도로 표시하는 것이다. 'M'은 월을 나타내고, 'd'는 날짜를 나타낸다. 예를 들면 "yyyy-MM-dd"는 날짜 표시 형식을 "2020-01-03"으로 변경하는 것이다.

Date 클래스의 객체 d의 날짜 형식을 변경하려면 **sdf.format(d)** 메소드를 사용해 지정된 형식으로 날짜 표시 형식을 변경한다.

```
import java.text.SimpleDateFormat;
 ...
SimpleDateFormat sdf = new SimpleDateFormat("yyyy-MM-dd");
Date d = new Date();
System.out.println("날짜: "+ sdf.format(d)); // 날짜: 2020-01-03
```

1. 자바에서 지원하는 패키지들의 종류와 기능을 설명하시오.

2. 가장 기본이 되는 패키지는 무엇이고 어떤 기능을 포함하고 있는가?

3. 새로운 패키지를 선언하는 방법과 기존에 만들어진 패키지를 프로그램에
   포함시켜 사용하는 방법을 설명하시오.

4. 래퍼 클래스란? 래퍼 클래스에는 어떤 클래스들이 있는가?

5. Integer 클래스에서 사용하는 메소드의 종류와 기능을 설명하시오.

6. String 클래스에서 선언한 메소드들의 기능을 설명하시오.

7. 1부터 100까지의 값 중 10개의 정수를 난수로 생성한 후 두 개의 배열 a1, a2에 각각 저장하고 각 배열에서 가장 큰 값을 갖는 첨자를 찾아 각각 출력하고 두 배열을 정렬한 후 두 배열이 같은지 비교해 출력하시오. (Arrays와 Random 클래스를 사용)

```
Problems  Javadoc  Declaration  Console ⌗
<terminated> MaxinumRandom [Java Application] C:\Program Files\Java\jre-9.0.4\
a1:[24, 40, 41, 49, 51, 52, 52, 77, 83, 86]
a1 원소 중 maxinum = 86

a2:[2, 6, 9, 37, 61, 74, 82, 91, 93, 100]
a2 원소 중 maxinum = 100

a1과 a2는 같은 배열인가? no
```

8. Calendar 클래스를 사용해 연도와 월을 입력받아 해당 월의 달력을 다음과 같이 출력하는 프로그램을 작성하시오.

```
// 월 시작 요일 가져옴. 일요일:1, 월요일:2, .... 토요일:7
weekDay = cal.get(Calendar.DAY_OF_WEEK);
// 월 마지막 날짜 가져옴.
lastDay = cal.getActualMaximum(Calendar.DATE);
```

```
연도와 월을 입력하세요 : 2020 2

       *******   2020년 2월 Calendar *******

일        월        화        수        목        금        토
                                                          1
2        3        4        5        6        7        8
9        10       11       12       13       14       15
16       17       18       19       20       21       22
23       24       25       26       27       28       29
```

예외처리와 스레드

프로그램을 실행하는 동안 예기치 못한 다양한 오류가 발생할 수 있다. 자바에서는 실행시간에 발생하는 다양한 오류들을 예외 처리하는 기능을 제공한다. 예외는 0으로 나눌 경우, 배열의 첨자가 음수 값이거나 범위를 벗어날 경우, 부적절한 자료형으로 변환하거나 자료형에 맞지 않게 입출력할 때 인터럽트가 발생하는 경우 등을 말한다. 예외는 메소드를 호출하거나 실행할 때, 부정확한 자료 및 시스템에서 발생하는 오류 등 다양한 상황에서 발생할 수 있다.

자바에서는 예외를 체계적으로 검사하고 처리할 수 있는 방법을 제공해준다. 프로그램을 실행하면서 기대하지 않은 상황에 대해 예외를 발생시키고 예외가 발생했을 경우 적절하게 처리하는 예외처리기(exception handler)를 프로그램에서 직접 작성할 수 있다.

자바에서는 **try** 블록을 사용하여 예외를 발생시키고, **catch** 블록을 사용하여 발생한 예외를 처리하는 예외처리기를 작성할 수 있다.

예외 처리 기능을 자바에서 제공함으로써 프로그램의 신뢰성을 향상시킬 수 있고 다양한 예외 상황을 처리함으로써 보다 안전한 프로그램을 작성할 수 있다.

9.1 예외 발생

자바에서 예외도 객체로 취급하므로 예외를 정의하기 위해 Throwable 클래스나 서브 클래스중의 하나로부터 확장된 예외 객체를 생성해야 한다. 보통의 경우 Throwable 클래스의 서브 클래스인 Exception을 확장하여 새로운 예외를 처리하는 클래스를 만든다. Throwable 클래스에는 예외가 일어난 상황을 설명하는 여러 가지 출력 메시지들을 포함하고 있다.

예외 처리 객체인 Throwable 클래스의 계층 구조는 다음과 같다.

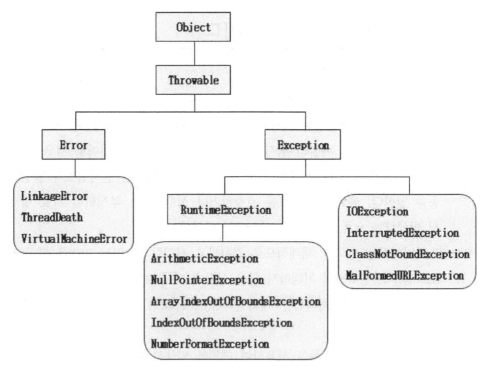

〔그림 9.1〕 Throwable 클래스의 계층 구조

　　Object 클래스의 서브 클래스는 Throwable 클래스이고 Throwable 클래스의
서브 클래스는 Error와 Exception 클래스이다. Error 클래스는 정상적인 프로그
램에서 감당할 수 없는 심각한 오류를 나타낸다. 이와 같은 오류는 프로그래머가
처리하지 않더라도 자바 시스템에서 자동으로 처리한다. Exception 클래스는 정상
적인 프로그램 실행 과정에서 발생할 수 있는 예외를 의미하고 필요에 따라 프로그
래머가 예외처리기를 작성하여 처리할 수 있다.

　　프로그램을 실행하는 과정에서 발생하는 예외는 두 가지 종류가 있다. 프로그램
의 잘못된 실행으로 인해 시스템에서 자동으로 처리하는 시스템 정의 예외가 있고
프로그램 실행 과정에 의도적으로 발생할 수 있는 프로그래머 정의 예외가 있다.
프로그래머 정의 예외는 발생한 예외에 대해 예외처리기가 있는지 컴파일러가 검사
하지만 시스템 정의 예외는 따로 검사하지 않는다.

자바에서 예외를 발생시키기 위해 **throw** 구문을 사용한다.

형식

throw 예외객체;

프로그래머는 **throw** 구문을 사용해서 예외를 발생시키고 예외를 처리하는 적절한 예외처리기를 실행할 수 있다.

9.2 예외 처리

프로그램을 실행하는 동안 예외가 발생하면 자바에서는 예외를 검사한 후 예외처리기에서 예외를 처리하는데 **try-catch-finally** 구문을 사용한다.

형식

```
try {
  // ...
 }catch(ExceptionType1 identifier) {
  // ...
 }catch(ExceptionType2 identifier) {
  // ...
 }finally {
  // ...
 }
```

프로그램에서 발생할 수 있는 예외는 **try** 블록 안에서 검사하고 예외가 발생하면

catch 블록 중에서 예외를 처리한다. **catch** 블록은 예외를 처리하는 예외처리기이다. 마지막에 있는 **finally** 블록은 선택 가능한 블록으로 생략 가능하고 만일 작성한 경우 예외 발생 여부를 떠나서 반드시 실행하는 구문이다.

Java 7부터 하나의 **catch** 블록 안에서 여러 개의 예외를 함께 처리하기 위한 **multi-catch** 기능을 사용할 수 있다. ExceptionType1과 ExceptionType2를 "|" 연산자를 사용해서 하나의 catch 블록 안에서 처리할 수 있다.

```
multi-catch 형식
try {
  // ...
}catch(ExceptionType1 | ExceptionType2 identifier ) {
  // ...
}catch(ExceptionType3 identifier) {
  // ...
}finally {
  // ...
}
```

다음 예제는 나눗셈을 계산하면서 0으로 나눌 경우에 예외를 처리하는 프로그램이다.

예제 9-1 DevideZeroExceptoin.java

```java
import java.util.Scanner;
public class DevideZeroExceptoin {
  public static void main(String[] args) {
    Scanner scanner = new Scanner(System.in);
    int num;
    int divisor; // 제수(나눗수)
```

```
System.out.print("수를 입력하시오: ");
num = scanner.nextInt(); // 수 입력
do {
 System.out.print("제수를 입력하시오: ");
 divisor = scanner.nextInt(); // 제수 입력
 try {
   System.out.println(num+"를 "+divisor+"로 나눈 몫: "+num/divisor);
   break;
  }
 catch(ArithmeticException e) { // 0으로 나눌 경우 예외 처리 코드
   System.out.println("0으로 나눌 수 없어요. 다시 입력하세요.");
   continue;
 }
} while(true);
scanner.close();
  }
}
```

실행결과

```
수를 입력하시오: 25
제수를 입력하시오: 0
0으로 나눌 수 없어요. 다시 입력하세요.
제수를 입력하시오: 2
25를 2로 나눈 몫: 12
```

제수가 0인 경우 "0으로 나눌 수 없어요. 다시 입력하세요."라는 문장을 출력하고, 제수를 다시 입력해서 몫을 계산한다.

9.3 스레드

스레드(thread)는 순차 프로그램과 유사하게 실행의 흐름을 나타내는 것으로 시작, 실행, 종료의 실행 순서를 갖는다. 스레드는 단일 프로그램이 아니므로 독립적으로 실행할 수 없으며 프로그램 내에서만 실행이 가능하다.

스레드는 한 프로그램 내에 여러 개 존재할 수 있고 한 프로그램 내에서 동시에 각각 다른 작업을 수행할 수 있다. 이와 같이 여러 개의 스레드가 존재하며 여러 작업을 실행하는 것을 멀티스레딩(multithreading)이라 한다.

9.3.1 스레드

프로세스는 운영체제하에서 실행 가능한 프로그램으로, 컴퓨터에서 사용하는 모든 실행 프로그램들은 프로세스이고 메모리에 로드하여 실행한다. 스레드는 프로세스 안에서 실행하는 작업 흐름의 단위로 프로세스가 할당받은 자원을 사용한다. 한 프로세스에는 다수의 스레드를 포함할 수 있으며 스레드는 자신이 속해있는 프로세스의 자원을 공유한다.

스레드는 프로세스 내에서 하나의 연속적인 실행 흐름이다. 하나의 스레드 안에서는 명령문을 작성한 순서대로 실행한다. 그러나 한 개의 프로그램 안에서 동일 시점에 각각 다른 작업을 수행하는 여러 개의 스레드가 존재하는 멀티스레드 환경에서는 동시에 실행하면서 일어날 수 있는 많은 복잡한 문제들이 발생할 수 있다.

프로세스 안에 [그림 9.2]의 왼쪽처럼 한 개의 스레드를 포함하는 경우도 있고 여러 개의 스레드를 포함하는 멀티스레드 프로세스도 있다.

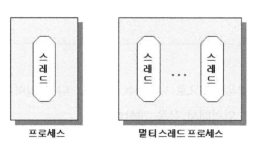

프로세스   멀티스레드 프로세스

〔그림 9.2〕 프로세스와 스레드

컴퓨터에서 여러 작업을 동시에 실행하는 멀티태스킹(multi-tasking)으로 작업을 처리하면 효율성을 높일 수 있다. 하나의 응용 프로그램 안에서 멀티스레드를 사용해 멀티태스킹처럼 동시에 여러 작업을 수행할 수 있다.

9.3.2 스레드의 생성

자바에서 스레드는 하나의 객체로 처리한다. 새로운 스레드를 만들기 위해서 관련된 스레드 객체를 생성해야 한다. 스레드는 **Thread** 클래스를 사용하여 생성한다.

형식

```
Thread 객체이름 = new Thread();
```

사용 예

```
Thread thread1 = new Thread();
```

스레드 객체를 생성한 후 **start()** 메소드를 호출하여 스레드 실행을 시작한다. Thread 클래스의 **run()** 메소드에는 스레드가 실행해야할 문장들을 작성한다.

스레드 클래스를 작성하기 위해 세 가지 방법을 사용한다. 전통적인 방식으로 Thread 클래스를 확장하는 방법과 Runnable 인터페이스를 구현하는 방법이 있다. 자바 8부터 추가된 새로운 방법은 람다식을 사용하는 방식인데, Runnable 인터페이스의 run() 메소드를 람다식으로 정의하여 기존의 방법보다 간단하게 작성할 수 있다. 람다식을 사용하는 방법은 다음 절에 자세하게 기술하고 있다.

1. Thread 클래스 확장

Thread 클래스로부터 서브 클래스를 생성하여 run() 메소드 안에 스레드에서 실행할 명령문을 작성하는 방법이다.

```
형식
(public) class 클래스이름 extends Thread
{  // ...
  public void run() {
    // 스레드에서 실행할 명령문 작성
  }
   // ...
}
```

Thread 클래스로부터 확장한 서브 클래스는 Thread 클래스의 run() 메소드를
상속받는데, run() 메소드 안에 스레드에서 수행할 문장들을 재정의해 스레드에서
필요한 작업들을 수행한다.

```
사용 예
class TestThread extends Thread
{
  public TestThread(String name) {
    super(name);   // Thread 생성자 호출
  }
  public void run() {
    try {
      for (int i = 1; i <= 5; i++) {
        System.out.print("실행중인 스레드 : ");
        System.out.println(getName()+" i = "+i);
        Thread.sleep(500);
      }
```

```
    } catch(InterruptedException e) {
        System.out.println(e);
    }
  }
}
```

TestThread 클래스는 run() 메소드에 스레드가 수행할 문장들을 구현한다. TestThread 스레드를 동작하기 위해 TestThread 객체를 생성하고 이 객체의 start() 메소드를 호출하여 스레드를 동작시킨다.

run() 메소드에서 스레드가 작업할 명령문을 작성하고 start() 메소드를 호출해 스레드가 작업을 시작하도록 한다. start() 메소드는 스레드가 작업을 실행하도록 지시하는 것이다.

형식

스레드클래스이름 객체이름 = new 스레드클래스이름();
객체이름.start();

사용 예

TestThread thr = new TestThread("테스트스레드");
thr.start();

TestThread 클래스의 객체를 생성할 때 "테스트스레드"라는 스레드 이름을 사용하고 start() 메소드를 호출해 스레드를 실행시킨다.

다음 예제는 스레드를 사용해 현재 날짜와 시간을 출력하는 프로그램이다.

```java
import java.util.Calendar;
class TestThread extends Thread
{ public TestThread(String name) {
    super(name);
  }
  public void run() {
   try {
     Calendar cal = Calendar.getInstance();
     for (int i = 1; i <= 3; i++) {
       int year = cal.get(Calendar.YEAR);
       int month = cal.get(Calendar.MONTH)+1;
       int day = cal.get(Calendar.DAY_OF_MONTH);
       int hour = cal.get(Calendar.HOUR_OF_DAY);
       int min = cal.get(Calendar.MINUTE);
       System.out.print("* 현재시간 : ");
       System.out.print(year + "년 "+ month+"월 "+day+"일 ");
       System.out.print(hour + "시 "+ min+"분 ");
       System.out.println(cal.get(Calendar.SECOND)+"초");
       System.out.println("* 실행중인 스레드 : "+getName()+" i = "+i);
       System.out.println();
       Thread.sleep(1000);  // 1초 정지
     }
   } catch(InterruptedException e) {
       System.out.println(e);
     }
  }
 }
public class ExecuteThread {
  public static void main(String[] args) {
    TestThread thr = new TestThread("현재시간 표시 스레드");
    thr.start();
  }
}
```

실행결과

```
* 현재시간 : 2020년 1월 27일 21시 17분 18초
* 실행중인 스레드 : 현재시간 표시 스레드 i = 1

* 현재시간 : 2020년 1월 27일 21시 17분 18초
* 실행중인 스레드 : 현재시간 표시 스레드 i = 2

* 현재시간 : 2020년 1월 27일 21시 17분 18초
* 실행중인 스레드 : 현재시간 표시 스레드 i = 3
```

start()는 스레드의 실행을 시작하는 메소드로 해당 스레드의 run() 메소드를 수행하는데, Thread 클래스의 sleep(1000) 메소드를 사용해서 1초간 스레드 실행을 정지시킨다. 스레드를 1초 정지시켜 실행해도 세 번 다 같은 초(second) 값을 출력한다.

join() 메소드

멀티스레드를 실행시킬 때 main() 메소드가 자신이 실행시킨 스레드들이 전부 종료하기 전에 먼저 종료하지 않도록 방지하기 위해 Thread의 join() 메소드를 사용한다. join()은 현재 스레드가 동작중이면 동작이 끝나 스레드를 종료할 때까지 main() 메소드가 종료하지 않도록 기다리게 하는 메소드이다.

다음 예제는 세 개의 스레드를 실행하면서 날짜와 시간을 출력하는데 join() 메소드를 사용해 각 스레드에서 서로 다른 초 값을 출력하는 프로그램이다.

 예제 9-3 Execute3ThreadRun.java

```java
import java.util.Calendar;
class TestThread extends Thread
{ public TestThread(String name) {
    super(name);
```

```java
        }
    public void run() {
      try {
          Calendar cal = Calendar.getInstance();
          int year = cal.get(Calendar.YEAR);
          int month = cal.get(Calendar.MONTH)+1;
          int day = cal.get(Calendar.DAY_OF_MONTH);
          int hour = cal.get(Calendar.HOUR_OF_DAY);
          int min = cal.get(Calendar.MINUTE);

          System.out.print("* 현재시간 : ");
          System.out.print(year + "년 "+ month+"월 "+day+"일 ");
          System.out.print(hour + "시 "+ min+"분 ");
          System.out.println(cal.get(Calendar.SECOND)+"초");
          System.out.println("* 실행중인 스레드 : "+getName());
          System.out.println();
          Thread.sleep(1000);
        }catch(InterruptedException e) {
          System.out.println(e);   }
      }
  }
public class Execute3ThreadRun {
    public static void main(String[] args) throws InterruptedException
      { TestThread thr;
        for (int i = 1; i <= 3; i++) {
          thr = new TestThread("현재시간 표시 스레드"+i);
          thr.start();
          thr.join(); // 스레드의 처리가 끝날 때까지 기다림.
        }
      }
  }
```

실행결과

```
* 현재시간 : 2020년 1월 27일 21시 23분 3초
* 실행중인 스레드 : 현재시간 표시 스레드1

* 현재시간 : 2020년 1월 27일 21시 23분 4초
* 실행중인 스레드 : 현재시간 표시 스레드2

* 현재시간 : 2020년 1월 27일 21시 23분 5초
* 실행중인 스레드 : 현재시간 표시 스레드3
```

2. Runnable 인터페이스 구현

스레드를 구현하는 다른 방법은 java.lang 패키지의 Runnable 인터페이스를 사용하여 새로운 스레드를 만드는 것이다.

Runnable 인터페이스에는 run() 추상 메소드가 있다.

형식

```
public interface Runnable {
    public abstract void run();
}
```

Thread 클래스에는 스레드를 동작하게 하는 start() 메소드와 스레드가 실행할 명령문을 기술하는 run() 메소드 외에 sleep(), yield(), getPriority(), setPriority() 등 다수의 메소드들이 있다. 이러한 메소드들은 Thread 클래스나 이 클래스로부터 확장한 서브 클래스에서만 호출할 수 있고 Runnable 인터페이스에는 존재하지 않는다. Runnable 인터페이스를 구현한 클래스의 객체에서 이러한 메소드를 사용하기 위해서, 스레드를 생성할 때 Runnable 인터페이스를 구현한 클래스의 객체를 생성자의 실인수로 사용해야 한다.

thr 스레드 객체를 생성하는 마지막 문장에서 "**new exThread()**"를 사용하여 Runnable 인터페이스를 구현한 클래스의 객체(익명의 객체)를 실인수로 전달하고 있다.

start() 메소드를 호출해 thr 스레드를 동작시킨다.

다음 예제는 Runnable 인터페이스를 구현한 객체를 사용해 스레드를 실행하는 프로그램이다.

예제 9-4 RunnableThread.java

```java
import java.util.Calendar;
class exThread implements Runnable {
  public void run() {
```

```
    try {
        Calendar cal = Calendar.getInstance();
        for (int i = 1; i <= 3; i++) {
            int year = cal.get(Calendar.YEAR);
            int month = cal.get(Calendar.MONTH)+1;
            int day = cal.get(Calendar.DAY_OF_MONTH);
            int hour = cal.get(Calendar.HOUR_OF_DAY);
            int min = cal.get(Calendar.MINUTE);
            System.out.print("* 현재시간 : ");
            System.out.print(year + "년 "+ month+"월 "+day+"일 ");
            System.out.println(hour + "시 "+ min+"분");
            System.out.println("* 실행중인 스레드 : "+" i = "+i);
            System.out.println();
            Thread.sleep(1000);
        }
    } catch(InterruptedException e) {
        System.out.println(e);  }
    }
}
public class RunnableThread {
    public static void main(String[] args) {
        Thread thr = new Thread(new exThread());
        thr.start();
    }
}
```

실행결과

---

* 현재시간 : 2020년 2월 3일 12시 51분 57초
* 실행중인 스레드 : 현재시간 표시 스레드 i = 1

* 현재시간 : 2020년 2월 3일 12시 51분 57초
* 실행중인 스레드 : 현재시간 표시 스레드 i = 2

* 현재시간 : 2020년 2월 3일 12시 51분 57초
* 실행중인 스레드 : 현재시간 표시 스레드 i = 3

9.4 람다식 사용 스레드

람다식을 사용해 Runnable 인터페이스의 run() 메소드를 정의하면 Runnable 인터페이스를 구현한 클래스의 객체를 생성하는 전통적인 방법보다 스레드에서 실행할 명령문을 간단하게 정의한 후 스레드를 동작시킬 수 있다.

람다식을 사용해서 스레드를 실행시키는 형식은 다음과 같다.

사용 형식1

Runnable 인터페이스객체이름 = () -> { //... };

  ...

new Thread(인터페이스객체이름).start();

사용 형식2

Runnable 인터페이스객체이름;

인터페이스객체이름 = () -> { // ... };

...

Tread 스레드객체이름 = new Thead(인터페이스객체이름);

스레드객체이름.start();

사용 예

Runnable irthr = () -> { // ... };

// Runnable irthr; irthr= () -> { // ... };

...

new Thread(irthr).start();

// Tread thr = new Thead(irthr); thr.start();

다음 예제는 람다식을 사용해 9-3 프로그램의 Runnable 인터페이스의 run() 메소드를 다시 작성한 프로그램이다.

✎ **예제 9-5** ExLambdaThread.java

```java
import java.util.Calendar;
public class ExLambdaThread {
  public static void main(String[] args) {
    Runnable irthr = () -> {  // 람다식 시작
      try {
        Calendar cal = Calendar.getInstance();
        for (int i = 1; i <= 3; i++) {
          int year = cal.get(Calendar.YEAR);
```

```java
        int month = cal.get(Calendar.MONTH)+1;
        int day = cal.get(Calendar.DAY_OF_MONTH);
        int hour = cal.get(Calendar.HOUR_OF_DAY);
        int min = cal.get(Calendar.MINUTE);
        System.out.print("* 현재시간 : ");
        System.out.print(year + "년 "+ month+"월 "+day+"일 ");
        System.out.println(hour + "시 "+ min+"분");
        System.out.println("* 실행중인 스레드 : "+" i = "+i);
        System.out.println();
        Thread.sleep(1000);
      }
    } catch(InterruptedException e) {
      System.out.println(e);  }
  };  // 람다식 끝
  Thread thr = new Thread(irthr);
  thr.start();
  // new Thread(irthr).start(); 위의 두 문장을 한 문장으로 작성
  }
}
```

실행결과

```
* 현재시간 : 2020년 2월 3일 12시 54분
* 실행중인 스레드 :  i = 1

* 현재시간 : 2020년 2월 3일 12시 54분
* 실행중인 스레드 :  i = 2

* 현재시간 : 2020년 2월 3일 12시 54분
* 실행중인 스레드 :  i = 3
```

연 습 문 제

1. 자바에서 발생하는 예외에는 어떤 것이 있는가?

2. 예외를 발생하고 처리하는 구문을 예를 들어 설명하시오.

3. 스레드란 무엇인가? 프로세스와의 차이점을 기술하시오.

4. 멀티스레드란 어떤 경우 사용하는가?

5. 스레드 클래스를 작성하는 방법을 설명하시오.

6. 스레드를 동작하는 방법을 설명하시오.

7. Calendar 클래스를 사용해 날짜와 시간과 초를 표시하는 5개의 스레드

를 만들어 서로 다른 초 값을 출력하도록 멀티스레드를 사용해 프로그램을 작성하시오.

```
Problems   Javadoc   Declaration   Console

<terminated> RunnableCalTest [Java Application] C:\Progr
--- 프로그램 시작하기 ---

* 현재시간 : 2020년 2월 3일12시 56분26초
* 현재 인덱스 값 : 1

* 현재시간 : 2020년 2월 3일12시 56분28초
* 현재 인덱스 값 : 2

* 현재시간 : 2020년 2월 3일12시 56분29초
* 현재 인덱스 값 : 3

* 현재시간 : 2020년 2월 3일12시 56분30초
* 현재 인덱스 값 : 4

* 현재시간 : 2020년 2월 3일12시 56분32초
* 현재 인덱스 값 : 5

--- 프로그램 끝내기 ---
```

자바 GUI 스윙

스윙(Swing)은 자바에서 GUI(Graphic User Interface)[13]를 구현하기 위해 자바 개발 도구인 JDK에서 기본적으로 제공하는 툴킷이다. 스윙은 자바 기반의 컴포넌트[14]로 구성된 클래스들이다.

10.1 GUI 스윙(Swing)

자바에서 GUI를 작성할 때 AWT(Abstract Window Toolkit)나 Swing 패키지를 사용하거나 자바 FX(JavaFX)를 사용하는데, GUI 기반의 응용 프로그램을 쉽게 작성할 수 있도록 다양한 컴포넌트들을 제공한다.

AWT는 자바에서 GUI를 지원하기 위해 만든 초기 그래픽 패키지로 JDK 버전에 상관없이 모든 자바가상머신(JVM)에서 사용 가능하다. AWT 컴포넌트는 운영체제가 제공하는 자원을 사용하여 컴포넌트를 생성하고, 속도는 빠르지만 최근에는 거의 사용하지 않고 Swing을 사용한다.

Swing 패키지는 AWT 기술을 기반으로 작성된 자바 라이브러리로 기존의 AWT에 풍부하고 화려한 고급 컴포넌트를 추가하여 다양한 컴포넌트들을 제공하는데, 컴포넌트를 자바로 작성하여 플랫폼에 상관없이 화면에 일정하게 표시한다. 기존의 AWT 컴포넌트와 구분하기 위해 컴포넌트의 이름 앞에 "J"를 덧붙인다. Swing은

---

13) GUI는 텍스트보다는 버튼, 메뉴, 아이콘 같은 그래픽을 통해 사용자와 컴퓨터간 인터페이스를 구현하는 것으로, 사용자가 편리하게 사용할 수 있도록 입출력 등의 기능을 알기 쉬운 아이콘 같은 그래픽으로 나타낸 것이다.

14) 컴포넌트는 자바 클래스로 만들어진 것으로 소프트웨어를 개발할 때 마치 레고(Lego) 블록을 쌓아 새로운 물체를 만들 듯이 기존에 만들어진 컴포넌트를 조합하여 새로운 프로그램을 쉽게 작성할 수 있다. 컴포넌트 기술을 활용하면 복잡한 정보 시스템을 빠르게 구축할 수 있고 유사한 정보 시스템을 구축할 때 기존에 만들어진 컴포넌트를 재사용할 수 있는 장점이 있다.

운영체제에 부담을 주지 않아 현재 자바의 GUI로 많이 사용한다. AWT와 Swing은 서로 다르게 구현되어 있어 두 컴포넌트를 동시에 같이 사용하는 것은 바람직하지 않다.

자바 FX는 데스크탑 애플리케이션과 RIA(Rich Internet Application)을 개발하고 배포하는 소프트웨어 패키지로, 다양한 장치에서 실행 가능하다. RIA는 웹 애플리케이션의 장점은 유지하면서 응답 속도가 느린 것과 데스크톱 애플리케이션에 비해 조작성이 떨어지는 것 등을 개선하기 위한 기술이다.

이 책에서는 Swing을 사용해 GUI 응용 프로그램을 작성한다.

GUI 패키지 계층구조

다음은 AWT와 Swing 패키지의 주요 컴포넌트를 표시하고 있다. GUI 컴포넌트는 Component 클래스에서 상속받고 Swing 컴포넌트는 "J"로 시작한다.

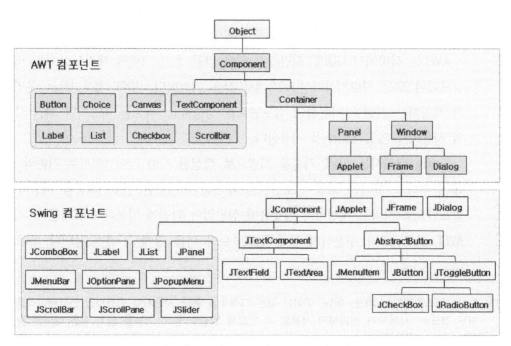

〔그림 10.1〕 AWT와 Swing 패키지

10.1.1 스윙을 이용한 화면 구성

사용자 인터페이스 화면은 GUI 컴포넌트를 생성해서 표시하는데, 컨테이너와 순수 컴포넌트로 분류한다.

컨테이너

자바에서 컨테이너는 GUI 프로그램을 만들 때 다른 컴포넌트들을 포함할 수 있는 컴포넌트이다. 컨테이너가 될 수 있는 컴포넌트는 프레임(JFrame), 애플릿(JApplet), 패널(JPanel), 다이알로그(JDialog), 윈도우(JWindow)이다. 윈도우 클래스는 창(window)을 만들 때 사용하는 것으로, 기본 윈도우로 사용하는 JFrame 클래스와 JDialog 클래스를 서브 클래스로 갖는다. JFrame과 JApplet은 타이틀 바, 최소화/최대화 버튼과 닫기 버튼을 가진 윈도우 구조를 가지며 GUI 윈도우를 만들 때 최상위 컨테이너로 사용한다. 자바에서 프레임을 만들 때 JFrame 클래스의 서브 클래스를 생성해 만든다. 많은 컴포넌트들을 화면에 표시하면서 컴포넌트들을 적절하게 배치할 때 패널을 사용한다.

JDialog는 간단한 내용을 표시하는 팝업 대화상자로 다른 컨테이너에 속하지 않고 화면에 출력이 가능한 최상위 컨테이너이다.

컴포넌트

컴포넌트는 컨테이너와는 달리 다른 컴포넌트를 포함할 수 없고 컨테이너에 포함시켜서 화면에 표시할 수 있다. 컴포넌트는 크기, 모양, 위치, 색 등을 나타내는 멤버 변수와 이들을 관리하는 메소드들을 공통적으로 갖는다. GUI 응용 프로그램에서 많이 사용하는 컴포넌트는 버튼, 체크박스, 리스트, 라디오 버튼 등이다.

스윙 GUI 프로그램

스윙 GUI 프로그램을 작성하려면 스윙 프레임을 만들어 main() 메소드에서 프레임 객체를 생성하고, 화면에 표시할 컴포넌트를 생성해서 프레임 안에 컴포넌트를 추가한다.

〔그림 10.2〕 스윙 GUI 응용 프로그램 샘플

10.1.2 스윙 GUI 프로그램 작성

스윙 GUI 프로그램을 작성하는 과정은 다음과 같다.

1. 스윙 컴포넌트 클래스 import

스윙 컴포넌트들을 사용하려면 javax.swing 패키지를 import해야 한다. "*"는
javax.swing 아래에 있는 모든 클래스를 import하는 것이다.

```
import javax.swing.*;     // 스윙 컴포넌트 클래스를 포함시킴.
```

Font, Color 등 그래픽 처리 클래스를 사용할 경우 java.awt 패키지를 import
한다.

```
import java.awt.*;     // Font, Color 등 그래픽 처리 클래스를 포함시킴.
```

이벤트를 처리할 경우에는 이벤트 처리를 위한 클래스를 import해야 한다. 이벤트에 관한 내용은 12장에 자세히 나와 있다.

```
import java.awt.event.*;        // AWT 이벤트 처리 클래스를 포함시킴.
import javax.swing.event.*;   // Swing 이벤트 처리 클래스를 포함시킴.
```

2. 스윙 프레임 작성

스윙 컴포넌트를 화면에 표시하려면 먼저 스윙 프레임 클래스를 작성하고 프레임 안에 컴포넌트를 추가한다. 스윙 프레임은 JFrame으로 부터 상속받은 서브 클래스를 생성해 작성한다.

```
public class FrameEx extends JFrame {
    ...
}
```

3. 프레임 서브클래스 객체 생성

프레임 서브클래스의 main 메소드 안에 프레임 서브클래스 객체를 생성한다.

```
public class FrameEx extends Jframe {
    public static void main(String() args) {
        new FrameEx();  // FrameEx myfra = new FrameEx();
    }
}
```

4. 컴포넌트 생성

생성자 FrameEx() 안에 화면에 표시하기 원하는 컴포넌트들을 생성하는 명령문을 작성한다.

```
public class FrameEx extends JFrame {
  FrameEx() {
    // 명령문;
  }
  public static void main(String[] args) {
    new FrameEx();
  }
}
```

생성자안에 기본으로 들어가는 명령문을 작성해야 하는데, 예를 들면, frame 제목을 지정하는 것, frame의 가로와 세로 크기 설정, frame이 화면에 나타나도록 지정하는 것 등이다.

frame 제목 지정

setTitle() 메소드의 실인수로 "제목"이라는 값을 사용해 frame 제목을 지정하거나 JFrame의 생성자를 호출해서 제목을 지정할 수 있다.

```
setTitle("제목");    // frame 제목 지정
super("제목");       // JFrame 생성자 호출
```

스윙 프로그램 종료

보통, 프레임의 닫기 버튼을 누르면 응용 프로그램은 종료하지 않고 이벤트를 처리하기 위해 대기하는데, 프레임의 닫기 버튼을 눌렀을 때 응용 프로그램도 같이 종료하도록 설정하려면 setDefaultCloseOperation() 메소드를 사용하고 실인수로 JFrame.EXIT_ON_CLOSE를 지정한다.

```
setDefaultCloseOperation(JFrame.EXIT_ON_CLOSE);
```

참고로, 자바에서는 **exit()** 메소드를 사용하여 프로그램을 종료할 수 있다.

System.exit(0);   // 자바 프로그램 종료

프레임 사이즈 설정

setSize() 메소드를 사용해 frame의 가로 크기와 세로 크기를 설정한다.

---

setSize(300, 400);   // frame 가로 크기 300, 세로 크기 400 설정

프레임 화면 표시

프레임을 화면에 표시하려면 **setVisible()** 메소드의 실인수를 **true**로 지정한다.

---

setVisible(ture);   // frame이 화면에 나타나도록 true로 지정

다음 예제는 400×300 스윙 프레임을 화면에 표시하는 프로그램이다.

예제 10-1 FrameEx.java

```java
import javax.swing.*;
public class FrameEx extends JFrame {
    FrameEx() {
        setTitle("400×300 스윙 프레임 예제");  // 프레임 제목 설정
        // 프레임 닫기 버튼 누를 경우 프로그램 종료
        setDefaultCloseOperation(JFrame.EXIT_ON_CLOSE);
        setSize(400,300);     // 프레임 크기 400×300
        setVisible(true);     // 프레임 화면에 표시
    }
```

```
    public static void main(String[] args) {
        FrameEx frame = new FrameEx();
    }
}
```

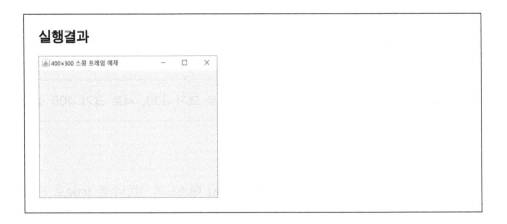
FrameEx() 생성자에서 프레임 제목이나 크기 등을 지정하지 않고 main() 메소드에서 프레임의 정보를 설정해 표시할 수 있다.

```
public static void main(String[] args) {
    FrameEx frame = new FrameEx();              // 프레임 생성
    frame.setTitle("400×300 스윙 프레임 예제");  // 프레임 제목 설정
    frame.setSize(400, 300);  // 프레임 크기 400×300 지정
    frame.setVisible(true);     // 프레임 화면에 표시
}
```

5. 컨텐트팬 가져오기

프레임에 GUI 컴포넌트를 표시하려면 컨텐트팬을 가져와 컨텐트팬에 GUI 컴포넌트를 부착해야한다. 컨텐트팬은 메뉴를 제외한 모든 GUI 컴포넌트를 부착하는 공간이다. **getContentPane()** 메소드를 사용해 현재 컨텐트팬을 가져와서 Container 객체 c에 가져온 컨텐트팬을 대입한다. 참고로 컨텐트팬을 설정하는 메

소드는 **setContentPane()** 메소드이고, 설정할 대상을 실인수로 지정한다.

```
Container c = getContentPane();
```

6. Layout 지정

컨텐트팬에 컴포넌트들을 배치하는 방법을 Layout이라 한다. Layout을 설정하지 않으면 기본 Layout을 사용한다. 프레임에서 Layout을 설정하는 자세한 사항은 10.2절에 나와 있다.

```
c.setLayout(new FlowLayout());
```

7. 컴포넌트 표시

컴포넌트를 화면에 표시할 경우 **add()** 메소드를 사용하는데, "c.add(b1);"처럼 작성해 컨텐트팬에 b1을 부착한다. JDK 1.5부터 "add(b1);" 명령문을 사용해 프레임에 바로 부착할 수 있다. 프레임에 부착하면 프레임에서 컨텐트팬에 표시한다.

```
JButton b1 = new JButton("확인");
c.add(b1);    // add(b1);
```

다음 예제는 400×200 스윙 프레임에 [확인], [취소] 버튼을 표시하는 프로그램이다.

 예제 10-2 CompEx.java

```
import java.awt.*;
import javax.swing.*;
public class CompEx extends JFrame {
    CompEx() {
```

```
        setDefaultCloseOperation(JFrame.EXIT_ON_CLOSE);
        Container c = getContentPane();
        c.setLayout(new FlowLayout());
        JButton b1 = new JButton("확인");
        c.add(b1);          // add(b1);
        JButton b2 = new JButton("취소");
        c.add(b2);          // add(b2);
    }

    public static void main(String[] args) {
        CompEx frame = new CompEx();
        frame.setTitle("400×200 스윙 프레임 예제");
        frame.setSize(400,200); // 프레임 크기 400×200
        frame.setVisible(true);  // 프레임 표시
    }
}
```

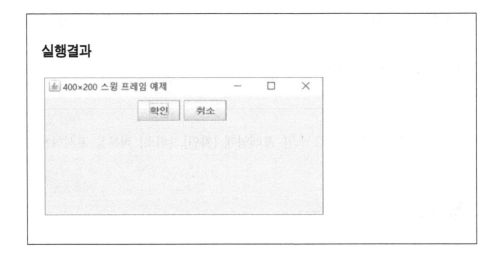

setBackground() 메소드와 setForeground() 메소드

버튼에 배경색을 지정할 경우, **setBackground()**를 사용하고, 전경색을 지정할 경우 **setForeground()** 메소드를 사용하는데, 두 메소드의 실인수로 색상을 설정해

서 버튼에 배경색과 전경색을 지정할 수 있다. 색상을 지정할 때 Color 클래스를 사용하고, 노란색일 경우 Color.YELLOW나 Color.yellow, 파란색일 경우 Color.BLUE나 Color.blue이다.

```
b1.setBackground(Color.YELLOW); // b1.setBackground(Color.yellow);
b1.setForeground(Color.BLUE);    // b1.setForeground(Color.blue);
```

Font 클래스와 setFont() 메소드

Font 클래스의 객체를 생성하면 글꼴 스타일을 지정할 수 있는데, 글꼴, 글자스타일, 글자크기순으로 값을 설정해 Font 객체를 생성한다. 글자스타일을 지정할 때 이탤릭체는 **Font.ITALIC**, 볼드체는 **Font.BOLD**, 기본은 **Font.PLAIN**이다. 생성된 폰트 객체로 글꼴을 설정할 때 **setFont()**를 사용하고 생성된 폰트 객체이름을 setFont()의 실인수로 지정한다.

```
Font font = new Font("궁서체", Font.ITALIC, 20);
b1.setFont(font);
```

다음처럼 한 문장으로 글꼴을 설정할 수 있다.

```
b1.setFont(new Font("궁서체", Font.ITALIC, 20));
```

다음 예제는 세 개의 버튼에 배경색과 전경색을 설정해 프레임에 표시하는 프로그램이다. JDK 1.5부터 컨텐트팬을 사용하지 않고 add() 메소드를 사용해 프레임에 부착할 수 있다. 프레임에 부착하면 프레임에서 컨텐트팬에 표시한다.

```
add(bt1);    // 프레임에 부착
```

색상을 지정할 때 new Color(0, 255, 0)처럼 RGB(Red Green Blue)순으로 0에서 255사이의 값을 지정하여 다양한 색상을 설정할 수 있다.

 예제 10-3 FrameTest.java

```java
import java.awt.*;
import javax.swing.*;
class MyFrame extends JFrame
{ public MyFrame(String title, int width, int height, boolean visible)
  { super(title);
    setDefaultCloseOperation(JFrame.EXIT_ON_CLOSE);
    setLayout(new FlowLayout());               // 레이아웃 설정
    JButton bt1 =  new JButton("button1");  // 버튼 컴포넌트
    JButton bt2 =  new JButton("button2");
    JButton bt3 =  new JButton("button3");

    Font font1 = new Font("Serif", Font.PLAIN, 20);
    Font font2 = new Font("Serif", Font.BOLD, 20);
    Font font3 = new Font("Serif", Font.ITALIC, 20);

    add(bt1);  // 버튼 컴포넌트 추가
    add(bt2);
    add(bt3);

    // 컬러&폰트 속성 변경
    bt1.setBackground(Color.CYAN);  // 버튼의 바탕색 청록색으로 지정
    bt1.setForeground(Color.WHITE); // 버튼의 글자색 흰색으로 지정
    bt1.setFont(font1);

    bt2.setBackground(new Color(0,255,0)); // RGB로 green 지정
```

10.2 레이아웃

자바에서는 컴포넌트를 화면에 배치할 때 각 요소의 위치와 크기를 지정하여 배치할 수 있는데, 레이아웃 매니저를 사용하여 각 컴포넌트들을 프레임 안에 적절하게 배치한다. 자바에서 **setLayout()** 메소드를 사용하여 원하는 레이아웃을 설정할 수 있다. 자바에서 사용할 수 있는 레이아웃에는 FlowLayout, BorderLayout, GridLayout, CardLayout 등이 있다.

FlowLayout은 컴포넌트들을 가로방향으로 표시할 때 사용하는 것으로, 화면의 왼쪽에서 오른쪽 방향으로 배치하고 한 줄을 넘어설 때 아래쪽으로 물 흐르듯이 배치한다.

BorderLayout은 컴포넌트들을 동, 서, 남, 북, 중앙으로 배치하는데, 특정한 방향을 지정해 배치할 때 사용한다.

GridLayout은 컴포넌트들을 격자모양의 칸 안에 배치하는 것으로 각 컴포넌트의 크기는 일정하게 나타난다. 격자 크기를 나타내기 위해 행과 열의 수를 실인수로 지정한다.

레이아웃 매니저를 사용하려면 java.awt 패키지를 import 한다.

```
import java.awt.*;
```

각 컨테이너는 기본 레이아웃을 갖고 있다. 윈도우와 프레임과 다이알로그의 기본 레이아웃은 BorderLayout이고, 패널과 애플릿은 FlowLayout이다. 컨테이너 객체를 생성하면 기본 레이아웃을 자동으로 적용하는데, 컨테이너 객체의 기본 레이아웃을 바꿀 경우 **setLayout()** 메소드를 사용한다. 사용자가 다른 레이아웃을 설정하지 않으면 컨테이너는 기본 레이아웃을 자동으로 적용한다.

〔표 10.1〕 컨테이너의 기본 레이아웃

컨테이너	기본 레이아웃
윈도우, 프레임, 다이알로그	BorderLayout
패널, 애플릿	FlowLayout

10.2.1 FlowLayout

FlowLayout은 컴포넌트들을 가로방향으로 표시할 때 사용하는 것이다. 화면의 왼쪽에서 오른쪽 방향으로 배치하고 한 줄을 넘어설 때 아래쪽으로 물 흐르듯이 배치한다.

FlowLayout에서 레이아웃의 정렬 방법을 지정할 수 있는데, 왼쪽 정렬일 경우 **FlowLayout.LEFT**, 가운데 정렬일 경우 **FlowLayout.CENTER**, 오른쪽 정렬일 경우 **FlowLayout.RIGHT**를 사용하고 기본 값은 가운데 정렬이다.

```
setLayout(new FlowLayout());  // 기본 값 가운데 정렬로 표시
setLayout(new FlowLayout(FlowLayout.RIGHT));
setLayout(new FlowLayout(FlowLayout.CENTER, 5, 10));
```

FlowLayout 객체를 생성하면서 FlowLayout.RIGHT를 사용하여 오른쪽 정렬로 지정할 수 있고 "new FlowLayout(FlowLayout.CENTER, 5, 10)"처럼 컴포넌트를 가로 5픽셀, 세로 10픽셀 간격으로 띄우면서 가운데 정렬 방법으로 배치할 수 있다.

컨텐트팬이나 패널의 레이아웃을 설정할 수 있는데 설정하는 객체 이름 뒤에 점 (.)을 찍고 setLayout() 메소드를 사용한다. 컨텐트팬과 패널의 레이아웃을 설정하는 방법은 다음과 같다.

```
Container c = getContentPane();
c.setLayout(new FlowLayout());

JPanel p = new JPanel();
p.setLayout(new BorderLayout());
```

패널의 기본레이아웃이 FlowLayout이라 다른 레이아웃을 설정한다. 패널의 경우, 패널 객체를 생성하면서 레이아웃을 바로 설정할 수 있다.

```
JPanel p = new JPanel(new BorderLayout());
```

패널은 다른 컴포넌트를 포함할 수 있는 것으로 많은 컴포넌트들을 화면에 표시하면서 컴포넌트들을 적절하게 배치시킬 때 사용한다. 프레임에서 여러 컴포넌트를 보기 좋게 배치할 때 기본적으로 패널을 사용하고 각 컴포넌트의 위치와 크기를 지정하기 위해 레이아웃 매니저를 사용한다.

다음 예제는 일곱 개의 버튼을 FlowLayout으로 배치하여 표시하는 프로그램이다.

✎ 예제 10-4 FlowLayoutEx.java

```java
import java.awt.*;
import javax.swing.*;
public class FlowLayoutEx extends JFrame {
```

```java
    private String  msg = "FlowLayout 예제";
    public FlowLayoutEx()
    {  setTitle(msg);
       setDefaultCloseOperation(JFrame.EXIT_ON_CLOSE);
       Container c = getContentPane();
       c.setLayout(new FlowLayout());

       JButton bt1 =  new JButton("버튼1");
       c.add(bt1);
       c.add(new JButton("버튼2"));
       c.add(new JButton("버튼3"));
       c.add(new JButton("버튼4"));
       c.add(new JButton("버튼5"));
       c.add(new JButton("버튼6"));
       c.add(new Button("버튼7"));  // AWT Button 객체 생성
       setSize(500,200); // 프레임 크기 500×200
       setVisible(true);  // 프레임 표시
    }
    public static void main(String[] args) {
       FlowLayoutEx frame = new FlowLayoutEx();
    }
}
```

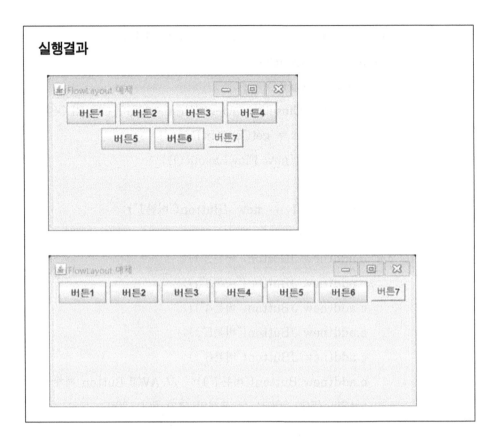

실행결과

실행결과에서 알 수 있듯이 창의 크기에 따라 한 줄에 나타나기도 하고 두 줄에 나타나기도 한다.

[버튼7] 버튼의 경우 AWT 컴포넌트의 Button 객체로 생성하여 나머지 버튼과 버튼 모양이 다르다. AWT 컴포넌트보다 Swing 컴포넌트를 사용하는 것이 더 바람직하고, AWT 컴포넌트와 Swing 컴포넌트를 혼용해서 쓰는 것 보다 둘 중 하나만 사용해야 한다.

10.2.2 BorderLayout

BorderLayout은 컴포넌트들을 동, 서, 남, 북, 중앙으로 배치할 때 사용한다. 동서남북에 나타나는 컴포넌트는 일정한 크기를 가지면서 화면에 나타나고 나머지 여백은 중앙에 나타나는 컴포넌트가 차지한다.

```
setLayout(new BorderLayout());
setLayout(new BorderLayout(10, 10)); // 가로 간격 10, 세로 간격 10
```

"new BorderLayout(10, 10)"처럼 BorderLayout으로 배치할 때 각 컴포넌트간의 간격을 조절할 수 있는데, 가로 간격 10, 세로 간격 10을 픽셀 단위로 지정한다.

BorderLayout의 경우 add() 메소드를 사용하여 동(East), 서(West), 남(South), 북(North), 중앙(Center) 등의 방향을 지정하고 컴포넌트를 추가한다. add() 메소드의 첫 번째 실인수에 방향이 들어가고 두 번째 실인수는 표시할 컴포넌트 객체를 지정한다.

```
add("East", new JButton("버튼1"));  // 동쪽 방향, [버튼1] 버튼을 배치
```

다음 예제는 BorderLayout으로 다섯 개의 버튼을 표시하는 프로그램이다.

 예제 10-5 BorderLayoutEx.java

```
import java.awt.*;
import javax.swing.*;
public class BorderLayoutEx extends JFrame {
    private String  msg = "BorderLayout 예제";
    public BorderLayoutEx()
    {   setTitle(msg);
        setDefaultCloseOperation(JFrame.EXIT_ON_CLOSE);
```

```
        Container c = getContentPane();
        setLayout(new BorderLayout(5, 5));
        c.add("East", new JButton("East"));  // 동쪽 방향, [East] 버튼 배치
        c.add("West", new JButton("West"));
        c.add("North", new JButton("North"));
        c.add("South", new JButton("South"));
        c.add("Center", new JButton("Center"));
        setSize(300,200); // 프레임 크기 300×200
        setVisible(true); // 프레임 표시
    }
    public static void main(String[] args) {
        BorderLayoutEx frame = new BorderLayoutEx();
    }
}
```

실행결과

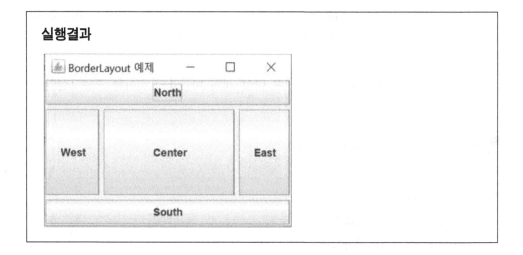

예제 10-5에서 볼 수 있듯이 BorderLayout은 각 방향에 하나의 버튼만을 배치할 수 있다. 그런데 두 개의 버튼을 한 방향에 배치하는 방법은 패널을 사용하면 간단하게 해결할 수 있다.

다음과 같이 JPanel 객체를 생성해 패널 안에 여러 컴포넌트를 추가해서 넣고

패널을 원하는 방향에 지정하면 여러 컴포넌트를 같은 방향에 표시할 수 있다.

```
JPanel pan = new JPanel();  // 패널의 기본 레이아웃은 FlowLayout
pan.add(new JButton("확인"));
pan.add(new JButton("취소"));
```

패널 객체 pan을 남쪽 방향에 배치하면 두 개의 버튼을 같은 방향에 배치할 수 있다.

```
c.add("South", pan);  // 남쪽 방향, pan 패널 배치
```

다음 예제는 [확인] [취소] 버튼을 남쪽에 배치하기 위해 패널을 사용하고, 프레임 안에서 두 버튼을 같은 방향으로 표시하는 프로그램이다.

✎ 예제 10-6 BorderLayout2Ex.java

```java
import java.awt.*;
import javax.swing.*;

public class BorderLayout2Ex extends JFrame {
    private String  msg = "BorderLayout 예제2";
    public BorderLayout2Ex()
    {   setTitle(msg);
        setDefaultCloseOperation(JFrame.EXIT_ON_CLOSE);
        Container c = getContentPane();
        setLayout(new BorderLayout(5, 5));
```

```
        JPanel pan = new JPanel();
        pan.add(new JButton("확인"));   // 패널 안에 [확인] 버튼 추가
        pan.add(new JButton("취소"));   // 패널 안에 [취소] 버튼 추가
        c.add("South", pan);                    // pan 패널 남쪽 방향 배치
        setSize(300,200);  // 프레임 크기 300×200
        setVisible(true);    // 프레임 표시
    }
    public static void main(String[] args) {
        BorderLayout2Ex frame = new BorderLayout2Ex();
    }
}
```

실행결과

    BorderLayout의 경우 동, 서, 남, 북, 중앙 각 방향마다 한 개의 객체만 배치할 수 있다. 예제에서 보듯이 남쪽 방향에 [확인]과 [취소]라는 두 버튼을 적절한 크기로 보기 좋게 배치하기 위해 패널을 사용한다. 패널에 [확인]과 [취소] 버튼을 추가하고 패널을 남쪽 방향에 배치하여 버튼 두 개를 한꺼번에 남쪽에 배치하여 표시할 수 있다.

10.2.3 GridLayout

GridLayout은 컴포넌트들을 격자모양의 칸 안에 배치하는 것으로 각 컴포넌트의 크기는 일정하게 나타난다. 격자 크기를 나타내기 위해 행과 열의 수를 실인수로 지정한다.

```
setLayout(new GridLayout(2, 3));        // 2행 3열의 그리드
setLayout(new GridLayout(3, 0));        // 3행의 그리드
setLayout(new GridLayout(3, 4, 5, 5));  // 3행 4열의 그리드
                                        // 가로, 세로 5픽셀의 간격
```

다음 예제는 GridLayout을 사용해 5행 3열로 15개의 버튼을 표시하는 프로그램이다. Integer.toString(i) 메소드는 정수 i를 문자열로 변경한다.

✎ 예제 10-7 GridLayoutEx.java

```java
import javax.swing.*;
import java.awt.*;
public class GridLayoutEx extends JFrame {
    GridLayoutEx() {
        setTitle("GridLayout 예제");
        setDefaultCloseOperation(JFrame.EXIT_ON_CLOSE);
        setLayout(new GridLayout(5, 3, 5, 5));
        for (int i = 0; i <= 9; i++)
            add(new JButton(Integer.toString(i))); // 정수 i -> 문자열
        add(new JButton("+"));
        add(new JButton("-"));
        add(new JButton("*"));
        add(new JButton("/"));
```

```java
        add(new JButton("="));
        setSize(300, 200);
        setVisible(true);
    }
    public static void main(String[] args) {
        GridLayoutEx gex= new GridLayoutEx();
    }
}
```

실행결과

다음 예제는 GridLayout과 패널을 사용해 컴포넌트를 행 단위로 표시하는 프로그램이다.

✎ 예제 10-8 GridPanelEx.java

```java
import java.awt.*;
import javax.swing.*;
public class GridPanelEx extends JFrame {
    private String  msg = "Panel 예제";
```

```java
public GridPanelEx()
{  setTitle(msg);
   setDefaultCloseOperation(JFrame.EXIT_ON_CLOSE);
   setLayout(new GridLayout(4, 0, 5, 5));
   JPanel pan1 = new JPanel();
   JTextField tf1 = new JTextField(20);
   JLabel Lb1 = new JLabel("학번 : ");
   pan1.add(Lb1);  pan1.add(tf1);
   JPanel pan2 = new JPanel();
   JTextField tf2 = new JTextField(20);
   JLabel Lb2 = new JLabel("이름 : ");
   pan2.add(Lb2);  pan2.add(tf2);
   JPanel pan3 = new JPanel();
   JLabel Lb3 = new JLabel("학과 : ");
   JTextField tf3 = new JTextField(20);
   pan3.add(Lb3);  pan3.add(tf3);
   JPanel pan4 = new JPanel();
   pan4.add(new JButton("전송"));
   pan4.add(new JButton("다시 작성"));
   add(pan1); add(pan2);
   add(pan3); add(pan4);
   setSize(500,200);        // 프레임 크기 500×200
   setVisible(true);        // 프레임 표시
}
public static void main(String[] args) {
    GridPanelEx frame = new GridPanelEx();
}
}
```

실행결과

창의 크기가 더 크게 변경되더라도 같은 실행결과를 얻기 위해 네 개의 행에 GridLayout을 설정한다. 각 행마다 패널을 생성하여 각 패널에 두 개의 컴포넌트들을 추가하고 있다. 즉, 처음 세 행은 레이블과 텍스트 필드를 표시하고 마지막 행의 경우는 두 개의 버튼을 표시한다. 패널은 여러 개의 컴포넌트들을 하나로 취급하여 화면에 적절하게 배치할 때 사용한다.

10.2.4 컴포넌트의 위치와 크기 지정 방법

모든 컨테이너는 레이아웃 매니저를 설정해 컴포넌트의 위치와 크기를 지정하는데, 레이아웃 매니저를 사용하지 않고 사용자가 컴포넌트의 크기와 위치를 지정해 자유롭게 컴포넌트를 배치할 수 있다. 특히, 게임 프로그램처럼 컴포넌트의 위치와 크기가 수시로 변할 경우 사용하고, 프레임에 컴포넌트를 표시할 때 겹쳐지게 나타나도록 사용자가 컴포넌트의 위치와 크기를 지정할 수 있다.

setLayout() 메소드의 실인수를 **null**로 지정해 레이아웃 매니저를 제거한다.

```
setLayout(null);
```

레이아웃 매니저가 없는 컨테이너에 컴포넌트를 삽입할 때 프로그램에서 컴포넌트의 절대 크기와 위치를 설정해야 한다.

컴포넌트의 크기와 위치 설정 메소드

컴포넌트의 크기를 설정하는 메소드는 **setSize()**이고, 컴포넌트를 프레임에 표시할 위치를 지정하는 메소드는 **setLocation()**이고, 크기와 위치 둘 다 한꺼번에 지정할 때 **setBounds()** 메소드를 사용한다.

```
void setSize(int width, int height)      // 컴포넌트 크기 설정
void setLocation(int x, int y)           // 컴포넌트 위치 설정
void setBounds(int x, int y, int width, int height)
                                         // 위치와 크기를 동시 설정
```

예를 들면 120×30 크기의 [확인] 버튼을 pan 패널의 (20, 20) 위치에 배치할 수 있다.

```
JPanel pan = new JPanel();
pan.setLayout(null);              // 패널 pan의 레이아웃 매니저 제거
JButton okButton = new JButton("확인");
okButton.setSize(120, 30);       // 버튼 크기를 120×30으로 지정
okButton.setLocation(20, 20);    // 버튼 위치 (20, 20)지점으로 지정
pan.add(okButton);               // 패널안 (20, 20)에 120×30 버튼 표시
```

다음 예제는 레이아웃 매니저 없이 버튼의 크기와 위치를 지정해 두 개의 버튼을 표시하는 프로그램이다.

```java
import java.awt.*;
import javax.swing.*;

public class NoLayout extends JFrame {
    private String  msg = "NoLayout 예제";
    public NoLayout() {
        setTitle(msg);
        setDefaultCloseOperation(JFrame.EXIT_ON_CLOSE);
        Container c = getContentPane();
        c.setLayout(null);
        JButton okButton = new JButton("확인");
        okButton.setSize(80, 30);          // 버튼 크기를 80×30으로 지정
        okButton.setLocation(50, 20);      // 버튼 위치를 (50, 20)으로 지정
        c.add(okButton);                   // (50, 20)에 80×30의 버튼 표시
        JButton canButton = new JButton("취소");
        canButton.setSize(80, 30);         // 버튼 크기를 80×30으로 지정
        canButton.setLocation(150, 20);    // 버튼위치를 (150,20)으로 지정
        c.add(canButton);                  // (150,20)에 80×30의 버튼 표시
        setSize(300, 200);                 // 프레임 크기 300×200
        setVisible(true);                  // 프레임 표시
    }
    public static void main(String[] args) {
        NoLayout frame = new NoLayout();
    }
}
```

실행결과

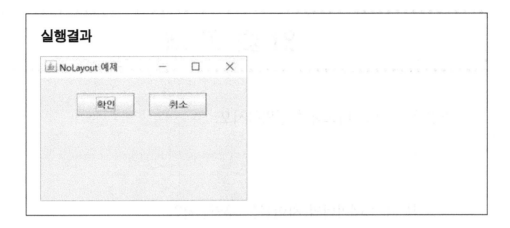

1. 스윙과 AWT를 비교하여 설명하시오.

2. 컴포넌트와 컨테이너의 차이점은 무엇인가?

3. 패널이란? 사용 목적을 설명하시오.

4. 레이아웃 매니저란? 레이아웃 매니저를 종류별로 기술하시오.

5. 다음과 같은 버튼을 넣어 프레임에 표시하는 프로그램을 작성하시오.

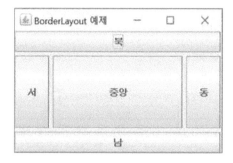

6. 다음 명령문을 참고하여 버튼의 배경색을 넣어 프레임에 표시하는 프로그램을 작성하시오.

```
Color color[] = { Color.ORANGE, Color.YELLOW, Color.RED,
                  Color.MAGENTA, Color.GRAY, Color.GREEN,
                  Color.BLUE, Color.PINK}
for (int i = 0; i < 8; i++)
   {  JButton bt = new JButton(Integer.toString(i+1));
      button.setBackground(color[i]);   // 버튼의 배경색 설정
      add(bt);        // 프레임에 버튼 부착
   }
```

11 스윙 컴포넌트

자바에서 제공하는 풍부한 GUI 라이브러리를 활용하여 다양하고 화려한 GUI 프로그램을 작성할 수 있다. 스윙 컴포넌트를 기반으로 GUI 프로그램을 작성할 수 있고, 자바에서 제공하는 그래픽 기능을 이용하여 GUI 프로그램을 작성할 수 있다.

스윙 컴포넌트를 이용하면 풍부한 GUI 라이브러리를 사용해 쉽게 GUI를 구축할 수 있지만 자바에서 제공하는 컴포넌트만 활용해야 하므로 다양하고 독특한 GUI를 구성하기 어렵다. 반면 그래픽 기반의 GUI 프로그래밍은 사용자가 직접 그래픽으로 화면을 구성해야 해서 부담스러운 면이 있지만 기존의 틀을 벗어나 독특한 GUI를 구성할 수 있고 GUI를 처리하는 속도가 빨라서 게임 등에 많이 사용한다.

11.1 버튼(JButton)

자바 프로그램에서 버튼은 마우스를 클릭해서 사용자와 상호작용할 수 있는 컴포넌트이다. 사용자는 버튼을 생성하여 동적인 프로그램을 구성할 수 있는데 버튼은 JButton 클래스를 사용하여 생성할 수 있다. JButton 객체는 문자열 버튼과 이미지 버튼을 만들 수 있다.

다음과 같이 문자열 버튼 객체를 생성한다.

```
JButton bt1 = new JButton("확인");
add(bt1);
```
확인

[확인] 버튼을 생성하는 구문이다. **add()** 메소드는 생성된 버튼을 화면에 추가하

는 메소드로 화면에 버튼을 표시한다.

버튼을 간단하게 생성할 때 다음처럼 한 문장으로 생성할 수 있는데, 이렇게 생성하면 버튼 객체에 이벤트를 처리하도록 지정할 수 없다.

```
add(new JButton("삭제"));  // [삭제] 버튼 표시
```

ImageIcon 객체를 생성해 이미지만 갖는 bt2 버튼을 생성할 수 있고, "확인" 문자열과 이미지("ok.jpg")를 갖는 bt3 버튼을 생성할 수 있다. 이미지 파일은 자바 파일이 속한 프로젝트와 같은 폴더에 있어야 하고, 다른 폴더에 있는 경우 이미지 파일 경로를 지정해야 한다. 이미지 파일이나 이미지 폴더를 파일 탐색기에서 복사(ctrl+c)해서 이클립스의 해당 자바 프로젝트에 붙여넣기((ctrl+v)하거나 자바 프로젝트에 드래그 앤 드랍(Drag-and-drop, 끌어서 놓기)으로 이미지를 사용한다.

```
ImageIcon image = new ImageIcon("ok.jpg");
JButton bt2 = new JButton(image);
JButton bt3 = new JButton("확인", image);
add(bt2); add(bt3);
```

버튼에 배경색과 전경색을 설정할 수 있다. 배경색을 설정할 때 **setBackground()** 메소드를 사용하고 실인수로 원하는 색상을 지정한다. 전경색을 설정할 때 **setForeground()** 메소드를 사용하고 원하는 색상을 지정한다.

setFont() 메소드를 사용해 버튼에 표시하는 문자의 폰트스타일을 설정할 수 있다. 버튼의 활성화와 비활성화를 설정할 수 있는데, **setEnabled()** 메소드를 사용하고, 비활성화시킬 경우 실인수를 **false**로 지정한다.

```
bt1.setBackground(Color.BLUE);                  // 파란 배경색
bt1.setForeground(Color.WHITE);                 // 흰 글자색 설정
bt1.setFont(new Font("궁서체",Font.BOLD,22));   // 폰트 스타일
bt1.setEnabled(false);                          // bt1 비활성화
```

다음 예제는 버튼에 배경색과 전경색을 넣고, 이미지와 문자열을 갖는 버튼과 비활성화된 버튼을 표시하는 프로그램이다.

✎ 예제 11-1 JButtonEx.java

```java
import java.awt.*;
import javax.swing.*;
public class JButtonEx extends JFrame {
  private String  msg = "프레임에 버튼 넣기";
  public JButtonEx()
   { setTitle(msg);
     setDefaultCloseOperation(JFrame.EXIT_ON_CLOSE);
     setLayout(new FlowLayout());
     JButton bt1 = new JButton("확인");
     bt1.setBackground(Color.BLUE);   // 파란 배경색
     bt1.setForeground(Color.WHITE);  // 흰 글자색(전경색 설정)
     bt1.setFont(new Font("궁서체",Font.BOLD,22)); // 폰트스타일 지정
     add(bt1);
     ImageIcon img = new ImageIcon("image/can.jpg");
     JButton bt2 = new JButton("취소",img);
```

```
        bt2.setBackground(Color.WHITE);   // 흰 배경색
        bt2.setFont(new Font("궁서체",Font.BOLD,22)); // 폰트스타일 지정
        add(bt2);
        JButton bt3 = new JButton("삭제");
        bt3.setEnabled(false);  // 〔삭제〕 버튼 비활성화
        add(bt3);
        setSize(450,220);        // 프레임 크기 450×220
        setVisible(true);        // 프레임 표시
    }
    public static void main(String[] args) {
        JButtonEx frame = new JButtonEx();
    }
}
```

실행결과

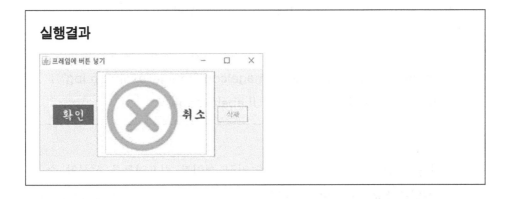

11.2 레이블(JLabel)

레이블은 문자열과 이미지를 표시할 때 사용하는 컴포넌트이고, 컴포넌트를 나열
하면서 각 컴포넌트에 제목을 넣을 경우에도 사용한다. 예를 들면, 텍스트필드와
함께 사용하면서 텍스트필드 앞에 제목을 넣어 텍스트필드의 의미를 설정하는 역할
을 담당한다. 텍스트필드는 사용자가 한 줄의 텍스트를 입력할 경우 사용하는 컴포

넌트이다.

레이블 객체를 생성하여 문자열을 표시할 수 있다.

```
JLabel label = new JLabel("내용");
add(label);
```

11.2.1 이미지 레이블 생성

이미지 파일로부터 이미지를 읽기 위해 ImageIcon 클래스를 사용해 이미지 객체를 생성한다. 표시할 수 있는 이미지는 png, gif, jpg이다.

"example.jpg"의 경로명은 "image/example.jpg"이고, 자바 파일이 속한 자바 프로젝트의 "image" 폴더 안에 "example.jpg"파일이 있어야 한다.

```
ImageIcon image = new ImageIcon("image/example.jpg");
JLabel imageLabel = new JLabel(image);
```

왼쪽, 오른쪽, 가운데 정렬 값을 가진 레이블 컴포넌트를 생성할 수 있는데, 왼쪽 정렬은 SwingConstants.LEFT이고, 가운데 정렬은 SwingConstants.CENTER이고, 오른쪽 정렬은 SwingConstants.RIGHT이다.

문자열과 이미지 둘 다 갖는 레이블을 가운데 정렬로 생성한다.

```
ImageIcon image = new ImageIcon("images/example.jpg");
JLabel label = new JLabel("그림 넣기", image, SwingConstants.CENTER);
```

다음 예제는 패널 안에 문자열 레이블, 이미지 레이블, 이미지와 문자열을 갖는
세 개의 레이블을 표시하는 프로그램이다.

 예제 11-2 JLabelEx.java

```java
import javax.swing.*;
import java.awt.*;

public class JLabelEx extends JFrame {
  JLabelEx() {
    setTitle("레이블 예제");
    setDefaultCloseOperation(JFrame.EXIT_ON_CLOSE);
    Container c = getContentPane();
    c.setLayout(new FlowLayout());
    JPanel pan=new JPanel();
    c.add(pan);
    pan.setLayout(new BorderLayout(30,30));

    // 문자열 레이블 생성
    JLabel textLabel = new JLabel("풍경이 멋져요...",
                        SwingConstants.CENTER);
    textLabel.setFont(new Font("바탕체",Font.BOLD,22));
    textLabel.setForeground(Color.BLUE);

    // 이미지 레이블 생성
    ImageIcon img = new ImageIcon("image/example.jpg");
    JLabel imageLabel = new JLabel(img); // 레이블 생성

    // 문자열과 이미지를 가진 레이블 생성
    ImageIcon icon = new ImageIcon("image/사과.jpg"); // 이미지 로딩
    JLabel label = new JLabel("맛있는 사과!!", icon,
                        SwingConstants.CENTER);
```

```java
        // 컨텐트팬에 3 개의 레이블 삽입
        pan.add(textLabel, BorderLayout.NORTH);
        pan.add(imageLabel,BorderLayout.CENTER);
        pan.add(label,BorderLayout.SOUTH);

        setSize(600, 620);
        setVisible(true);
    }

    public static void main(String [] args) {
        new JLabelEx();
    }
}
```

실행결과

11.3 텍스트필드(JTextField)

텍스트필드는 사용자가 한 줄의 텍스트를 입력할 경우 사용하는 컴포넌트이다. 텍스트필드 객체를 생성하는 방법은 여러 가지가 있다.

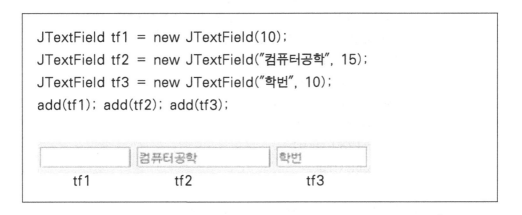

위에서 볼 수 있듯이 텍스트필드를 생성하면 사각형의 입력란이 생겨 문자를 입력할 수 있다. tf1 객체의 경우 입력란의 길이가 10인 텍스트필드 객체를 생성하고, tf2는 "컴퓨터공학"이라는 문자열을 갖고 길이가 15인 텍스트필드 객체를 생성하고, tf3은 "학번"이라는 문자열을 갖고 길이가 10인 텍스트필드 객체를 생성한다.

다음 예제는 레이블과 텍스트필드를 표시하는 프로그램이다.

✎ 예제 11-3 JTextFieldEx.java

```java
import java.awt.*;
import javax.swing.*;
public class JTextFieldEx extends JFrame {
    JTextFieldEx() {
```

```
        setTitle("텍스트필드 예제");
        setDefaultCloseOperation(JFrame.EXIT_ON_CLOSE);
        Container c = getContentPane();
        c.setLayout(new FlowLayout());
        JLabel lb1=new JLabel("이름");
        JTextField tf1 = new JTextField(15);
        JLabel lb2=new JLabel("학과");
        JTextField tf2 = new JTextField("컴퓨터공학", 15);
        JLabel lb3=new JLabel("학번");
        JTextField tf3 = new JTextField(15);
        c.add(lb1);  c.add(tf1);
        c.add(lb2);  c.add(tf2);
        c.add(lb3);  c.add(tf3);
        setSize(230,180);
        setVisible(true);
    }
    public static void main(String [] args) {
        new JTextFieldEx();
    }
}
```

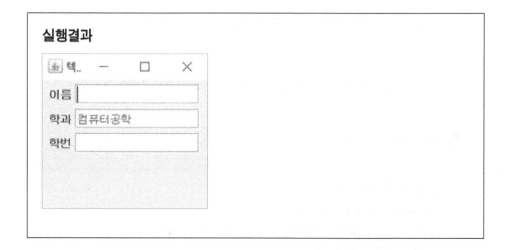

11.4 텍스트영역(JTextArea)

JTextArea는 여러 줄의 문자들을 입력받을 경우 사용하는 컴포넌트로 텍스트필드처럼 길이를 넣고 라인 수를 넣어 생성한다.

텍스트 영역을 생성하는 명령문은 다음과 같다.

ta1은 5행 20열의 문자열 입력창을 갖는 텍스트영역 객체이고, ta2는 5행 20열의 문자열 입력창에 "글을 남기세요"라는 메시지를 갖는 텍스트영역 객체이다.

다음 예제는 레이블과 텍스트필드, 레이블과 텍스트영역을 표시하는 프로그램이다.

```java
import java.awt.*;
import javax.swing.*;

public class JTextAreaEx extends JFrame {
  JTextAreaEx() {
      setTitle("텍스트영역 예제");
      setDefaultCloseOperation(JFrame.EXIT_ON_CLOSE);
      Container c = getContentPane();
      c.setLayout(new FlowLayout());

      JLabel lb1=new JLabel("주제");
      JTextArea ta1 = new JTextArea(2, 20);
      JLabel lb2=new JLabel("내용");
      JTextArea ta2 = new JTextArea("글을 남기세요", 5, 20);
      c.add(lb1);
      c.add(ta1);
      c.add(lb2);
      c.add(ta2);

      setSize(250,250);
      setVisible(true);
  }

  public static void main(String [] args) {
      new JTextAreaEx();
  }
}
```

11.5 체크박스(JCheckBox)

체크박스는 여러 가지 항목들이 주어졌을 때 이 중에서 원하는 항목을 선택할 수 있는 컴포넌트로 여러 개의 항목을 선택할 수도 있다. 체크박스도 문자열 체크박스와 이미지 체크박스를 생성할 수 있다.

체크박스 객체를 생성하는 명령문은 다음과 같다.

```
JCheckBox ch = new JCheckBox("사과");     □ 사과
add(ch);
```

문자열 "사과"를 가진 ch 체크박스를 생성한다.

```
ImageIcon img1 = new ImageIcon("image/수박.jpg");
JCheckBox ch1 = new JCheckBox(img1);    // 수박 이미지
ImageIcon img2 = new ImageIcon("image/딸기.jpg");
JCheckBox ch2 = new JCheckBox("딸기", img2);
add(ch1); add(ch2);
```

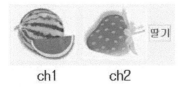

수박 이미지를 가진 ch1 체크박스를 생성하고, 문자열 "딸기"와 딸기 이미지를 가진 ch2 체크박스를 생성한다.

이미지를 갖는 체크박스의 경우 이미지가 선택된 상태를 나타낼 때 표시하는 이미지를 지정해야한다. **setSelectedIcon()** 메소드를 사용해 체크박스를 선택했을 때 표시할 이미지를 지정한다.

```
ImageIcon img3 = new ImageIcon("image/딸기2.jpg");
ch2.setSelectedIcon(img3);
```

화면에 체크박스를 표시할 때 선택된 상태로 체크박스를 추가할 경우 생성자의 두 번째 실인수를 "**true**"로 지정한다.

```
JCheckBox ch3 = new JCheckBox("수박", true);
```

체크박스 생성자의 두 번째 실인수가 true인 경우 체크박스가 화면에 나타날 때 ch3가 선택되어진 상태로 체크박스를 생성한다.

체크박스 객체를 생성하면서 화면에 바로 추가하는 방법은 다음과 같다.

```
add(new JCheckBox("자바", true));
add(new JCheckBox("c++"));
add(new JCheckBox("비주얼 베이직", false));
```

☑ 자바 ☐ c++ ☐ 비주얼 베이직

위의 첫 번째 문장에서 "자바" 항목의 경우 두 번째 실인수가 true이므로 체크박스가 선택된 상태로 화면에 나타난다.

다음 예제는 세 가지 유형의 체크박스를 표시하는 프로그램이다.

 예제 11-5 JCheckBoxEx.java

```java
import javax.swing.*;
import java.awt.*;
public class JCheckBoxEx extends JFrame {
  JCheckBoxEx() {
    setTitle("체크박스 예제");
    setDefaultCloseOperation(JFrame.EXIT_ON_CLOSE);
    Container c = getContentPane();
    c.setLayout(new FlowLayout());
```

```
        JCheckBox ch1 = new JCheckBox("사과",true);
        Font f= new Font("돋움체",Font.BOLD,18);
        ch1.setFont(f);
        ImageIcon img = new ImageIcon("image/수박.jpg");
        JCheckBox ch2 = new JCheckBox(img);
        ch2.setFont(f);
        ch2.setBorderPainted(true);  // 체크박스 사각테두리 설정
        ImageIcon img2 = new ImageIcon("image/딸기.jpg");
        JCheckBox ch3 = new JCheckBox("딸기", img2);
        ch3.setFont(f);
        ch3.setBorderPainted(true);  // 체크박스 사각테두리 설정
        add(ch1);
        add(ch2);
        add(ch3);
        setSize(500,250);
        setVisible(true);
    }
    public static void main(String [] args) {
        new JCheckBoxEx();
    }
}
```

실행결과

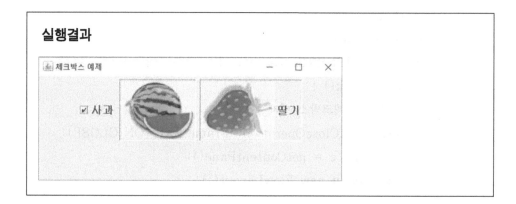

11.6 라디오버튼(JRadioButton)

라디오버튼은 주어진 항목들 중 원하는 항목을 선택하는 것인데 체크박스와 다른 점은 하나의 항목만 선택할 수 있다. 라디오버튼을 생성하려면 ButtonGroup 객체를 생성하고, 라디오버튼 객체를 생성한 후 버튼그룹 객체에 라디오버튼을 추가하는 과정이 필요하고, add() 메소드를 사용하여 라디오버튼 객체를 화면에 추가한다.

버튼그룹과 라디오버튼을 생성하는 과정은 다음과 같다.

1. 버튼그룹 객체 생성

```
ButtonGroup group = new ButtonGroup();
```

2. 라디오버튼 생성

```
JRadioButton apple= new JRadioButton("사과");
JRadioButton watermelon= new JRadioButton("수박");
ImageIcon img = new ImageIcon("image/체리.jpg");
JRadioButton cherry= new JRadioButton("체리", img);
```

3. 라디오버튼을 버튼그룹에 삽입

```
group.add(apple);
group.add(watermelon);
group.add(cherry);
```

4. 라디오버튼을 삽입

```
add(apple);
add(watermelon);
add(cherry);
```

체크박스와 마찬가지로 이미지 라디오버튼을 생성할 수 있는데, 선택된 이미지와 선택이 안 된 상태를 나타내는 기본 이미지, 총 2개의 이미지가 필요하다. 체크박스처럼 **setSelectedIcon()** 메소드를 사용해 선택했을 때 표시할 이미지를 지정할 수 있다.

다음 예제는 컨텐트팬을 가져와 Container 객체를 생성해서 라디오버튼을 추가하는 프로그램이다. Container 객체에 추가하지 않고 직접 프레임에 추가할 경우 "add(apple);" 명령문을 사용한다.

✎ 예제 11-6 JRadioEx.java

```java
import java.awt.*;
import javax.swing.*;

public class JRadioEx extends JFrame {
    JRadioEx() {
        setTitle("라디오버튼 예제");
        setDefaultCloseOperation(JFrame.EXIT_ON_CLOSE);
        Container c = getContentPane();
        c.setLayout(new FlowLayout());
        ButtonGroup group = new ButtonGroup();
```

```
        ImageIcon img = new ImageIcon("image/체리.jpg");
        JRadioButton apple= new JRadioButton("사과",true);
        apple.setFont(new Font("바탕체",Font.BOLD,22));
        apple.setBorderPainted(true);
        JRadioButton watermelon= new JRadioButton("수박");
        watermelon.setFont(new Font("바탕체",Font.BOLD,22));
        watermelon.setBorderPainted(true);
        JRadioButton cherry= new JRadioButton("체리",img);
        cherry.setFont(new Font("바탕체",Font.BOLD,22));
        cherry.setBorderPainted(true);
        group.add(apple);
        group.add(watermelon);
        group.add(cherry);
        c.add(apple);          // add(apple); --- apple 바로 추가
        c.add(watermelon);  // add(watermelon);
        c.add(cherry);         // add(cherry);
        setSize(500,250);
        setVisible(true);
    }
    public static void main(String [] args) {
        new JRadioEx();
    }
}
```

실행결과

11.7 리스트(JList)

JList는 사용자가 선택할 수 있는 항목들을 보여주는 컴포넌트이다. 항목은 문자열과 이미지 모두 가능하다. JList는 스크롤바가 지원되지 않으므로, 스크롤바에 항목들을 표시하려면 **JScrollPane**을 사용해야 한다.

리스트 객체를 생성하는 방법은 다음과 같다.

```
String[] items= { "people", folder", home", mail" };
JList ls = new JList(items);
add(ls);
```

```
people
folder
home
mail
```

다음 예제는 세 가지 유형의 리스트를 표시하는 프로그램이다.

예제 11-7 JListEx.java

```java
import javax.swing.*;
import java.awt.*;
public class JListEx extends JFrame {
    String[] items= { "people", "folder", "home", "mail", "phone",
                    "pencil", "paper", "computer", "notebook" };
    ImageIcon[] imgs = { new ImageIcon("image/icon1.gif"),
```

```
                              new ImageIcon("image/icon2.gif"),
                              new ImageIcon("image/icon3.gif"),
                              new ImageIcon("image/icon4.gif") };
    JListEx() {
        setTitle("리스트 예제");
        setDefaultCloseOperation(JFrame.EXIT_ON_CLOSE);
        Container c = getContentPane();
        c.setLayout(new FlowLayout());
        JList txtList = new JList(items);     // 문자열 리스트 생성
        c.add(txtList);                       // add(txtList);
        JList scrollList = new JList(items); // 스크롤 문자열 리스트 생성
        c.add(new JScrollPane(scrollList));  // JScrollPane에 넣어 표시
                                // add(new JScrollPane(scrollList));
        JList imgList = new JList();   // 빈 이미지 리스트 생성
        imgList.setListData(imgs);     // 이미지를 리스트에 지정
        c.add(imgList);                // add(imgList);
        setSize(300,350);
        setVisible(true);
    }
    public static void main(String [] args) {
        new JListEx();
    }
}
```

실행결과

11.8 콤보박스(JComboBox)

JComboBox는 버튼(▼)을 눌렀을 때 항목이 나타나는 드롭다운 리스트 컴포넌트이다.

콤보박스를 생성하는 방법은 다음과 같다.

```
String[] items = { "people", "folder", "home", "mail", "phone" };
JComboBox combo = new JComboBox(items);
add(combo);
```

people 옆에 있는 버튼 ▼ 을 누르면 리스트 항목이 나타난다.

다음 예제는 레이블과 콤보박스를 화면에 표시하는 프로그램이다.

✎ **예제 11-8** JComboBoxEx.java

```
import javax.swing.*;
import java.awt.*;
public class JComboBoxEx extends JFrame {
    JComboBoxEx() {
        setTitle("콤보박스 예제");
        setDefaultCloseOperation(JFrame.EXIT_ON_CLOSE);
        Container c = getContentPane();
        c.setLayout(new FlowLayout());
        String[] items = { "people","folder","home","mail","phone" };
        JLabel lb = new JLabel("품목 ");
        JComboBox combo = new JComboBox(items);
        c.add(lb);      // add(lb); --- lb 바로 추가
        c.add(combo);  // add(combo);
```

```
        setSize(200,250);
        setVisible(true);
    }
    public static void main(String [] args) {
        new JComboBoxEx();
    }
}
```

실행결과

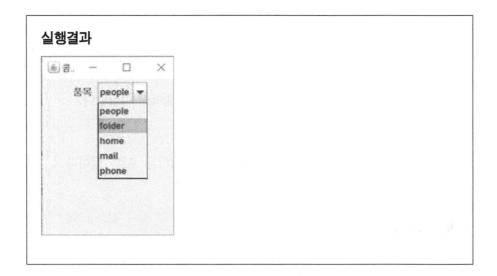

11.9 메뉴 만들기

일반적인 응용 프로그램의 경우 다양한 메뉴가 있고 메뉴를 선택하여 프로그램을 작동하는데 자바에서도 메뉴를 생성할 수 있다. 메뉴는 아주 특별한 컴포넌트로 프레임에만 붙일 수 있다. 프레임은 타이틀과 테두리를 가진 윈도우로 JFrame 클래스의 서브 클래스를 만들어 객체를 생성한다.

프레임은 하나의 메뉴바(JMenubar)를 가질 수 있고 메뉴바에 여러 가지 다양한 메뉴를 넣을 수 있다. 메뉴바를 붙일 때는 **setJMenuBar()** 메소드를 사용한다.

메뉴바는 여러 개의 메뉴를 가질 수 있고 메뉴를 마우스로 클릭하여 나타나는 다양한 메뉴아이템들 중 하나를 선택하여 프로그램을 실행할 수 있다. 메뉴아이템과 메뉴아이템사이에 분리선을 넣을 수 있는데, JMenu의 **addSeparator()** 메소드를 사용한다.

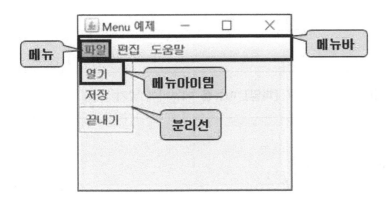

메뉴바에는 [파일], [편집], [도움말] 같은 메뉴를 표시하고 각 메뉴는 메뉴아이템을 가질 수 있다. [파일] 메뉴는 [열기], [저장], [끝내기]라는 메뉴아이템을 갖고 있고, [저장]과 [끝내기] 메뉴아이템 사이에 분리선이 있다. 즉, 메뉴바에 메뉴가 들어가고 메뉴는 메뉴아이템을 갖는다.

메뉴 생성 방법

1. 메뉴바 만들기

```
JMenuBar mb = new JMenuBar();
```

2. 메뉴 만들기

```
JMenu file = new JMenu("파일");  // [파일] 메뉴
```

3. 메뉴 아이템 만들기

```
JMenuItem fileOpen = new JMenuItem("열기"); // [열기] 메뉴아이템
file.add(fileOpen);    // [파일] 메뉴에 [열기] 메뉴아이템 삽입
```

4. 메뉴를 메뉴바에 넣기

```
mb.add(file);        // [파일] 메뉴를 메뉴바에 넣기
```

5. 프레임에 메뉴바 표시하기

```
setJMenuBar(mb);
```

다음 예제는 [파일], [편집], [도움말] 메뉴를 표시하는 프로그램이다.

✎ 예제 11-9 JMenuEx.java

```java
import javax.swing.*;

public class JMenuEx extends JFrame {
    JMenuEx() {
        setTitle("Menu 예제");
        JMenuBar mb = new JMenuBar();        // 메뉴바 생성
        JMenu fileMenu = new JMenu("파일"); // [파일] 메뉴 생성
        JMenuItem open= new JMenuItem("열기");
        JMenuItem save = new JMenuItem("저장");
```

```java
        JMenuItem exit = new JMenuItem("끝내기");
        // 파일 메뉴에 메뉴아이템 생성 삽입
        fileMenu.add(open);
        fileMenu.add(save);
        fileMenu.addSeparator();         // 분리선 삽입
        fileMenu.add(exit);
        // 메뉴바에 메뉴 삽입
        mb.add(fileMenu);                // 〔파일〕 메뉴 삽입
        mb.add(new JMenu("편집"));       // 〔편집〕 메뉴 생성, 삽입
        mb.add(new JMenu("도움말"));     // 〔도움말〕 메뉴 생성, 삽입

        setJMenuBar(mb);                 // 메뉴바를 프레임에 부착
        setSize(250,200);
        setVisible(true);
    }

    public static void main(String [] args) {
        new JMenuEx();
    }
}
```

실행결과

343

11.10 팝업 다이얼로그 만들기

팝업 다이얼로그는 프레임과 유사한 윈도우로 오류를 경고하거나 확인 메시지를 보여주기 위한 것이다. 사용자에게 메시지를 전달하거나 문자열을 간단히 입력받는 용도로 사용하는 팝업 창이다.

JOptionPane 클래스를 이용하여 생성하고 정적(static) 메소드를 이용해 팝업 다이얼로그를 표시한다. 많이 사용하는 다이얼로그에는 입력 다이얼로그, 확인 다이얼로그, 메시지 다이얼로그가 있다.

1. 입력 다이얼로그

입력 다이얼로그는 JOptionPane.showInputDialog() 메소드를 사용해 표시한다. 사용자가 한 줄의 입력란에 문자를 입력할 수 있는 다이얼로그이다.

```
String name = JOptionPane.showInputDialog("이름을 입력하세요.");
```

위에서 볼 수 있듯이 name에 "홍길동"이 들어가고, [취소] 버튼을 누르거나, 입력하지 않고 다이얼로그를 닫으면 null을 반환한다.

2. 확인 다이얼로그

확인 다이얼로그는 JOptionPane.showConfirmDialog() 메소드를 사용해 표시한다.

사용자로부터 Yes/No 응답을 입력받을 수 있는 다이얼로그이다.

```
int response =JOptionPane.showConfirmDialog(null, "계속할 것입니까?",
                "Confirm", JOptionPane.YES_NO_OPTION);
```

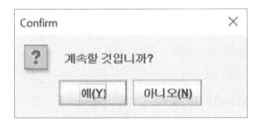

3. 메시지 다이얼로그

메시지 다이얼로그는 **JOptionPane.showMessageDialog()** 메소드를 사용하는데, 간단한 메시지를 출력하는 다이얼로그이다.

```
JOptionPane.showMessageDialog(null, "오류 확인하세요", "Message",
                JOptionPane.ERROR_MESSAGE);
```

다음 예제는 [입력], [확인], [오류] 버튼을 생성한 후 [입력] 버튼을 누르면 입력 다이알로그가 나타나고, [확인] 버튼을 누르면 확인 다이알로그가 나타나고, [오류] 버튼을 누르면 메시지 다이알로그가 나타나는 프로그램이다.

버튼 이벤트를 처리할 때 ActionListener 인터페이스에서 처리한다. 이벤트를 처리하는 자세한 사항은 12장에 나와 있다.

 예제 11-10 JOptionPaneEx.java

```java
import javax.swing.*;
import java.awt.*;
import java.awt.event.*;

public class JOptionPaneEx extends JFrame {
  JOptionPaneEx() {
    setTitle("팝업 다이알로그 예제");
    setDefaultCloseOperation(JFrame.EXIT_ON_CLOSE);
    Container c = getContentPane();
    c.setLayout(new FlowLayout());

    JButton bt1 = new JButton("입력");
    JButton bt2 = new JButton("확인");
    JButton bt3 = new JButton("오류");
    bt1.addActionListener(new ActionListener() { // "입력"버튼 이벤트
      public void actionPerformed(ActionEvent e) {
        String name = JOptionPane.showInputDialog("이름을 입력하세요.");
      }
    });
    bt2.addActionListener(new ActionListener() { // "확인"버튼 이벤트
      public void actionPerformed(ActionEvent e) {
        int response = JOptionPane.showConfirmDialog(null,
        "계속할 것입니까?", "Confirm", JOptionPane.YES_NO_OPTION);
```

```
        }
      });
      bt3.addActionListener(new ActionListener() { // "오류"버튼 이벤트
        public void actionPerformed(ActionEvent e) {
          JOptionPane.showMessageDialog(null,"오류 확인하세요",
            "Message", JOptionPane.ERROR_MESSAGE);
        }
      });
      c.add(bt1);
      c.add(bt2);
      c.add(bt3);
      setSize(250,200);
      setVisible(true);
    }
    public static void main(String [] args) {
      new JOptionPaneEx();
    }
}
```

실행결과

다음 예제는 람다식을 사용해 예제 11-10의 이벤트를 처리하면서, 입력한 이름을 레이블로 표시하는 프로그램이다. 람다식으로 이벤트를 처리하는 방법은 12.2절에 자세하게 나와 있다.

✎ 예제 11-11 JOptionPaneLambdaEx.java

```java
import javax.swing.*;
import java.awt.*;
import java.awt.event.*;
public class JOptionPaneLambdaEx extends JFrame {
    JLabel la;
    JOptionPaneLambdaEx() {
        setTitle("팝업 다이알로그 예제");
        setDefaultCloseOperation(JFrame.EXIT_ON_CLOSE);
        Container c = getContentPane();
        c.setLayout(new FlowLayout());

        JButton bt1 = new JButton("입력");
        JButton bt2 = new JButton("확인");
        JButton bt3 = new JButton("오류");
        JLabel la = new JLabel("");
        bt1.addActionListener( e ->
          { String name= JOptionPane.showInputDialog("이름을 입력하세요.");
            la.setText("입력한 이름 :"+name); } );
        bt2.addActionListener( e ->
          { int n= JOptionPane.showConfirmDialog(null, "계속할 것입니까?",
                   "Confirm", JOptionPane.YES_NO_OPTION);} );
        bt3.addActionListener( e->
            JOptionPane.showMessageDialog(null,"오류확인하세요","Message",
                JOptionPane.ERROR_MESSAGE));
        c.add(bt1);
        c.add(bt2);
        c.add(bt3);
        c.add(la);
        setSize(250,200);
```

```
        setVisible(true);
    }
    public static void main(String [] args) {
        new JOptionPaneLambdaEx();
    }
}
```

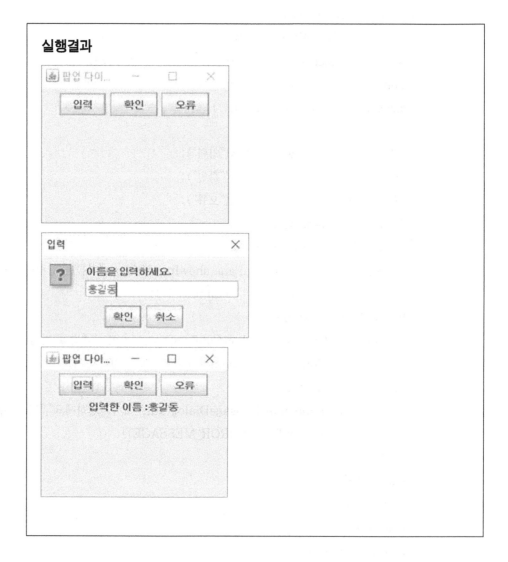

실행결과

연 습 문 제

1. 컴포넌트를 생성하는 방법을 설명하시오.

2. 레이블을 사용하는 용도를 설명하시오.

3. 체크박스와 라디오버튼의 차이점을 설명하시오.

4. 프레임에 메뉴를 생성하는 방법을 기술하시오.

5. 프레임에 대화상자를 나타내는 방법을 예를 들어 설명하시오.

6. 다음과 같이 컴포넌트를 배치하여 프레임에 표시하는 프로그램을 작성하시오.

이벤트 프로그래밍

문자를 입력하거나 버튼을 누르거나 마우스의 움직임에 반응하는 GUI 프로그램들을 흔히 볼 수 있는데 키보드나 마우스의 동작 같은 사용자의 이벤트에 상호 작용하는 프로그램을 작성하는 것이 이벤트 프로그래밍이다.

프로그램에서 발생할 수 있는 이벤트에는 마우스와 관련된 작동이나 키보드와 관련된 동작 등을 들 수 있다. 예를 들면 버튼을 클릭했을 때 해당하는 문서의 배경색이나 내용을 바꾸거나 마우스를 동작하면서 그림이나 도형을 그리거나 내용을 변화시키도록 처리하는 것이 이벤트 프로그래밍이다.

12.1 이벤트 처리

java.awt.event 패키지와 javax.swing.event 패키지에 이벤트를 처리하기 위한 코드를 포함하고 있다. 각 이벤트에 대해 이벤트를 처리할 수 있도록 **Listener** 인터페이스가 작성되어 있고 이벤트 처리에 필요한 인터페이스를 구현(implement)하여 이벤트 처리 루틴을 작성한다.

이벤트를 처리하기 위해 먼저 이벤트 처리 패키지를 **import**한다.

```
import java.awt.event.*;
import javax.swing.event.*;
```

이벤트 Listener 구현
각 컴포넌트에서 이벤트를 처리하려면 Listener 인터페이스를 이벤트에 맞게 구현하는 클래스를 정의해야 하고 이 클래스 안에서 발생한 이벤트를 처리하는 루틴을 작성한다.

이벤트가 발생했을 때 어떤 유형의 이벤트가 발생했는지 알아야 이벤트를 처리할 수 하는데, 이벤트 객체는 이벤트가 발생한 컴포넌트에 대해 이벤트 정보를 갖고 있다. 이벤트가 발생한 유형에 따라 ActionEvent, ItemEvent, MouseEvent, KeyEvent, WindowEvent 등의 이벤트 객체가 있다.

〔표 12.1〕 이벤트 객체와 이벤트 발생 유형

이벤트 객체	이벤트가 발생하는 경우
ActionEvent	버튼을 마우스로 클릭, 메뉴아이템을 선택, 텍스트필드에서 값을 입력한 후 Enter↵ 키를 누른 경우
ItemEvent	체크박스, 라디오 버튼, 체크박스 메뉴아이템의 상태가 변한 경우
MouseEvent	마우스의 모든 동작에 따라 발생 누른 경우, 뗀 경우, 드래그한 경우, 클릭, 더블클릭 등
KeyEvent	키를 누른 경우, 키를 누른 후 뗀 경우
WindowEvent	윈도우 활성화, 비활성화, 윈도우 열기, 윈도우 닫기 등

이벤트 객체별로 이벤트를 처리하는 이벤트 Listener가 있고 이벤트를 처리하는 추상 메소드를 재정의해 이벤트를 처리한다. 버튼 동작과 관련해 **ActionEvent**를 처리하는 이벤트 Listener는 **ActionListener** 인터페이스이고, 이 인터페이스 안에 Action 이벤트를 처리하는 **actionPerformed()** 메소드가 있고, 이 메소드를 구현해서 이벤트를 처리하는 루틴을 작성한다.

예를 들면, 버튼을 클릭하면 ActionEvent가 발생하고, 이 이벤트를 처리하기 위해 ActionListener 인터페이스에 있는 actionPerformed() 메소드를 작성한다.

버튼을 클릭했을 때, actionPerformed() 메소드의 명령문을 실행해 이벤트를 처리한다.

```
class ButtonListener implements ActionListener {
  //...
  public void actionPerformed(ActionEvent e){  // 액션이벤트 처리
    //...
    }
}
```

이벤트 Listener 등록

각 객체에 이벤트를 처리하도록 지정하려면 각 객체별로 이벤트 리스너를 등록해야 하고, 버튼 이벤트일 경우 **addActionListener()**를 사용한다.

먼저, ActionListener를 구현하는 ButtonListener 클래스의 객체 **btL**을 생성하고, **btL** 객체를 addActionListener() 메소드의 실인수로 지정한다. 버튼 객체 buttn에 ActionEvent를 처리할 경우, buttn.addActionListener() 메소드의 실인수로 **btL**를 지정한다.

```
ButtonListener btL = new ButtonListener();
JButton buttn = new JButton("확인");
buttn.addActionListener(btL);   // buttn에 이벤트 Listener 등록
```

이벤트 Listener의 이벤트 처리 메소드를 구현할 때 여러 가지 방법으로 작성할 수 있다.

1. 이벤트 Listener를 독립적인 클래스로 작성하는 방법

프레임을 생성하는 클래스와 별도로 ButtonListener 클래스를 외부에 독립적인 클래스로 만들 수 있는데, 이 경우 Listener를 구현하는 클래스에서 이벤트가 발생한 클래스의 멤버에 접근해 멤버를 사용하는 것이 어렵다.

```
class MyFrame extends JFrame {  // 프레임
  //...
}
```

```
class ButtonListener implements ActionListener {
  //...
  public void actionPerformed(ActionEvent e) {  // 이벤트 처리
    // 이벤트 처리 코드 작성
  }
}
```

2. 이벤트 Listener를 내부(중첩) 클래스로 작성하는 방법

프레임을 생성하는 클래스 안에 ButtonListener 클래스를 작성하는 것으로, 이 경우 ButtonListener 클래스에서 프레임 클래스의 멤버 변수들을 자유롭게 사용할 수 있다.

```
class MyFrame extends JFrame {  // 프레임
  //...
  class ButtonListener implements ActionListener {
    //...
    public void actionPerformed(ActionEvent e) {  // 이벤트 처리
      // 이벤트 처리 코드 작성
    }
  }
  //...
}
```

3. 해당 클래스에서 이벤트를 구현해 처리하는 방법

actionPerformed( ) 메소드를 프레임 클래스 안에 작성한다.

```java
class MyFrame extends JFrame implements ActionListener {
  //...
  JButton buttn = new JButton("확인");
  public FrameExample() {
    //...
    buttn.addActionListener(this);
    // MyFrame 자신이 리스너 구현 클래스이므로 "this"라고 함.
  }

  public void actionPerformed(ActionEvent e) {  // 이벤트 처리
    // 이벤트 처리 코드 작성
  }
}
```

4. 익명(무명) 클래스를 사용하는 방법

이벤트를 해당 버튼 객체에서만 사용할 경우 버튼 객체별로 익명(무명) 클래스를 사용해 익명의 객체로 생성한다. 코드를 정의하면서 바로 사용하는데, 처리하는 이벤트가 적은 경우에 주로 사용한다.

```java
buttn.addActionListener( new ActionListener() {
  public void actionPerformed(ActionEvent e) {
    if(e.getSource() == buttn)) { ... }
  }
} );
```

5. 람다식을 사용해 작성하는 방법

람다식을 사용할 경우 이벤트를 처리할 객체에 이벤트 리스너를 등록하면서 소

괄호 ( ) 안에 람다식을 사용해 이벤트를 처리해서 간단하고 쉽게 이벤트를 작성할 수 있다. 람다식으로 이벤트를 처리하는 방법은 다음 절에 자세하게 나와 있다.

```
bttn.addActionListener( e -> {  // 문장;  } );
```

이벤트 Listener와 메소드

각 컴포넌트에 이벤트 객체를 등록할 때 "bttn.add**Action**Listener(btL);"처럼 add□□□Listener() 메소드를 사용하고 □□□에는 이벤트 유형을 표시한다. 이벤트 유형에는 Action, Item, Mouse, Key, Text, Window 등이 있다.

메소드를 하나만 갖는 Listener 인터페이스는 다음 표와 같다.

〔표 12.2〕 이벤트 Listener와 메소드

Listener 인터페이스	메소드
ActionListener	actionPerformed(ActionEvent)
ItemListener	itemStateChanged(ItemEvent)
TextListener	textValueChanged(TextEvent)
ListSelectionListener	valueChanged(ListSelectionEvent)

여러 가지 메소드를 가진 Listener 인터페이스는 [표 12.3]과 같다. 여러 메소드를 갖는 Listener일 경우에는 **Adapter** 클래스를 사용해 이벤트를 처리한다. Adapter 클래스는 모든 메소드를 구현하지 않고, 이벤트 처리하는데 필요한 메소드만 구현해 이벤트를 처리할 때 사용하는 클래스로 12.5절에 자세하게 나와 있다.

〔표 12.3〕 이벤트 Listener와 메소드

Listener 인터페이스	Adapter 클래스	메소드
ComponentListener	ComponentAdapter	componentHidden() componentMoved() componentResized() componentShown()

ContainerListener	ContainerAdapter	componentAdded() componentRemoved()
FocusListener	FocusAdapter	focusGained() focusLost()
KeyListener	KeyAdapter	KeyPressed() KeyTyped() KeyReleased()
MouseListener	MouseAdapter	mouseClicked() mouseEntered() mouseExited() mousePressed() mouseReleased()
MouseMotionListener	MouseMotionAdapter	mouseDragged() mouseMoved()
WindowListener	WindowAdapter	windowActivated() windowClosed() windowClosing() windowDeactivated() windowDeiconified() windowIconified() windowOpened()

12.2 람다식 사용 이벤트 처리

상수 없이 하나의 메소드만을 갖는 함수형 인터페이스일 경우 람다식을 사용해 이벤트를 처리할 수 있다. 람다식을 사용하면 기존의 방법보다 간단하게 이벤트를 처리할 수 있고, 자바 8부터 람다식을 활용할 수 있다.

Action, Item, ListSelection 이벤트의 이벤트 처리기는 Mouse, Key, Window 이벤트와는 달리 하나의 추상 메소드로 이뤄진 인터페이스이다. 따라서, 버튼이나 아이템이나 리스트 같은 이벤트는 람다식으로 작성하여 이벤트를 처리할 수 있다. 람다식을 작성해 이벤트를 처리하면 기존의 방법보다 훨씬 간단하고 쉽게 이벤트를 작성할 수 있다.

이벤트 처리 형식

객체이름.add이벤트Listener(e -> { // 문장; });
// 이벤트에는 Action, Item, ListSelection, Text 등이 올 수 있다.
// 문장은 이벤트를 처리하는 명령문들이다.

이벤트를 처리하려면 이벤트를 처리할 객체이름에 **add□□□Listener(람다식)** 메소드를 사용해 이벤트 처리기를 등록한다. 여기서 □□□에는 이벤트 유형을 표시하는데, 람다식으로 처리할 수 있는 이벤트는 Action, Item, ListSelection, Text 등이 있고, ( ) 안에 이벤트를 처리할 람다식을 작성한다. 람다식으로 이벤트를 작성하려면 하나의 메소드만 갖는 Listener 인터페이스(함수형 인터페이스)들만 가능하다.

이벤트 처리 사용 예

// 버튼 객체 bt의 이벤트 처리
bt.addActionListener(e -> { // ... });

// 체크박스, 라디오버튼 객체 itm의 이벤트 처리
itm.addItemListener(e -> { // ... });

// 리스트 객체 list의 이벤트 처리
list.addListSelectionListener(e -> { // ... });

버튼의 경우 버튼 객체이름에 이벤트 Listener를 등록하는데, 이벤트를 처리할 버튼이 bt일 경우 "bt.addActionListener(e -> { // ... });"라고 작성한다.
체크박스, 라디오버튼 같은 객체에 이벤트를 처리할 경우에도 이벤트를 처리할 객체가 itm일 경우 "itm.addItemListener(e -> { // ... });"라고 작성한다.
같은 방법으로 리스트 객체의 이벤트를 처리할 경우에도 이벤트를 처리할 객체가 list라면 "list.addListSelectionListener(e -> { // ... });"라고 작성한다.

redBtn 버튼을 클릭했을 때 프레임의 바탕색을 빨간색으로 변경하고 "Red 버튼 클릭"이라는 문자열을 갖도록 레이블 lb에 값을 지정해 화면에 표시하는 이벤트를 람다식으로 작성하면 다음과 같다.

getContentPane() 메소드를 사용해 현재의 컨텐트팬을 가져오고, 배경색을 지정하기 위해 setBackground() 메소드를 사용한다. 레이블 객체 lb에 원하는 문자열을 지정할 경우 lb.setText("Red 버튼 클릭") 메소드를 사용한다.

```
redBtn.addActionListener( e ->
  { getContentPane().setBackground(Color.red);
    lb.setText("Red 버튼 클릭"); } );
```

12.3 ActionEvent 처리

버튼을 마우스로 클릭하거나 메뉴아이템을 선택하거나 텍스트필드에서 값을 입력한 후 Enter↵ 키를 누르면 ActionEvent가 발생한다.

버튼에서 발생한 이벤트를 처리할 경우, 버튼을 생성한 후 생성한 버튼의 addActionListener() 메소드를 호출해서 이벤트를 처리한다.

getActionCommand() 메소드와 setText() 메소드

e.getActionCommand()는 이벤트가 발생한 버튼의 문자열을 가져오는 메소드이고, setText()는 버튼 객체에 문자열을 지정해 표시하는 메소드이다.

예를 들면 이벤트가 발생한 버튼의 문자열 cmd로 레이블 lb의 문자열을 다음과 같이 지정한다.

```
String cmd = e.getActionCommand();   // 버튼의 문자열 가져오기
lb.setText(cmd);                      // 레이블 lb에 버튼 문자열 지정
```

각 예제 프로그램은 람다식을 사용하지 않고 전통적인 방법으로 이벤트를 처리하는 방식과 람다식을 사용해 이벤트를 처리하는 두 가지 방식으로 작성한다.

다음 예제는 이벤트를 처리하는 클래스를 따로 만들지 않고 프레임을 생성하는 클래스 안에 actionPerformed() 메소드를 구현해서 이벤트를 처리하는 프로그램이다. 네 개의 버튼을 생성하고 각 버튼마다 ActionListener를 등록하여 대학을 나타내는 버튼을 클릭했을 때 사용자가 클릭한 대학 이름을 표시한다. 이벤트를 처리하는 클래스를 따로 만들지 않아서 각 버튼에 이벤트 처리기를 등록할 때 이벤트 처리 객체는 **this**로 지정한다.

```
bt1.addActionListener(this);
```

이벤트를 처리하는 각 버튼 컴포넌트의 객체 배열 bt와 lb는 멤버 배열과 멤버 변수로 선언해야 JButtonEvt 클래스의 전체 영역에서 사용할 수 있다.

✎ **예제 12-1** JButtonEvt.java

```
import java.awt.*;
import javax.swing.*;
import java.awt.event.*;
public class JButtonEvt extends JFrame implements ActionListener
{ JButton[] bt = new JButton[4];   // 멤버 배열로 선언
    String[] str = {"경영대학", "이공대학", "신학대학", "인문대학"};
    JLabel lb;                       // 멤버 변수로 선언
```

```java
    public JButtonEvt() {
        setTitle("버튼이벤트 예제");
        setDefaultCloseOperation(JFrame.EXIT_ON_CLOSE);
        Container c = getContentPane();
        c.setLayout(new FlowLayout(FlowLayout.CENTER,10,20));

        lb = new JLabel("버튼을 클릭하세요.",SwingConstants.CENTER);
        for (int i = 0; i < str.length; i++) // 버튼 네 개 생성
        {  bt[i] = new JButton(str[i]);     // 버튼 객체 생성
           bt[i].addActionListener(this);
           add(bt[i]);
        }
        add(lb);
        setSize(250,200);
        setVisible(true);
    }
    public void actionPerformed (ActionEvent e) {
        String cmd = e.getActionCommand();  // 버튼의 문자열 가져오기
        lb.setText(cmd+" Button 클릭");
    }
    public static void main(String [] args) {
        new JButtonEvt();
    }
}
```

실행결과

getSource() 메소드와 getText() 메소드

getSource() 메소드는 이벤트가 발생한 객체를 가져오는 것인데, 반환형이 Object이므로 캐스트 연산자를 사용해서 해당 객체 타입으로 변환해서 사용한다.

getText() 메소드는 객체의 문자열을 가져오는 메소드이다.

예를 들면 [경영대학] 버튼에서 이벤트가 발생한 경우 (JButton) 캐스트 연산자를 사용해 버튼으로 타입을 변환한다. getText() 메소드를 사용해 이벤트가 발생한 버튼의 문자열인 "경영대학"을 가져오고, lb.setText() 메소드를 사용해 레이블 lb의 문자열을 "경영대학"으로 지정할 수 있다.

```
JButton bt=(JButton)e.getSource();
lb.setText(bt.getText());
```

예제 12-1에 대해 e.getSource()와 getText() 메소드를 사용해 버튼 이벤트를 다음과 같은 방법으로 처리할 수 있다.

```
public void actionPerformed (ActionEvent e) {
  JButton bt=(JButton)e.getSource();
  lb.setText(bt.getText()+" Button 클릭");
}
```

다음 예제는 람다식을 사용해 예제 12-1의 버튼 이벤트를 처리하는 프로그램이다.

 예제 12-2 JButtonLambdaEvt.java

```java
import java.awt.*;
import javax.swing.*;

public class JButtonLambdaEvt extends JFrame
{ JButton[] bt = new JButton[4];   // 멤버 배열로 선언
  String[] str = {"경영대학", "이공대학", "신학대학", "인문대학"};
  JLabel lb;                        // 멤버 변수로 선언
  public JButtonLambdaEvt() {
      setTitle("람다식 사용 버튼이벤트 예제");
      setDefaultCloseOperation(JFrame.EXIT_ON_CLOSE);
      Container c = getContentPane();
      c.setLayout(new FlowLayout(FlowLayout.CENTER,10,20));
      lb = new JLabel("버튼을 클릭하세요.",SwingConstants.CENTER);
      for (int i = 0; i < str.length; i++) // 버튼 네 개 생성
      { bt[i] = new JButton(str[i]);     // 버튼 객체 생성
        add(bt[i]);
        bt[i].addActionListener( e ->
            lb.setText(e.getActionCommand()+" Button 클릭") );
      }
      add(lb);
```

```
        setSize(250,200);
        setVisible(true);
    }
    public static void main(String [] args) {
        new JButtonLambdaEvt();
    }
}
```

실행결과

[경영대학] 버튼 이벤트를 처리할 경우 bt[0].addActionListener() 메소드의 ( ) 안에 이벤트를 처리할 람다식을 작성한다. 람다식에서 이벤트를 처리할 명령문이 한 문장일 경우 { }와 ;은 생략 가능하다. 람다식을 사용하면 기존의 방법보다 간단하게 이벤트를 처리할 수 있다.

다음 예제는 세 개의 학과 버튼 중 하나를 클릭하면 클릭한 버튼 이름을 텍스트 필드에 표시하고, 색상을 변경하는 버튼을 클릭해 배경색을 변경한다. 이벤트를 처리하는 MyEvent 클래스를 작성해서 이벤트를 처리하고 버튼에 이벤트 Listener를 등록할 때 "new MyEvent()"처럼 익명의 MyEvent 객체를 생성해서 이벤트 Listener를 부착한다.

```
bt1.addActionListener(new MyEvent());
```

　　[컴퓨터공학] 버튼을 클릭한 경우 텍스트필드 tf에 버튼 이름을 넣으려면 **"tf.setText("컴퓨터공학입니다.");"** 명령문을 사용하고, [파란색] 버튼을 클릭해서 배경색을 파란색으로 변경할 경우 먼저 getContentPane() 메소드를 사용해 컨텐트팬을 가져오고, 컨텐트팬에 배경색을 설정하는 **"setBackground(Color.BLUE);"** 명령문을 사용한다.

 예제 12-3 JButtonEvt2.java

```java
import java.awt.*;
import java.awt.event.*;
import javax.swing.*;

public class JButtonEvt2 extends JFrame
{   JButton[] bt = new JButton[3];    // 멤버 배열로 선언
    JButton[] col = new JButton[3];   // 멤버 배열로 선언
    String[] str = {"컴퓨터공학", "시스템소프트웨어공학", "전자공학"};
    String[] colstr = {"노란색", "녹색", "파란색"};
    JTextField tf;                    // 멤버 변수로 선언

    public JButtonEvt2() {
        setTitle("버튼이벤트 예제2");
        setDefaultCloseOperation(JFrame.EXIT_ON_CLOSE);
        setLayout(new FlowLayout(FlowLayout.CENTER, 20, 20));
        tf = new JTextField(20);
        for (int i = 0; i < str.length; i++) {
            bt[i] = new JButton(str[i]);
            bt[i].addActionListener(new MyEvent());
```

```java
            add(bt[i]);
        }
        add(tf);
        for (int i = 0; i < colstr.length; i++){
            col[i] = new JButton(colstr[i]);
            col[i].addActionListener(new MyEvent());
            add(col[i]);
        }
        setSize(280,300);
        setVisible(true);
    }

    class MyEvent implements ActionListener {
        public void actionPerformed (ActionEvent e) {
            String cmd = e.getActionCommand();
            if(cmd.equals("컴퓨터공학")||cmd.equals("시스템소프트웨어공학")||cmd.equals("전자공학"))
                tf.setText(cmd+"입니다.");
            if(cmd.equals("노란색"))
                getContentPane().setBackground(Color.YELLOW);
            else if(cmd.equals("녹색"))
                getContentPane().setBackground(Color.GREEN);
            else if(cmd.equals("파란색"))
                getContentPane().setBackground(Color.BLUE);
        }
    }
    public static void main(String [] args) {
        new JButtonEvt2();
    }
}
```

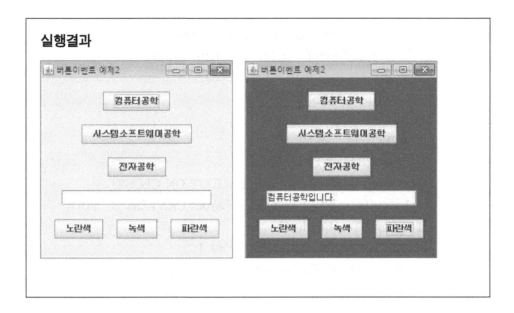

실행결과

다음 예제는 람다식을 사용해 예제 12-3의 버튼 이벤트를 처리하는 프로그램이다.

 예제 12-4 JButtonLambdaEvt2.java

```java
import java.awt.*;
import javax.swing.*;

public class JButtonLambdaEvt2 extends JFrame
{   JButton[] bt = new JButton[3];   // 멤버 배열로 선언
    JButton[] col = new JButton[3];   // 멤버 배열로 선언
    String[] str = {"컴퓨터공학", "시스템소프트웨어공학", "전자공학"};
    String[] colstr = {"노란색", "녹색", "파란색"};
    Color[] color = {Color.yellow, Color.green, Color.blue};
    Color colCh;
    JTextField tf;        // 멤버 변수로 선언
    Color setColor(String colr) {   // 선택한 버튼 색상 설정
        switch(colr) {
            case "노란색": colCh= color[0]; break;
```

```java
            case "녹색": colCh= color[1]; break;
            case "파란색": colCh= color[2]; break;
        }
          return colCh;
    }
  public JButtonLambdaEvt2() {
    setTitle("람다식 버튼이벤트2");
    setDefaultCloseOperation(JFrame.EXIT_ON_CLOSE);
    setLayout(new FlowLayout(FlowLayout.CENTER, 20, 20));
    tf = new JTextField(20);
    for (int i = 0; i < str.length; i++) {
        bt[i] = new JButton(str[i]);
        add(bt[i]);
     }
    add(tf);
    for (int i = 0; i < colstr.length; i++){
      col[i] = new JButton(colstr[i]);
      add(col[i]);
      bt[i].addActionListener( e ->
       { String cmd = e.getActionCommand(); // 버튼의 문자열 가져오기
         tf.setText(cmd+"입니다."); });
      col[i].addActionListener( e ->
        getContentPane().setBackground(setColor(e.getActionCommand())));
     } // for 문
    setSize(280,330);
    setVisible(true);
  }
  public static void main(String [] args) {
     new JButtonLambdaEvt2();
   }
}
```

실행결과

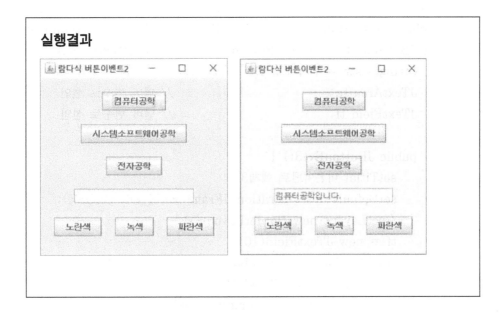

배경색을 지정할 때 "**col[i].addActionListener()**"의 ( )안에 람다식을 사용해 이벤트를 처리하는데, setColor() 메소드를 호출해 클릭한 버튼의 색상으로 배경색을 지정한다.

다음 예제는 세 개의 버튼 [자바], [DB], [JSP] 중 하나를 클릭하면 클릭한 모든 버튼 이름들이 클릭한 순서대로 텍스트영역에 들어가고, 텍스트필드에는 가장 최근에 클릭한 버튼 이름을 표시한다.

텍스트필드 tf에 버튼 이름을 넣으려면 "**tf.setText("자바 Button 클릭");**" 명령문을 사용하고, 텍스트영역 ta에 클릭하는 버튼 이름들을 라인별로 추가하려면 "**ta.append("자바 Button 클릭 \n");**" 명령문을 사용한다.

 예제 12-5 JButtonEvt3.java

```java
import java.awt.*;
import java.awt.event.*;
import javax.swing.*;
```

```java
public class JButtonEvt3 extends JFrame implements ActionListener
{ JButton[] bt = new JButton[3];        // 멤버 배열로 선언
  String[] str = {"자바", "DB", "JSP"};
  JTextArea ta;                          // 멤버 변수로 선언
  JTextField tf;                         // 멤버 변수로 선언

  public JButtonEvt3() {
      setTitle("버튼이벤트 예제3");
      setDefaultCloseOperation(JFrame.EXIT_ON_CLOSE);
      //setLayout(new BorderLayout());
      tf = new JTextField(10);
      tf.addActionListener(this);
      JPanel top=new JPanel();
      for (int i = 0; i < bt.length; i++) {
        bt[i] = new JButton(str[i]);
        bt[i].addActionListener(this);
        top.add(bt[i]);
      }
      add("North", top);
      add("South", tf);
      ta = new JTextArea(5,10);
      add("Center",new JScrollPane(ta));
      setSize(300,300);
      setVisible(true);
  }
  public void actionPerformed (ActionEvent e) {
      String cmd = e.getActionCommand();
      ta.append(cmd+" Button 클릭 \n");
      tf.setText(cmd+" Button 클릭");
  }
  public static void main(String [] args) {
    new JButtonEvt3();   }
}
```

실행결과

다음 예제는 람다식을 사용해 예제 12-5의 버튼 이벤트를 처리하는 프로그램이다.

예제 12-6 JButtonLambdaEvt3.java

```java
import java.awt.*;
import javax.swing.*;
public class JButtonLambdaEvt3 extends JFrame
{   JButton[] bt = new JButton[3];   // 멤버 배열로 선언
    String[] str = {"자바", "DB", "JSP"};
    JTextArea ta;                    // 멤버 변수로 선언
    JTextField tf;                   // 멤버 변수로 선언

    public JButtonLambdaEvt3() {
        setTitle("람다식 버튼이벤트3");
        setDefaultCloseOperation(JFrame.EXIT_ON_CLOSE);
        //setLayout(new BorderLayout());
```

```java
      tf = new JTextField(10);
      JPanel top=new JPanel();
      for (int i = 0; i < bt.length; i++) {
        bt[i] = new JButton(str[i]);
        top.add(bt[i]);
        bt[i].addActionListener( e -> {
          String cmd = e.getActionCommand();
          ta.append(cmd+" Button 클릭 \n");
          tf.setText(cmd+" Button 클릭");  });
      }
      add("North", top);
      add("South", tf);
      ta = new JTextArea(5,10);
      add("Center",new JScrollPane(ta));
      setSize(300,300);
      setVisible(true);
    }

    public static void main(String [] args) {
      new JButtonLambdaEvt3();
    }
  }
```

실행결과

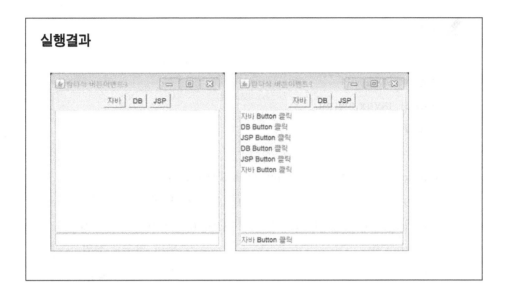

다음 예제는 색상을 나타내는 다섯 개의 버튼을 생성하여 각 버튼을 클릭했을 때 해당 버튼의 색상으로 배경색을 바꾸고 클릭한 버튼 이름을 표시하는 프로그램이다.

이벤트를 처리할 때 **addActionListener()** 메소드의 ( ) 안에 ActionListener() 객체를 생성하면서 **actionPerformed()** 메소드를 작성해 해당 버튼마다 이벤트를 각각 처리하도록 작성한다. bt 버튼에 대해 다음과 같이 이벤트를 처리한다.

```
bt.addActionListener( new ActionListener() {
    public void actionPerformed(ActionEvent e) {
        msg="Red 버튼 클릭";
        getContentPane().setBackground(Color.red);
        lb.setText(msg); }
    });
```

```
import java.awt.*;
import javax.swing.*;
import java.awt.event.*;

public class SetBackEvt extends JFrame {
  JButton[] bt = new JButton[5];     // 멤버 배열로 선언
  String[] str = {"Red", "Blue", "Green", "Pink", "Yellow"};
  JLabel lb;                         // 멤버 변수로 선언
  Color col;                         // 멤버 변수로 선언

  public SetBackEvt() {
    setTitle("배경색 이벤트 예제");
    setDefaultCloseOperation(JFrame.EXIT_ON_CLOSE);
    getContentPane().setBackground(Color.white);
    setLayout(new FlowLayout(FlowLayout.CENTER, 10, 10));

    lb = new JLabel("색상 버튼을 클릭하세요.");
    for (int i = 0; i < bt.length; i++) {
      bt[i] = new JButton(str[i]);
      add(bt[i]);
    }
    add(lb);
    bt[0].addActionListener(new ActionListener() {
        public void actionPerformed(ActionEvent e) {
          getContentPane().setBackground(Color.red);
          lb.setText("Red 버튼 클릭"); }
      });
    bt[1].addActionListener(new ActionListener() {
```

```
        public void actionPerformed(ActionEvent e) {
          getContentPane().setBackground(Color.blue);
          lb.setText("Blue 버튼 클릭");            }
      });
    bt[2].addActionListener(new ActionListener() {
        public void actionPerformed(ActionEvent e) {
          getContentPane().setBackground(Color.green);
          lb.setText("Green 버튼 클릭");            }
      });
    bt[3].addActionListener(new ActionListener() {
        public void actionPerformed(ActionEvent e) {
          getContentPane().setBackground(Color.pink);
          lb.setText("Pink 버튼 클릭");            }
      });
    bt[4].addActionListener(new ActionListener() {
        public void actionPerformed(ActionEvent e) {
          getContentPane().setBackground(Color.yellow);
          lb.setText("Yellow 버튼 클릭");            }
      });

    setSize(400,300);
    setVisible(true);
  }

 public static void main(String [] args) {
    new SetBackEvt();
  }
}
```

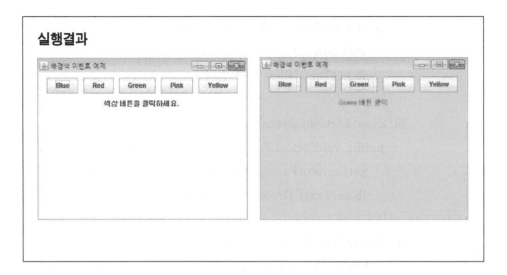

실행결과

다음 예제는 람다식을 사용하여 예제 12-7의 버튼 이벤트를 처리하는 프로그램 이다.

예제 12-8 SetBackLambdaEvt.java

```
import java.awt.*;
import javax.swing.*;
import java.awt.event.*;

public class SetBackLambdaEvt extends JFrame {
    JButton[] bt = new JButton[5];   // 멤버 배열로 선언
    String[] str = {"Red", "Blue", "Green", "Pink", "Yellow"};
    JLabel lb;
    Color col;
    Color[] color = {Color.red,Color.blue,Color.green,Color.pink,Color.yellow };
    Color setColor(String colr) {
            switch(colr) {
```

```java
            case "Red":   col= color[0]; break;
            case "Blue":  col= color[1]; break;
            case "Green": col= color[2]; break;
            case "Pink":  col= color[3]; break;
            case "Yellow":col= color[4]; break;
        }
        return col;
    }
    public SetBackLambdaEvt() {
        setTitle("람다식 사용 배경색 이벤트");
        setDefaultCloseOperation(JFrame.EXIT_ON_CLOSE);
        setLayout(new FlowLayout(FlowLayout.CENTER, 10, 10));
        lb = new JLabel("색상 버튼을 클릭하세요.");
        for (int i = 0; i < bt.length; i++) {
            bt[i] = new JButton(str[i]);
            add(bt[i]);
            bt[i].addActionListener( e-> {
                String cmd=e.getActionCommand();
                getContentPane().setBackground(setColor(cmd));
                 lb.setText(cmd+" 버튼 클릭");});
        }
        add(lb);
        setSize(400,300);
        setVisible(true);
    }

    public static void main(String [] args) {
        new SetBackLambdaEvt();
    }
}
```

실행결과

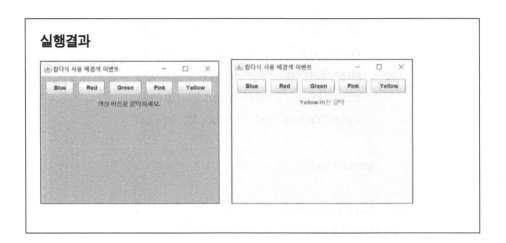

JColorChooser 클래스

JColorChooser 클래스는 사용자가 색상을 선택할 수 있도록 색상 팔레트 다이 얼로그를 제공한다. 사용자는 색상 팔레트 다이얼로그에서 원하는 색상을 선택할 수 있다. GUI 응용 프로그램 안에서 원하는 위치에 팔레트 다이얼로그를 사용할 수 있고, JColorChooser 클래스의 **showDialog()** 메소드를 사용해 팔레트 다이얼 로그를 표시하고 팔레트 다이얼로그에서 원하는 색상을 선택한다. 색상을 선택하는 유형이 다양한데, [견본(S)], [HSV(H)], [HSL(L)]. [RGB(G)], [CMYK] 탭을 눌러 원 하는 색상을 선택한다.

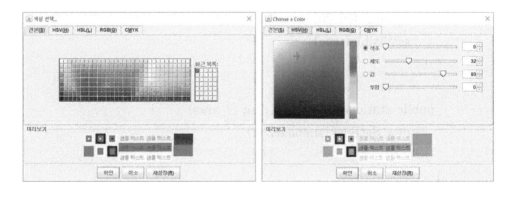

```
JColorChooser.showDialog(null, "색상 선택..", Color.blue);
```

JColorChooser.showDialog() 메소드의 첫 번째 실인수는 팔레트 다이알로그의 parent이고, 따로 정의하지 않은 경우 **null**이다. 두 번째 실인수는 팔레트 다이알로그의 제목("색상 선택..")을 나타내고, 세 번째 실인수는 팔레트 다이알로그의 미리보기에 표시하는 초기 색상이다.

다음 예제는 JColorChooser 클래스의 색상 팔레트를 표시해 색상을 선택한 후 레이블의 글자색을 변경하는 프로그램이다. 레이블 la의 글자색을 바꿀 때 **la.setForeground()** 메소드를 사용한다.

 예제 12-9 ColorChooserEx.java

```java
import java.awt.Color;
import java.awt.event.*;
import javax.swing.*;

public class ColorChooserEx extends JFrame {
    private JLabel la = new JLabel("버튼을 눌러 색상을 선택해 보세요...");
    private JButton colButton = new JButton("색상 팔레트");
    public static void main(String[] args) {
        new ColorChooserEx();
    }

    public ColorChooserEx() {
        setTitle("색상 팔레트 예제");
        setSize(300, 150);
```

```
        setDefaultCloseOperation(JFrame.EXIT_ON_CLOSE);
        JPanel pan = new JPanel();
        pan.add(la);
        colButton.setBackground(Color.blue);
        colButton.setForeground(Color.white);
        colButton.addActionListener(new ButtnListener());
        pan.add(colButton);
        add(pan);
        setVisible(true);
    }


    private class ButtnListener implements ActionListener {
        public void actionPerformed(ActionEvent e) {
            Color c = JColorChooser.showDialog(null,"색상 선택..",la.getForeground());
            if (c != null)
                la.setForeground(c);
        }
    }
}
```

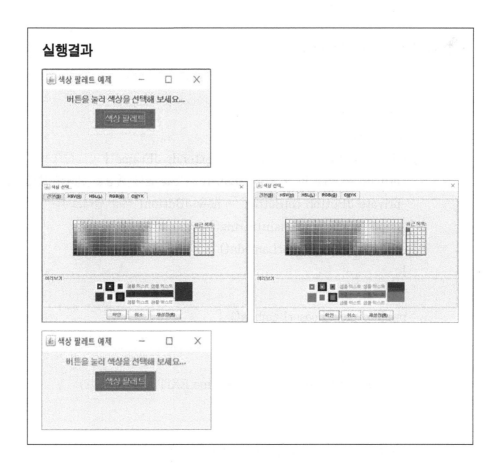

[색상 팔레트] 버튼을 누르면 색상을 선택할 수 있도록 자바에서 제공하는 팔레트 다이얼로그가 열리고, 원하는 색상을 선택해 [확인] 버튼을 누르면 선택한 색상으로 "색상을 선택해 보세요..." 레이블의 글자색을 변경한다.

다음 예제는 람다식을 사용해 예제 12-9의 이벤트를 처리하여 레이블의 글자색을 변경하는 프로그램이다.

```java
import java.awt.Color;
import javax.swing.*;
public class ColorChooserLambda extends JFrame {
    private JLabel la = new JLabel("버튼을 눌러 색상을 선택해 보세요...");
    private JButton colButton = new JButton("색상 팔레트");
    public static void main(String[] args) {
        new ColorChooserLambda();
    }

    public ColorChooserLambda() {
        setTitle("색상 팔레트 예제");
        setSize(300, 150);
        setDefaultCloseOperation(JFrame.EXIT_ON_CLOSE);
        JPanel pan = new JPanel();
        pan.add(la);
        colButton.setBackground(Color.blue);
        colButton.setForeground(Color.white);
        colButton.addActionListener( e -> {
            Color c = JColorChooser.showDialog(null,"색상선택..",la.getForeground());
            if (c != null)
                la.setForeground(c);
        });
        pan.add(colButton);
        add(pan);
        setVisible(true);
    }
}
```

실행결과

다음 예제는 과일 이름을 콤보박스의 항목으로 나타내고 좋아하는 과일을 선택하면 선택한 과일이미지와 이름을 표시하는 프로그램이다.

이벤트가 발생한 컴포넌트를 알아내기 위해 **e.getSource()** 메소드를 사용하고 메소드의 반환형이 Object 클래스이기 때문에 캐스트 연산자 (JComboBox)를 사용해 JComboBox로 변환한다.

```
JComboBox cb = (JComboBox)e.getSource();
```

getSelectedIndex() 메소드를 사용해 사용자가 선택한 과일의 인덱스를 가져올 수 있고, 선택한 과일의 이미지로 레이블을 설정하기 위해 setIcon() 메소드를 사용하고, 선택한 과일 이름을 설정하기 위해 setText() 메소드를 사용한다.

```
int index = cb.getSelectedIndex(); // 선택한 과일 인덱스 가져오기
lab.setIcon(imgs[index]);          // 가져온 인덱스의 이미지 설정하기
lab.setText(fruits[index]);        // 가져온 인덱스의 과일 이름 설정하기
```

 예제 12-11 JComboEvt.java

```java
import javax.swing.*;
import java.awt.event.*;
import java.awt.*;

public class JComboEvt extends JFrame {
    String [] fruits = {"사과", "딸기", "수박"}; // 콤보박스의 아이템
    ImageIcon [] imgs = {  new ImageIcon("image/사과.jpg"),
                           new ImageIcon("image/딸기.jpg"),
                           new ImageIcon("image/수박.jpg") };
    JLabel lab = new JLabel(fruits[0],imgs[0],SwingConstants.CENTER);

    JComboEvt() {
        setTitle("콤보박스 이벤트  예제");
        Container c = getContentPane();
        setLayout(new FlowLayout(FlowLayout.CENTER, 10,20));
        JComboBox com = new JComboBox(fruits);  // 콤보박스 생성
        add(com);
        add(lab);
```

```
      // 콤보박스에 Action 리스너 등록. 선택된 아이템의 이미지 출력
      com.addActionListener(new ActionListener() {
          public void actionPerformed(ActionEvent e) {
              // 이벤트가 발생한 콤보박스 알아내기
              JComboBox cb = (JComboBox)e.getSource();
              // 콤보박스에서 선택된 아이템의 인덱스 알아내기
              int index = cb.getSelectedIndex();
              // 이미지 레이블에 인덱스의 이미지를 표시
              lab.setIcon(imgs[index]);
              lab.setText(fruits[index]);    }
      });
      setSize(350,250);
      setVisible(true);
   }
  public static void main(String [] args) {
      new JComboEvt();
  }
}
```

실행결과

다음 예제는 람다식을 사용하여 예제 12-11의 이벤트를 처리하는 프로그램이다.

 예제 12-12 JComboLambdaEvt.java

```java
import javax.swing.*;
import java.awt.event.*;
import java.awt.*;

public class JComboLambdaEvt extends JFrame {
  String [] fruits = {"사과", "딸기", "수박"}; // 콤보박스의 아이템
  // 이미지 아이콘 배열
  ImageIcon [] imgs = { new ImageIcon("image/사과.jpg"),
                        new ImageIcon("image/딸기.jpg"),
                        new ImageIcon("image/수박.jpg") };
  // 이미지를 출력할 레이블
  JLabel lab = new JLabel(fruits[0], imgs[0],SwingConstants.CENTER);
  JComboLambdaEvt() {
    setTitle("람다식 사용 콤보박스 이벤트");
    Container c = getContentPane();
    setLayout(new FlowLayout(FlowLayout.CENTER, 10,20));
    JComboBox com = new JComboBox(fruits);  // 콤보박스 생성
    add(com);
    add(lab);
    // 콤보박스에 Action 리스너 등록. 선택된 아이템의 이미지 출력
    com.addActionListener( e ->
    {  // 이벤트가 발생한 콤보박스 알아내기
      JComboBox cb = (JComboBox)e.getSource();
      // 콤보박스의 선택된 아이템의 인덱스 번호 알아내기
      int index = cb.getSelectedIndex();
      // 이미지 레이블에 인덱스의 이미지를 표시
      lab.setIcon(imgs[index]);
```

```
            lab.setText(fruits[index]);
        });
        setSize(350,250);
        setVisible(true);
    }
    public static void main(String [] args) {
        new JComboLambdaEvt();
    }
}
```

실행결과

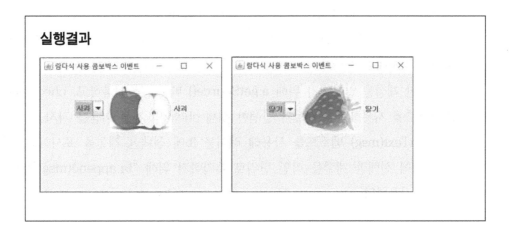

12.4 ItemEvent 처리

체크박스나 라디오 버튼, 체크박스 메뉴아이템의 상태가 변할 때 ItemEvent가 발생한다. ItemEvent를 처리하려면 **addItemListener()** 메소드를 사용하여 해당 컴포넌트 객체에 이벤트 Listener를 등록한다.

ItemListener 인터페이스에는 **itemStateChanged()** 메소드가 있고, 이벤트가 발

생한 아이템에 대해 이벤트를 처리하려면 itemStateChanged() 메소드를 구현한다. 아이템에 이벤트가 발생했을 때, **getStateChange()**는 아이템을 선택한 상태인지 선택을 해제하는 상태인지 감지해서 상태를 반환하는 메소드이다.

람다식을 사용한 방식과 람다식을 사용하지 않는 전통적인 방식으로 예제를 작성한다.

다음 예제는 네 개의 체크박스를 생성한 후 선택한 계절을 표시하는 프로그램이다. "if(e.getStateChange() == ItemEvent.SELECTED)" 의 조건을 검사하여 체크박스의 변경된 상태가 선택된 상태인 "ItemEvent.SELECTED"이면 레이블에는 마지막에 선택한 계절 이름을 표시하고 텍스트영역에는 지금까지 선택한 모든 계절이름을 추가하여 표시한다.

선택한 계절을 알아내기 위해 **e.getSource()** 메소드를 사용하고, **check.getText()** 메소드를 사용하면 이벤트가 발생한 객체 check의 계절 이름을 가져올 수 있다.

lb.setText(msg) 메소드를 사용해 레이블 lb에 선택한 계절을 표시하고, 텍스트영역 ta에 선택한 계절을 라인 단위로 추가하기 위해 **"ta.append(msg+"\n");"** 명령문을 사용한다.

✎ 예제 12-13 ItemEvt.java

```
import java.awt.*;
import java.awt.event.*;
import javax.swing.*;

public class ItemEvt extends JFrame implements ItemListener {
    JCheckBox[] ch = new JCheckBox[4];
    String[] str = {"봄", "여름", "가을", "겨울"};
    JLabel lb;
    JTextArea ta;
```

```java
        String msg;
        public ItemEvt() {
            setTitle("체크박스 아이템 이벤트 예제");
            setDefaultCloseOperation(JFrame.EXIT_ON_CLOSE);
            setLayout(new FlowLayout(FlowLayout.CENTER));
            lb = new JLabel("좋아하는 계절을 선택하세요.");
            for (int i = 0; i < ch.length; i++) {
                ch[i] = new JCheckBox(str[i]);
                ch[i].addItemListener(this);
                add(ch[i]);
            }
            add(lb);
            ta = new JTextArea(5,20);
            add(new JScrollPane(ta));
            setSize(250,250);
            setVisible(true);
        }
        public void itemStateChanged(ItemEvent e) {
            if(e.getStateChange() == ItemEvent.SELECTED) {
                JCheckBox  check = (JCheckBox)e.getSource();
                msg = "선택한 계절은 "+check.getText()+"입니다.";
                lb.setText(msg);
                ta.append(msg+"\n");
            }
        }
        public static void main(String [] args) {
            new ItemEvt();
        }
    }
```

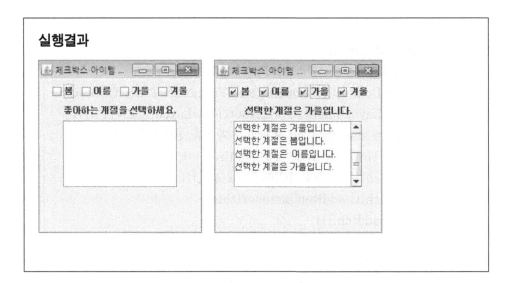

다음 예제는 람다식을 사용하여 예제 12-13의 아이템 이벤트를 처리하는 프로그램이다.

 예제 12-14 ItemLambdaEvt.java

```java
import java.awt.*;
import java.awt.event.*;
import javax.swing.*;

public class ItemLambdaEvt extends JFrame {
  JCheckBox[] ch = new JCheckBox[4];
  String[] str = {"봄", "여름", "가을", "겨울"};
  JLabel lb;
  JTextArea ta;
  String msg;
```

```java
public ItemLambdaEvt() {
    setTitle("람다식 사용 체크박스 이벤트");
    setDefaultCloseOperation(JFrame.EXIT_ON_CLOSE);
    setLayout(new FlowLayout(FlowLayout.CENTER));
    lb = new JLabel("좋아하는 계절을 선택하세요.");
    for (int i = 0; i < ch.length; i++) {
        ch[i] = new JCheckBox(str[i]);
        add(ch[i]);
        ch[i].addItemListener( e ->
            { if(e.getStateChange() == ItemEvent.SELECTED)
                { JCheckBox  check = (JCheckBox)e.getSource();
                    msg = "선택한 계절은 "+check.getText()+"입니다.";
                    lb.setText(msg);
                    ta.append(msg+"\n"); }
            });
    }
    ta = new JTextArea(5,20);
    add(lb);
    add(new JScrollPane(ta));
    setSize(250,250);
    setVisible(true);
}

public static void main(String [] args) {
    new ItemLambdaEvt();
}
}
```

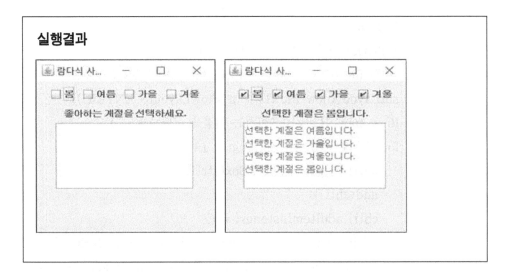

실행결과

다음 예제는 과일 이름을 라디오 버튼으로 나타내고 좋아하는 과일을 선택하면 과일 이름을 표시한다.

✎ 예제 12-15 JRadioEvt.java

```java
import java.awt.*;
import java.awt.event.ItemEvent;
import java.awt.event.ItemListener;
import javax.swing.*;

public class JRadioEvt extends JFrame implements ItemListener {
    JRadioButton[] fr = new JRadioButton[3];
    String[] str = {"사과", "수박", "체리"};
    JLabel lb;

    JRadioEvt() {
        setTitle("라디오버튼 예제");
        setDefaultCloseOperation(JFrame.EXIT_ON_CLOSE);
```

```
    Container c = getContentPane();
    c.setLayout(new FlowLayout(FlowLayout.CENTER, 10, 30));
    lb = new JLabel("좋아하는 과일을 선택하세요.");
    Font fn = new Font("바탕체", Font.BOLD, 20);
    lb.setFont(fn);
    ButtonGroup group = new ButtonGroup();
    for (int i = 0; i < fr.length; i++) {
      fr[i] = new JRadioButton(str[i],true);
      fr[i].setFont(fn);
      fr[i].setBorderPainted(true); // 버튼의 테두리 표시 설정
      fr[i].addItemListener(this);
      group.add(fr[i]);
      c.add(fr[i]);
    }
    c.add(lb);
    setSize(400,300);
    setVisible(true);
  }

  public void itemStateChanged(ItemEvent e) {
    if(e.getStateChange() == ItemEvent.SELECTED) {
      JRadioButton rb = (JRadioButton)e.getSource();
      lb.setText("선택한 과일은 "+rb.getText()+"입니다.");
    }
  }
  public static void main(String [] args) {
    new JRadioEvt();
  }
}
```

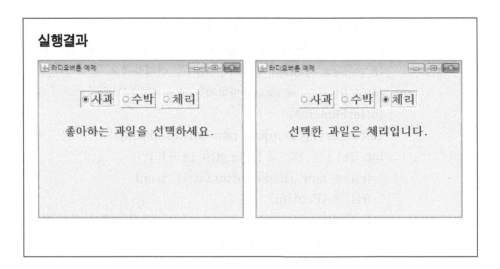
다음 예제는 람다식을 사용하여 예제 12-15의 이벤트를 처리하는 프로그램이다.

예제 12-16 JRadioLambdaEvt.java

```java
import java.awt.*;
import java.awt.event.ItemEvent;
import java.awt.event.ItemListener;
import javax.swing.*;
public class JRadioLambdaEvt extends JFrame {
    JRadioButton[] fr = new JRadioButton[3];
    String[] str = {"사과", "수박", "체리"};
    JLabel lb;
    JRadioLambdaEvt() {
        setTitle("람다식 사용 라디오버튼 이벤트");
        setDefaultCloseOperation(JFrame.EXIT_ON_CLOSE);
        Container c = getContentPane();
        c.setLayout(new FlowLayout(FlowLayout.CENTER, 10, 30));
        lb = new JLabel("좋아하는 과일을 선택하세요.");
        Font fn = new Font("바탕체", Font.BOLD, 20);
```

```
      lb.setFont(fn);
      ButtonGroup group = new ButtonGroup();
      for (int i = 0; i < fr.length; i++) {
        fr[i]= new JRadioButton(str[i],true);
        fr[i].setFont(fn);
        fr[i].setBorderPainted(true); // 버튼의 테두리 표시 설정
        group.add(fr[i]);
        c.add(fr[i]);
        fr[i].addItemListener( e ->
          { if(e.getStateChange() == ItemEvent.SELECTED) {
              JRadioButton rb = (JRadioButton)e.getSource();
              lb.setText("선택한 과일은 "+rb.getText()+"입니다."); }
          });
      }
      c.add(lb);
      setSize(400,300);
      setVisible(true);
   }
  public static void main(String [] args) {
      new JRadioLambdaEvt();
   }
}
```

실행결과

12.5 ListSelectionEvent 처리

리스트 이벤트의 이벤트 객체는 ListSelectionEvent이고, 리스트 이벤트를 처리하려면 javax.swing.event 패기지 안에 있는 ListSelectionListener 인터페이스의 **valueChanged()** 메소드에 이벤트를 처리할 명령문을 작성한다.

다음 예제는 "Blue", "Green", "Pink", "Red", "Yellow" 리스트 항목 중 하나를 선택해 배경색을 변경하고 색상명을 메시지 다이얼로그에 표시하는 프로그램이다.

✎ 예제 12-17 JListEvt.java

```java
import java.awt.*;
import javax.swing.*;
import javax.swing.event.*;
public class JListEvt extends JFrame {
  String colorNames[] = {"Blue", "Green", "Pink", "Red","Yellow"};
  Color colors[] = { Color.BLUE, Color.GREEN, Color.PINK,
                     Color.RED, Color.YELLOW};
  Container c;

  JListEvt() {
    setTitle("리스트 이벤트 예제");
    setDefaultCloseOperation(JFrame.EXIT_ON_CLOSE);
    c = getContentPane();
    c.setLayout(new FlowLayout());
```

```java
JList list = new JList(colorNames);// 문자열 리스트 생성
list.setVisibleRowCount(4);          // 리스트 항목 수를 4로 설정
list.addListSelectionListener(new ListSelectionListener() {
  public void valueChanged(ListSelectionEvent event)
  { int n = list.getSelectedIndex();
    c.setBackground(colors[n]);
    JOptionPane.showMessageDialog(null,colorNames[n]); }
  });
c.add(new JScrollPane(list));
setSize(200,200);
setVisible(true);
 }


public static void main(String [] args) {
   new JListEvt();
 }
}
```

실행결과

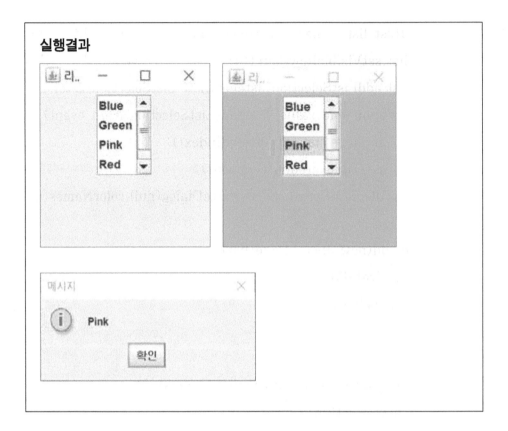

다음 예제는 람다식을 사용하여 예제 12-17의 이벤트를 처리하는 프로그램이다.

 예제 12-18 JListLambdaEvt.java

```java
import javax.swing.*;
import java.awt.*;

public class JListLambdaEvt extends JFrame {
    String colorNames[] = {"Blue", "Green", "Pink", "Red","Yellow"};
    Color colors[] = { Color.BLUE, Color.GREEN, Color.PINK,
```

```
                    Color.RED, Color.YELLOW};
Container c;
JListLambdaEvt() {
  setTitle("람다식 사용 리스트 이벤트");
  setDefaultCloseOperation(JFrame.EXIT_ON_CLOSE);
  c = getContentPane();
  c.setLayout(new FlowLayout());

  JList list = new JList(colorNames); // 문자열 리스트 생성
  list.setVisibleRowCount(4);  //리스트 항목 수를 4로 설정
  list.addListSelectionListener( e->
    { int n = list.getSelectedIndex();
      c.setBackground(colors[n]);
      JOptionPane.showMessageDialog(null,colorNames[n]);
    });
  c.add(new JScrollPane(list));
  setSize(200,200);
  setVisible(true);
 }

 public static void main(String [] args) {
   new JListLambdaEvt();
 }
}
```

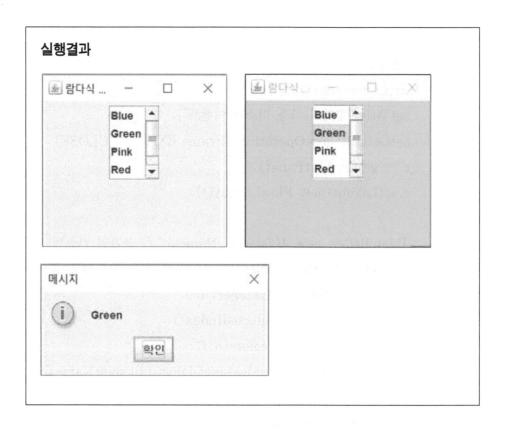

실행결과

메시지

Green

확인

12.6 MouseEvent 처리

마우스와 관련된 이벤트는 크게 두 가지가 있는데, 마우스를 클릭할 때 발생하는 이벤트와 마우스를 이동할 때 발생하는 이벤트이다. 마우스를 클릭하는 동작과 관련된 이벤트는 **MouseListener** 인터페이스에서 처리하고, 마우스를 이동하는 동작과 관련된 이벤트는 **MouseMotionListener** 인터페이스에서 처리한다.

마우스와 관련된 모든 동작에 대해 해당 메소드가 만들어져 있어 사용자는 이벤트를 처리할 동작의 메소드를 작성해 이벤트를 처리한다.

MouseListener에는 마우스를 누르는 동작을 처리하는 mousePressed() 메소드,

마우스를 떼는 동작을 처리하는 mouseReleased() 메소드, 마우스를 클릭하는 동작을 처리하는 mouseClicked() 메소드, 마우스가 컴포넌트 안으로 들어오는 동작을 처리하는 mouseEntered() 메소드, 마우스가 컴포넌트 밖으로 벗어나는 동작을 처리하는 mouseExited() 메소드가 있다.

MouseMotionListener에는 마우스를 누르면서 드래그하는 동작을 처리하는 mouseDragged() 메소드, 마우스를 움직이는 동작을 처리하는 mouseMoved() 메소드가 있다.

두 인터페이스에는 마우스 동작과 관련된 모든 메소드를 선언하고 있는데, 실제로 이벤트를 처리할 경우 이 중에 필요한 동작만 구현한다. 선언된 모든 메소드를 구현하지 않고 프로그램에서 필요한 동작에 대한 메소드만 작성해 이벤트를 처리하기 위해 **MouseAdapter**와 **MouseMotionAdapter** 클래스를 사용한다. 두 클래스를 사용하면 이벤트를 처리하는 마우스 동작과 관련된 메소드만 작성하면 된다. 즉, MouseListener와 MouseMotionListener 인터페이스에 있는 모든 메소드를 구현하지 않고 대신 MouseAdapter와 MouseMotionAdapter 클래스를 상속받아 이벤트를 처리하는데 필요한 메소드에 대해서만 이벤트 처리기를 작성한다.

마우스 이벤트의 경우에는 Listener 인터페이스의 메소드가 하나가 아니어서 람다식으로 이벤트를 처리할 수 없다.

다음 예제는 마우스를 클릭하면 원하는 문자열을 클릭한 좌표 지점에 표시하고, 드래그할 경우 드래그하는 동안에 움직이는 좌표 지점을 따라가면서 문자열을 표시하는 프로그램이다. 마우스를 움직일 때 (x, y) 좌표를 가져올 수 있는데, **getX()** 메소드는 x 지점의 좌표 값을 가져오고, **getY()** 메소드는 y 지점의 좌표 값을 가져온다. **e.getSource()** 메소드를 사용해 이벤트가 발생한 컴포넌트를 알 수 있다.

 예제 12-19 MouseEvt.java

```java
import javax.swing.*;
import java.awt.*;
import java.awt.event.*;
```

```java
public class MouseEvt extends JFrame {
    int x, y;
    JLabel lb;
    public MouseEvt() {
        setTitle("마우스 이벤트 예제");
        setDefaultCloseOperation(JFrame.EXIT_ON_CLOSE);
        Container c = getContentPane();
        c.setLayout(null);
        lb = new JLabel("마우스를 클릭하고 드래그해 보세요.");
        c.addMouseListener(new MouseEventHandler());
        c.addMouseMotionListener(new MouseMotionHandler());
        lb.setSize(250, 20);
        lb.setLocation(50,50);
        c.add(lb);
        setSize(500,400);
        setVisible(true);
    }
    public class MouseEventHandler extends MouseAdapter {
        public void mousePressed(MouseEvent e) {
            x = e.getX();    // x 좌표 지점 가져오기
            y = e.getY();    // y 좌표 지점 가져오기
            lb.setLocation(x, y);
            setTitle("좌표 지점 ( "+x+" , "+y+" )");
        }
        public void mouseReleased(MouseEvent e) {
            x = e.getX();
            y = e.getY();
            lb.setLocation(x, y);
            setTitle("좌표 지점 ( "+x+" , "+y+" )");
        }
        public void mouseEntered(MouseEvent e) {
            Component com= (Component)e.getSource();
            com.setBackground(Color.GREEN); // 마우스가 들어올 때 색 변경
```

```
    }
    public void mouseExited(MouseEvent e) {
        Component com = (Component)e.getSource();
        com.setBackground(Color.YELLOW); // 마우스가 나갈 때 색 변경
    }
}
public class MouseMotionHandler extends MouseMotionAdapter {
    public void mouseDragged(MouseEvent e) {
        x = e.getX();
        y = e.getY();
        lb.setLocation(x, y);
        setTitle("좌표 지점 ( "+x+" , "+y+" )");    }
}
public static void main(String [] args) {
    new MouseEvt();
}
}
```

실행결과

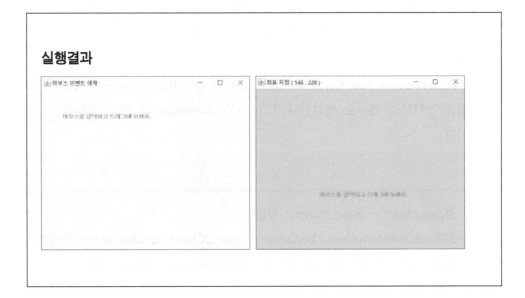

마우스가 컨텐트팬을 벗어나면 노란색으로 배경색을 바꾸고 마우스가 컨텐트팬 안에 들어오면 녹색으로 배경색을 바꾼다.

다이알로그 종류

자바에서 사용하는 다이알로그는 크게 "모달형(Modal Dialog)"과 "비모달형 (Non-Modal Dialog)"으로 두 가지가 있다.

모달형(Modal Dialog)은 다이알로그를 끝내야만 다른 작업을 할 수 있고 **JOptionPane**이 모달형이다.

비모달형(Non-Modal Dialog)은 다이알로그를 끝내지 않아도 다른 윈도우를 사용하여 작업할 수 있고, **JDialog** 클래스를 사용해야 한다. 또한 다이얼로그의 기본 값은 모달형이라, 비모달형의 다아알로그를 생성할 때 생성자의 세 번째 실인수를 **false**로 지정해야 한다.

다음 예제는 메뉴바에서 이벤트를 처리하는 프로그램으로 메인 메뉴 중 [파일]에서 [새 글]을 클릭하면 새 글 다이알로그가 열리고 OK 버튼을 누르면 다이알로그를 닫는다. [파일]에서 [끝]을 누르면 Menu Test 창을 닫는다.

비모달형 JDialog 클래스를 사용해 서브 클래스를 만들어 다이알로그를 생성한다.

[편집] 메뉴의 서브메뉴인 [정렬]의 경우 JCheckBoxMenuItem 객체의 메뉴아이템을 가지므로 메뉴로 생성한다. JCheckBoxMenuItem은 체크 가능한 메뉴아이템이다.

```
JMenu sort = new JMenu("정렬");
JCheckBoxMenuItem  byname = new JCheckBoxMenuItem("이름순");
JCheckBoxMenuItem  bysize = new JCheckBoxMenuItem("크기순");
sort.add(byname);
sort.add(bysize);
```

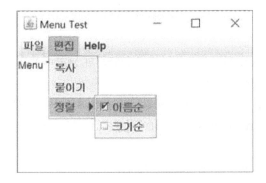

✎ 예제 12-20 MenuEvt.java

```
import java.awt.*;
import java.awt.event.*;
import javax.swing.*;

public class MenuEvt extends JFrame implements ActionListener
{ JMenu[] mu = new JMenu[3];
  String[] str = {"파일", "편집", "Help"};
  JMenuItem[] fmu = new JMenuItem[4];
  String[] fstr = {"새 글", "열기", "저장", "끝"};
  JMenuBar mb;
  JTextArea ta;
  MenuEvt(String s) {                          // 생성자
     super(s);
     Container c = getContentPane();
     ta = new JTextArea(s);                    // TextArea 생성
     c.setLayout(new GridLayout(1,1));         // 레이아웃 설정
     c.add(ta);
     mb = new JMenuBar();
     for (int i = 0; i < mu.length; i++) {   // 메뉴 세 개 생성
        mu[i] = new JMenu(str[i]);
```

```
          mb.add(mu[i]);
       }
      for (int i = 0; i < fmu.length; i++) {  // [파일]의 메뉴아이템
        fmu[i] = new JMenuItem(fstr[i]);
        mu[0].add(fmu[i]);                      // [파일] 메뉴에 메뉴아이템 부착
        fmu[i].addActionListener(this);// 메뉴아이템에 이벤트리스너 부착
      }
      JMenuItem E_Copy = new JMenuItem("복사");
      JMenuItem E_Paste = new JMenuItem("붙이기");
      mu[1].add(E_Copy);     // [편집] 메뉴에 [복사] 메뉴아이템 부착
      mu[1].add(E_Paste);    // [편집] 메뉴에 [붙이기] 메뉴아이템 부착
      JMenu sort = new JMenu("정렬");
      JCheckBoxMenuItem  byname = new JCheckBoxMenuItem("이름순");
      JCheckBoxMenuItem  bysize = new JCheckBoxMenuItem("크기순");
      sort.add(byname);
      sort.add(bysize);
      mu[1].add(sort);
      setJMenuBar(mb);
    }
   public void actionPerformed(ActionEvent e) {
      String cmd = e.getActionCommand();
      if(cmd.equals("끝")) {
        setVisible(false);
        dispose();
        System.exit(0);    }
      else if(cmd.equals("새 글")) {
        ta.setText("새 글");
        OKDialog dBox1 = new OKDialog(this,"새 글",false); // 비모달형
        dBox1.setVisible(true);  }
      else if(cmd.equals("열기")) {
        ta.setText("열기");
        Dialog dBox1 = new OKDialog(this,"열기",false);     // 비모달형
        dBox1.setVisible(true);  }
```

```
    else if(cmd.equals("저장")) {
       ta.setText("저장");
       OKDialog dBox1 = new OKDialog(this,"저장",false); // 비모달형
       dBox1.setVisible(true);   }
   }
class OKDialog extends JDialog  implements ActionListener {
    // 다이알로그 클래스
    JButton OButton, CButton;
    OKDialog(Frame hf, String s, boolean b) {       // 생성자
    super(hf, s, b);    // b가 false라 비모달형 다이알로그
    Label lb = new Label(s);
    Panel p = new Panel();
    p.add(lb);
    OButton = new JButton("OK");
    OButton.addActionListener(this);
    CButton = new  JButton("Cancel");
    CButton.addActionListener(this);
    p.add(OButton);
    p.add(CButton);
    add(p);
    setSize(200,100);   // OKDialog 크기
  }
  public void actionPerformed(ActionEvent e) {
     String cmd = e.getActionCommand();
     if(cmd.equals("OK"))
        setVisible(false);
     else if(cmd.equals("Cancel"))
        setVisible(false);
   }
 }
 public static void main(String args[]) {
    MenuEvt menuWindows;                      // 메뉴프레임 선언
    menuWindows = new MenuEvt("Menu Test"); // 메뉴프레임 생성
```

```
            menuWindows.setSize(300,300);      // 메뉴 프레임 크기 조정
            menuWindows.setVisible(true);      // 메뉴 프레임 화면 표시
        }
    }
```

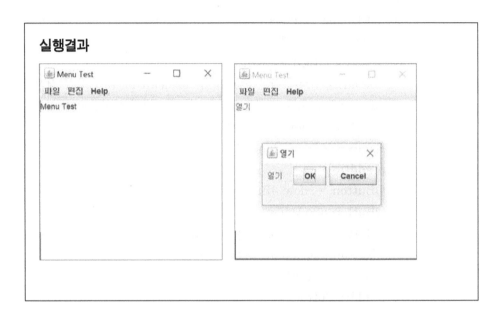

실행결과

JDialog를 사용해 비모달형 다이알로그로 생성해서 "열기" 대화상자가 열린 상태에서 메뉴를 작동시켜 다른 작업을 수행할 수 있다.

다음 예제는 람다식을 사용하여 예제 12-20의 이벤트를 처리하는 프로그램이다.

 예제 12-21 MenuLambdaEvt.java

```
import java.awt.*;
import java.awt.event.*;
import javax.swing.*;
```

```java
public class MenuLambdaEvt extends JFrame
{ JMenu[] mu = new JMenu[3];
  String[] str = {"파일", "편집", "Help"};
  JMenuItem[] fmu = new JMenuItem[4];
  String[] fstr = {"새 글", "열기", "저장", "끝"};
  JMenuBar mb;
  JTextArea ta;
  MenuLambdaEvt(String s) {                 // 생성자
    super(s);
    Container c = getContentPane();
    ta = new JTextArea(s);                  // TextArea 생성
    c.setLayout(new GridLayout(1,1));       // 레이아웃 설정
    c.add(ta);
    mb = new JMenuBar();
    for (int i = 0; i < mu.length; i++) {   // 메뉴 세 개 생성
      mu[i] = new JMenu(str[i]);
      mb.add(mu[i]);
    }
    for (int i = 0; i < fmu.length; i++) {  // [파일]의 메뉴아이템
      fmu[i] = new JMenuItem(fstr[i]);
      mu[0].add(fmu[i]);                     // [파일] 메뉴에 메뉴아이템 부착
      fmu[i].addActionListener(e -> {  // 람다식으로 이벤트 처리
        String cmd = e.getActionCommand();
        if (cmd.equals("끝")) {
          setVisible(false);
          dispose();
          System.exit(0);   }
        else {
          ta.setText(cmd);
          OKDialog dBox1 = new OKDialog(this,cmd,false); // 비모달형
          dBox1.setVisible(true);   }
      });
    }  // for 문
```

```java
        JMenuItem E_Copy = new JMenuItem("복사");
        JMenuItem E_Paste = new JMenuItem("붙이기");
        mu[1].add(E_Copy);    // [편집] 메뉴에 [복사] 메뉴아이템 부착
        mu[1].add(E_Paste);   // [편집] 메뉴에 [붙이기] 메뉴아이템 부착
        JMenu sort = new JMenu("정렬");
        JCheckBoxMenuItem byname = new JCheckBoxMenuItem("이름순");
        JCheckBoxMenuItem bysize = new JCheckBoxMenuItem("크기순");
        sort .add(byname);
        sort .add(bysize);
        mu[1].add(sort);
        setJMenuBar(mb);
    }

    class OKDialog extends JDialog {
        // 다이알로그 클래스
        JButton OButton, CButton;
        OKDialog(Frame hf, String s, boolean b) {          // 생성자
        super(hf, s, b);    // b가 false라 비모달형 다이알로그
        Label lb = new Label(s);
        Panel p = new Panel();
        p.add(lb);
        OButton = new JButton("OK");
        OButton.addActionListener(e -> setVisible(false) );
        CButton = new  JButton("Cancel");
        CButton.addActionListener(e -> setVisible(false) );
        p.add(OButton);
        p.add(CButton);
        add(p);
        setSize(200,100);   // OKDialog 크기
    }
    }
    public static void main(String args[]) {
        MenuLambdaEvt menuWindows;        // 메뉴프레임 선언
```

```
        menuWindows = new MenuLambdaEvt("Menu Test");// 메뉴프레임 생성
        menuWindows.setSize(300,300);        // 메뉴 프레임 크기 조정
        menuWindows.setVisible(true);        // 메뉴 프레임 화면 표시
    }
}
```

실행결과

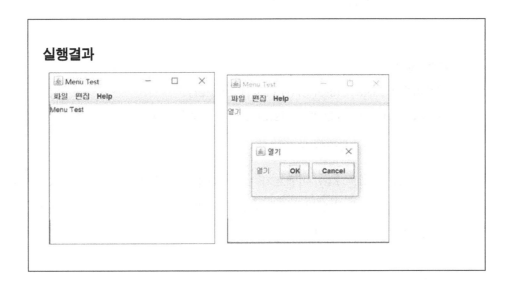

12.7 KeyEvent 처리

사용자가 키를 입력했을 때 Key 이벤트가 발생하고 이벤트 처리는 KeyListener 인터페이스의 메소드를 구현해서 처리한다.

KeyListener 인터페이스에는 세 가지 메소드가 있다. **keyPressed()** 메소드는 키를 누르는 동작을 처리하는 것이고, **keyReleased()** 메소드는 키를 떼는 동작을 처리하는 것이고, **keyTyped()** 메소드는 키를 떼는 동작을 처리하는 것인데 유니코드 문자 키인 경우에만 추가적으로 처리하는 메소드이다. 일반적으로 대문자, 소문자,

숫자, 특수문자 등의 유니코드 문자 키에 대해서만 keyTyped() 메소드를 호출한다. 사용자가 키를 누르는 순간 메소드를 호출하는 순서는 keyPressed(), keyReleased()이고, 유니코드 문자일 경우 keyTyped()를 추가하여, keyPressed(), keyTyped(), keyReleased() 순서로 호출한다.

이벤트를 처리하는 객체에 대해 다음과 같이 key 이벤트 Listener를 등록한다.

등록 형식
객체이름.addKeyListener(myKeyListener);
// myKeyListener는 KeyListener를 구현하는 클래스의 객체

KeyEvent 객체는 Key 이벤트가 발생할 때 입력된 키에 대한 정보를 갖고 있다. 어떤 키가 입력 된 것인지 KeyEvent 객체의 메소드로 입력된 키 정보를 가져올 수 있는데, getKeyChar() 메소드와 getKeyCode() 메소드를 사용한다.

getKeyChar() 메소드

KeyEvent의 **getKeyChar()** 메소드는 입력된 키 값을 가져오는 것인데, 키의 유니코드 문자 값을 반환한다. 유니코드 문자일 경우 사용하고, 유니코드 문자가 아니고 제어 문자일 경우 입력된 키를 확인하기 위해 문자 값과 비교해야 한다.

다음은 's'키를 누르면 프로그램 실행을 종료하도록 이벤트를 처리하는 루틴이다.

```
public void keyPressed(KeyEvent e) {
    if(e.getKeyChar() == 's')   // 's' 입력시 프로그램 종료
        System.exit(0);
}
```

getKeyCode() 메소드

KeyEvent의 **getKeyCode()**는 유니코드 문자 키를 포함해 모든 키에 대해 정수형 키 코드를 반환하는 메소드이고, 입력된 키를 확인하기 위해 반환한 키 코드와 가상키(Virtual Key) 값을 비교해야 한다. KeyEvent의 가상키는 "VK_"로 시작하고 정적 상수이다.

다음은 "F0"키를 누르면 프로그램 실행을 종료하는 루틴이다.

```
public void keyPressed(KeyEvent e) {
   if(e.getKeyCode() == KeyEvent.VK_F0)
      System.exit(0);   // "F0"키를 눌러 프로그램 실행 종료
}
```

KeyEvent의 가상 키는 다음 표와 같다.

〔표 12.4〕 KeyEvent의 가상 키

가상키	설명	가상키	설명
VK_F1~VK_F12	F1~F12 키	VK_RIGHT	오른쪽 화살표 키
VK_0~VK_9	0~9까지 키	VK_PAGE_UP	Page Up 키
VK_A~VK_Z	A~Z까지 키	VK_PAGE_DOWN	Page Down 키
VK_END	End 키	VK_ENTER	Enter 키
VK_CAPSLOCK	Caps Lock 키	VK_SHIFT	Shift 키
VK_LEHT	왼쪽 화살표 키	VK_TAB	Tab 키

다음 예제는 색상 키('r', 'b', 'g', 'y')를 눌러 배경색을 변경하고 "s"키를 누르면 종료하도록 처리하는 프로그램이다.

✎ **예제 12-22** KeyBackColorEx.java

```java
import java.awt.*;
import java.awt.event.*;
import javax.swing.*;

public class KeyBackColorEx extends JFrame {
    JLabel la = new JLabel("r, g, b, y, s키를 누르세요");
    String st;
    KeyBackColorEx() {
        super("KeyListener 키 이벤트 예제");
        setDefaultCloseOperation(JFrame.EXIT_ON_CLOSE);
        Container c = getContentPane();          // 컨텐트팬 알아내기
        c.setLayout(new FlowLayout());
        c.add(la);
        c.addKeyListener(new MyKeyListener()); // 키 리스너 등록
        c.add(new JLabel(st));
        setSize(250, 150);
        setVisible(true);
        c.requestFocus(); // 컨텐트팬에 포커스 설정. 키 입력 가능해짐
    }

    class MyKeyListener extends KeyAdapter { // 키 리스너
        public void keyPressed(KeyEvent e) {
            char ch=e.getKeyChar();
            switch (ch) {  // 입력된 키 문자
                case 'b':     // 'b' 키 입력
                    la.setText("파란색 배경색");
                    // 컨텐트팬의 배경색 설정
                    getContentPane().setBackground(Color.blue);
                    break;
                case 'r' :
```

```
            la.setText("빨간색 배경색");
            // 컨텐트팬의 배경색 설정
            getContentPane().setBackground(Color.red);
            break;
          case 'g' :
            la.setText("초록색 배경색");
            // 컨텐트팬의 배경색 설정
            getContentPane().setBackground(Color.green);
            break;
          case 'y' :
            la.setText("노란색 배경색");
            // 컨텐트팬의 배경색 설정
            getContentPane().setBackground(Color.yellow);
            break;
          case 's' :
            System.exit(0); // 프로그램 종료
        }
      }
    }
    public static void main(String[] args) {
        new KeyBackColorEx();
    }
}
```

실행결과

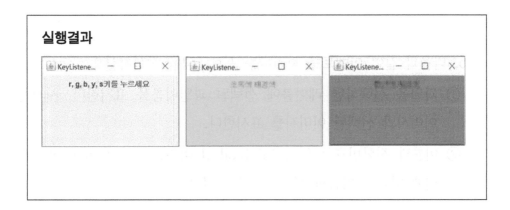

1. 이벤트란? 자바에서 이벤트를 처리하는 방법을 예를 들어 설명하시오.

2. 자바에서 처리하는 이벤트 유형에는 어떤 것들이 있는가?

3. 자바에서 처리하는 이벤트 유형을 예를 들어 서로 비교하시오.

4. 마우스와 관련된 이벤트에는 어떤 것이 있는가? 마우스 이벤트를 처리하기 위해 어떤 클래스를 사용하는 지 기술하고 이 클래스들을 사용하는 이유를 설명하시오.

5. 다음과 같이 이벤트를 처리하는 프로그램을 작성하시오.
   ① 과일을 선택하면 레이블에 선택된 과일이름을 표시한다. 사과는 기본 이미지와 선택된 이미지를 표시한다.
   ② 이름과 전화번호를 입력하고 [call...] 버튼을 누르면 내용 옆 텍스트영역에 입력한 이름과 전화번호를 표시한다.

③ [색상] 버튼을 누르면 JColorChooser의 색상 팔레트를 열어 색상을 선택해 배경색을 변경한다.

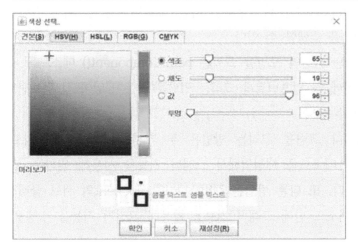

13 그래픽

자바에서 그래픽 기능을 활용하여 화려하고 다양한 GUI 프로그램을 작성할 수 있다. 선이나 사각형, 타원, 호, 다각형 등 여러 가지 형태의 도형을 그릴 수 있는 기능을 자바에서 제공한다.

13.1 Graphics 클래스

자바에서 그래픽 기능을 이용하기 위해 java.awt 패키지의 Graphics 클래스를 사용하고 이것을 import해서 선, 사각형, 타원, 호, 다각형 등 여러 가지 형태의 도형을 그리는 기능을 수행할 수 있다.

자바의 컴포넌트는 자신의 모양을 그리는 **paintComponent()** 메소드를 갖고 있는데, 이 메소드 안에 각 컴포넌트를 그리는 명령문이 들어 있어 각 컴포넌트의 모양을 화면에 그릴 수 있다.

자바에서 도형이나 그림을 그리는 방법은 두 가지가 있다. 패널 컴포넌트의 paintComponent() 메소드를 재정의해서 그래픽 기능을 사용해 원하는 도형이나 그림을 그릴 수 있다. 또 다른 방법은 캔버스나 JComponent의 서브 클래스를 생성한 후, **paint()** 메소드 안에 그래픽 기능을 활용해 그리기 기능을 수행할 수 있다.

간단하게 그리기 기능을 사용하거나 해당 컴포넌트를 원래 모양과 다르게 나타낼 경우에는 paintComponent() 메소드를 사용하고, 게임이나 그림 등 복잡한 그리기 기능을 수행할 경우에는 캔버스의 paint() 메소드를 활용하고 새로운 컴포넌트를 만들어 그림을 그릴 경우 JComponent를 사용한다.

그리기 기능을 갖는 Graphics 클래스는 java.awt 패키지 안에 있으므로 그리기 작업을 수행하려면 Graphics 클래스를 import해야 한다.

```
import java.awt.Graphics;
```

문자열 그리기

문자열을 그리기 위해 **drawString()** 메소드를 사용하고, 문자열을 그릴 때 문자의 색과 폰트를 선택하여 그릴 수 있다.

문자열을 그릴 경우 drawString() 메소드를 사용하는데, 문자열을 그리기 위해 세 개의 실인수를 갖는다. 첫 번째 실인수는 프레임에 표시할 문자열을 지정하는 것이고, 두 번째는 x 좌표지점, 세 번째는 y 좌표지점을 나타내는데, 문자열을 표시할 (x, y) 좌표를 말한다.

```
g.drawString("문자열 그리기", 10, 10);
```

(10, 10) 지점에 "문자열 그리기"라는 내용을 표시한다.

drawString() 메소드와 같이 모든 그리기 메소드는 (x, y) 좌표를 나타내는 실인수를 갖는다. 프레임의 왼쪽 상단은 좌표의 시작점 (0, 0)을 나타내고, 시작점의 오른쪽 방향으로 x 좌표 값이 증가하고, 시작점의 아래쪽 방향으로 y좌표 값이 증가한다.

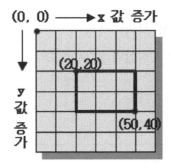

〔그림 13.1〕 자바 그래픽 좌표

[그림 13.1]에서 자바의 그래픽 좌표를 알 수 있고 사각형을 나타내는 두 좌표점은 (20, 20)과 (50, 40) 지점이다.

문자뿐만 아니라 선, 사각형, 타원, 원, 호, 다각형 등의 도형을 그릴 수 있다. Graphics 클래스에 기본적인 그리기 작업을 수행하는 메소드들이 있는데, 그리기 작업을 수행하기 위해 Graphics 객체를 생성하지 않아도 도형을 그릴 수 있다. 컴포넌트의 그리기 작업을 호출하는 paintComponent() 메소드와 캔버스에서 그림을 그리는 paint() 메소드에서 Graphics 객체를 실인수로 받았기 때문에 Graphics 객체를 따로 생성하지 않는다.

그리기 작업을 수행하기 위해 paintComponent() 메소드나 paint() 메소드 안에 도형이나 그림을 그리는 Graphics 클래스의 메소드를 호출한다.

13.2 선

자바에서 두 개의 좌표 지점을 주고 선을 그릴 수 있다. 선을 그리려면 **drawLine()** 메소드를 사용한다.

drawLine() 메소드
drawLine() 메소드를 사용하여 두 좌표 지점 사이에 선을 그릴 수 있다. 선을 그리기 위해 두 개의 좌표 지점을 지정하는데 시작점의 x, y 좌표와 끝점의 x, y 좌표를 지정한다.

```
g.drawLine(10, 10, 100, 100);
```

(10, 10) 지점에서 (100, 100) 지점까지 선을 그린다.

```
g.setColor(Color.BLUE);        // 파란색 설정
g.drawLine(10,10, 50,10);      // (10,10)에서 (50,10) 파란선 그리기
g.drawLine(10,150,150,150);    // (10,150)에서 (150,150) 파란선 그리기
```

13.3 사각형

자바에서는 네모난 사각형과 둥근 모서리 사각형을 제공한다. 사각형을 그리기 위해 **drawRect()** 메소드를 사용하고, 둥근 모서리 사각형을 그리기 위해 **drawRoundRect()** 메소드를 사용한다.

drawRect() 메소드

drawRect() 메소드를 사용하여 사각형을 그리는데, 시작점의 x, y 좌표와 사각형을 그리기 위한 가로 폭과 세로 높이 값을 지정하여 사각형을 그린다.

```
g.drawRect(10, 10, 40, 40);
```

(10, 10) 지점에서 시작해서 가로 폭이 40, 세로 높이가 40인 사각형을 그리므로 (10, 10) 지점에서 (50, 50) 지점까지의 사각형을 그린다.

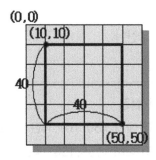

fillRect() 메소드

사각형 안을 색으로 채워서 그릴 경우 fillRect() 메소드를 사용하고, 사용하는 실인수는 drawRect()와 동일하다.

```
g.fillRect(10, 10, 40, 40);
```

(10, 10) 지점에서 시작해서 가로 폭이 40, 세로 높이가 40인 사각형을 그리면서 지정된 색으로 채워진다. 색상을 설정하지 않은 경우 기본 값은 검정색이다.

drawRoundRect() 메소드

둥근 모서리를 가진 사각형을 그릴 경우 drawRoundRect() 메소드를 사용한다. 둥근 모서리를 그리기 위해 실인수 2개를 더 추가하는데 둥근 모서리를 나타내기 위한 가로, 세로 크기를 끝에 추가하여 그린다.

```
g.drawRoundRect(10, 10, 40, 40, 5, 5);
```

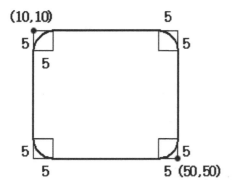

drawRoundRect() 메소드는 (10, 10) 지점에서 시작해서 가로 폭이 40, 세로 높이가 40인 사각형을 그리는데 가로 5, 세로 5인 사각형 안에 둥근모서리를 그린다.

fillRoundRect() 메소드

색으로 채워진 둥근 모서리 사각형을 그릴 경우 fillRoundRect() 메소드를 사용하고 drawRoundRect() 메소드와 실인수는 동일하다.

```
g.fillRoundRect(10, 10, 40, 40, 5, 5);
```

fillRoundRect() 메소드는 (10, 10) 지점에서 시작해서 가로 40, 세로 40인 사각형을 그리는데, 가로 5, 세로 5 안에 둥근 모서리를 갖고, 색으로 채워진 둥근 모서리 사각형을 그린다.

다음 예제는 선과 사각형과 둥근 모서리 사각형을 그리는 프로그램이다.

```java
import javax.swing.*;
import java.awt.*;

public class PanDrawRectEx extends JFrame {
    PanDrawRectEx() {
        setTitle("JPanel의 선과 사각형 그리기 예제");
        setDefaultCloseOperation(JFrame.EXIT_ON_CLOSE);
        setContentPane(new MyJPanel()); // 패널을 컨텐트팬으로 사용
        setSize(350,330);
        setVisible(true);
    }

    // JPanel을 상속받는 새 패널 구현
    class MyJPanel extends JPanel {
        public void paintComponent(Graphics g) {
            super.paintComponent(g); // JPanel의 paintComponent()호출
            String  msg = "선과 사각형 그리기";
            Font font = new Font("TimesRomans", Font.BOLD, 17);
            g.setFont(font);
            g.setColor(Color.blue);
            g.fillRect(10, 20, 80, 90);
            g.drawRect(130, 20, 80, 70);
            g.fillRoundRect(110, 80, 80, 90, 10, 10);
            g.drawString(msg, 20, 260);
            g.setColor(Color.red);
            g.drawRect(60, 70, 80, 80);
            g.drawRoundRect(200, 120, 90, 90, 25, 25);
            g.setColor(Color.BLUE);    // 파란색 설정
            g.drawLine(10,180,50,180); // (10,180)에서 (50,180) 파란선 그리기
            g.drawLine(10,220,150,220);// (10,220)에서 (150,220) 파란선 그리기
        }
```

```
    }

    public static void main(String [] args) {
        new PanDrawRectEx();
    }
}
```

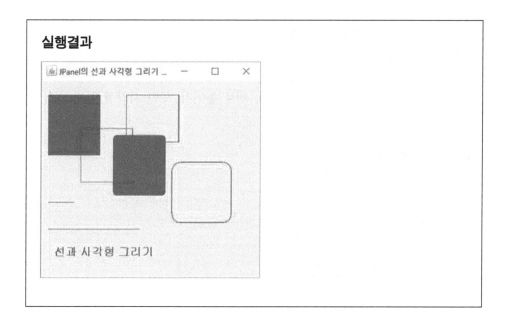

실행결과

선과 사각형 그리기

13.4 원, 타원, 호

원과 타원을 그리기 위해 **drawOval()** 메소드를 사용하고 실인수는 사각형과 동일하다. 원이나 타원이 그려질 사각형 영역을 가로 폭과 세로 높이로 지정하는데, 사각형의 가로와 세로의 크기가 같은 경우 원이 그려지고, 다른 경우 타원이 그려진다.

drawOval() 메소드

원이나 타원이 들어갈 사각형 영역의 왼쪽 상단의 x, y 좌표와 가로 폭과 세로 높이 값이 실인수로 들어간다.

```
g.drawOval(10, 10, 70, 70);
```

(10, 10) 지점에서 가로 폭이 70, 세로 높이가 70인 사각형 안에 원을 그린다.

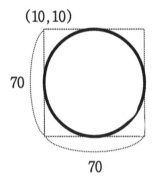

fillOval() 메소드

속이 색으로 채워진 원이나 타원을 그리기 위해 fillOval() 메소드를 사용하고, 실인수는 drawOval() 메소드와 동일하게 사용한다.

```
g.fillOval(10, 10, 70, 70);
```

가로와 세로의 크기가 같은 경우 원이 그려지고, 다른 경우는 타원이 그려진다. 색상을 별도로 지정하지 않으면 기본 색은 검정색이고, fillOval() 메소드의 경우 색상을 지정하면 지정된 색으로 채워진다.

```
g.setColor(Color.gray);        // 회색 지정
g.fillOval(10, 10, 70, 40);
```

(10,10)

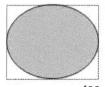

(80,50)

drawArc() 메소드

호를 그릴 경우 drawArc() 메소드를 사용하고 실인수는 총 6개로 시작점의 왼쪽 상단 좌표 점과 호를 그리기 위한 사각형 영역의 가로 폭과 세로 높이가 들어가고, 호를 그리기 위한 시작각과 호의 중심각을 차례대로 넣는다.

다음 문장에서 (x, y) 지점에 가로 폭 w와 세로 높이 h를 갖는 사각형 안에서 호를 그리게 되는데, 호의 시작각은 a°이고 호의 중심각은 b°이다. b가 양수이면 반시계방향으로 호를 그리고, 음수이면 시계방향으로 호를 그린다.

```
g.drawArc(x, y, w, h, a, b);    // b는 양수
```

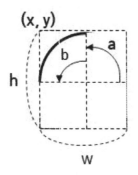

```
g.drawArc(10, 10, 70, 70, 50, 170);
```

(10, 10) 지점에서 가로 폭과 세로 높이가 70인 사각형 안에 호를 그리는데 호의 시작각은 50°이고 중심각은 170°이다. 중심각이 양수이면 반시계방향으로 호를 그리고, 중심각이 음수이면 시계방향으로 호를 그리는데, 중심각이 양수이므로 반시계방향으로 호를 그린다.

fillArc() 메소드

색으로 채워진 호를 그릴 경우 fillArc() 메소드를 사용하고 drawArc() 메소드와 실인수는 동일하다.

```
g.fillArc(100, 10, 50, 60, 90, 60);
```

(100, 10) 지점에서 가로 폭이 50, 세로 높이가 60인 사각형 안에 호를 그리는데
호의 시작각은 90°이고 중심각은 60°이다. 중심각이 양수이면 반시계방향으로 호를
그리고, 중심각이 음수이면 시계방향으로 호를 그리면서 지정된 색으로 호를 채우
는데, 중심각이 양수이므로 반시계방향으로 호를 그리면서 채운다.

    다음 예제는 원과 타원과 호를 그리는 프로그램이다.

 예제 13-2 DrawOvalArcEx.java

```java
import javax.swing.*;
import java.awt.*;

public class DrawOvalArcEx extends JFrame {
    DrawOvalArcEx() {
        setTitle("원, 타원, 호 그리기 예제");
        setDefaultCloseOperation(JFrame.EXIT_ON_CLOSE);
        setContentPane(new MyJPanel()); // 패널을 컨텐트팬으로 사용
        setSize(400,250);
        setVisible(true);
    }
    // JPanel을 상속받는 새 패널 구현
    class MyJPanel extends JPanel {
        public void paintComponent(Graphics g) {
            super.paintComponent(g); //JPanel의 paintComponent()호출
```

```java
            String  msg = "원, 타원, 호 그리기";
            Font font = new Font("TimesRomans", Font.BOLD, 17);
            g.setFont(font);
            g.setColor(Color.blue);
            g.drawString(msg, 20, 200);
            g.setColor(Color.red);
            g.drawOval(20, 10, 70, 70);
            g.drawOval(20, 100, 100, 50);
            g.setColor(Color.green);
            g.fillOval(50, 30, 80, 60);
            g.setColor(Color.green);
            g.drawArc(170, 10, 70, 70, 50, 170);
            g.fillArc(250, 110, 80, 120, 90, -110);
            g.setColor(Color.red);
            g.drawArc(250, 10, 100, 70, 30, -200);
            g.setColor(Color.blue);
            g.fillArc(150, 110, 90, 90, 20, 150);
        }
    }
    public static void main(String [] args) {
        new DrawOvalArcEx();
    }
}
```

실행결과

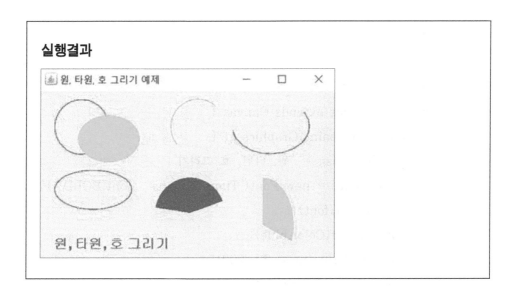

다음 예제는 캔버스를 사용해 캔버스 안에 도형을 그리는 프로그램이다. Canvas 서브 클래스의 **paint()** 메소드를 사용해 도형을 그릴 수 있는데, 도형을 그릴 경우 패널에 직접 그리는 것 보다 캔버스를 사용하는 것이 좋다.

 예제 13-3 DrawCanvasEx.java

```java
import javax.swing.*;
import java.awt.*;

public class DrawCanvasEx extends JFrame {
    DrawCanvasEx() {
        setTitle("캔버스에서 도형 그리기 예제");
        setDefaultCloseOperation(JFrame.EXIT_ON_CLOSE);
        add(new MyCanvas()); // 캔버스 프레임에 표시
        setSize(400,250);
        setVisible(true);
```

```java
        }

        // 캔버스 작성
    class MyCanvas extends Canvas {
        public void paint(Graphics g) {
            String  msg = "원, 타원, 호 그리기";
            Font font = new Font("TimesRomans", Font.BOLD, 17);
            g.setFont(font);
            g.setColor(Color.blue);
            g.drawString(msg, 20, 200);
            g.setColor(Color.red);
            g.drawOval(20, 10, 70, 70);
            g.drawOval(20, 100, 100, 50);
            g.setColor(Color.green);
            g.fillOval(50, 30, 80, 60);
            g.setColor(Color.green);
            g.drawArc(170, 10, 70, 70, 50, 170);
            g.fillArc(250, 110, 80, 120, 90, -110);
            g.setColor(Color.red);
            g.drawArc(250, 10, 100, 70, 30, -200);
            g.setColor(Color.blue);
            g.fillArc(150, 110, 90, 90, 20, 150);
        }
    }
    public static void main(String [] args) {
        new DrawCanvasEx();
    }
}
```

실행결과

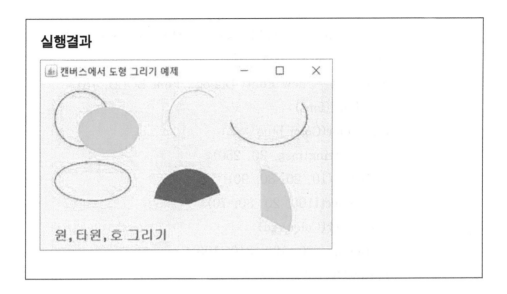

다음 예제는 캔버스에 여러 가지 모양의 도형을 그리는 프로그램이다.

✎ 예제 13-4 DrawAllEx.java

```java
import javax.swing.*;
import java.awt.*;
public class DrawAllEx extends JFrame {
    DrawAllEx() {
        setTitle("캔버스 도형 그리기 예제");
        setDefaultCloseOperation(JFrame.EXIT_ON_CLOSE);
        add(new MyCanvas());        // 캔버스를 프레임에 표시
        setSize(400,300);
        setVisible(true);
    }

    // Canvas 작성
    class MyCanvas extends Canvas {
```

```java
public void paint(Graphics g) { // 캔버스에 도형을 그린다.
    String  msg = "도형 그리기";
    Font font = new Font("Dialog", Font.BOLD, 15);
    g.setFont(font);
    g.setColor(Color.blue);
    g.drawString(msg, 20, 250);
    g.fillRect(10, 20, 80, 90);
    g.drawRect(100, 20, 80, 70);
    g.setColor(Color.red);
    g.drawLine(20, 190, 310, 190);
    g.drawOval(220, 80, 70, 70);
    g.setColor(Color.green);
    g.drawString(msg, 20, 220);
    g.fillRoundRect(110, 80, 80, 90, 20, 20);
    g.drawArc(220, 10, 70, 70, 50, 170);
    g.fillArc(250, 10, 50, 60, 20, 150);
    }
}
public static void main(String [] args) {
    new DrawAllEx();
    }
}
```

실행결과

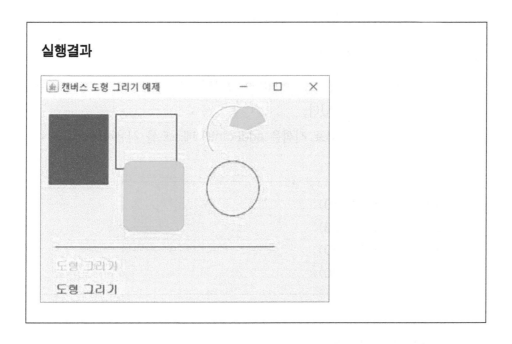

13.5 다각형

자바에서는 여러 가지 모양의 다각형을 그릴 수 있는 방법을 제공하는데 여러 개의 좌표 지점을 주고 각 모서리 지점을 연결하여 다각형을 그릴 수 있다. 다각형을 그리려면 **Polygon** 객체를 생성한다.

다각형 객체를 생성하는 방법은 다음과 같다.

```
Polygon p = new Polygon();
```

다각형을 그리기 위해 다각형의 각 좌표 지점을 지정하는데, **addPoint()** 메소드를 사용하는 방법과 배열을 사용하는 방법 두 가지가 있다.

13.5.1 addPoint() 메소드

Polygon 객체를 생성하고 **addPoint()** 메소드를 사용하여 각 좌표 지점을 추가하여 다각형을 그릴 수 있다.

다각형을 그릴 각 좌표 지점은 addPoint() 메소드를 사용하여 추가한다.

```
p.addPoint(10, 10);
p.addPoint(50, 25);
p.addPoint(30, 50);
p.addPoint(10, 30);
```

drawPolygon() 메소드

다각형을 그릴 경우 drawPolygon() 메소드를 사용하는데, 좌표 지점을 모두 넣은 후에 drawPolygon() 메소드로 다각형을 드린다.

```
g.drawPolygon(p);
```

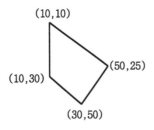

네 개의 좌표 지점인 (10, 10), (50, 25), (30, 50), (10, 30)을 넣으면 각 모서리를 연결한 다각형을 그린다. 시작점인 (10, 10)과 동일한 값을 끝점으로 넣지 않더

라도 각 모서리를 연결한 다각형이 그려진다.

13.2.2 배열 사용

x 좌표 값과 y 좌표 값을 각각 서로 다른 배열에 생성한 후 배열을 실인수로 받아 다각형을 그린다.

다음과 같이 네 개의 x 좌표 값과 y 좌표 값을 동일한 순서대로 배열에 지정한다.

```
int[] xPoints = {10, 50, 30, 10}    // x 좌표
int[] yPoints = {10, 25, 50, 30}    // y 좌표
int nPoints = xPoints.length;
g.drawPolygon(xPoints, yPoints, nPoints);
```

실행 결과는 addPoint() 메소드를 사용한 것과 동일하다.

fillPolyon() 메소드

다각형을 색으로 채울 경우 fillPolyon() 메소드를 사용하고 drawPolygon() 메소드와 동일한 방법으로 다각형을 그린다.

다음 예제는 세 개의 다각형을 그리는 프로그램이다.

 예제 13-5 DrawPolygonEx.java

```java
import javax.swing.*;
import java.awt.*;
public class DrawPolygonEx extends JFrame {
    DrawPolygonEx() {
```

```java
        setTitle("다각형 그리기 예제");
        setDefaultCloseOperation(JFrame.EXIT_ON_CLOSE);
        setContentPane(new MyJPanel()); // 패널을 컨텐트팬으로 사용
        setSize(400,300);
        setVisible(true);
    }
// JPanel을 상속받는 새 패널 구현
class MyJPanel extends JPanel {
    public void paintComponent(Graphics g) {
        super.paintComponent(g); // JPanel의 paintComponent()호출
        String  msg = "다각형 그리기";
        Font font = new Font("Dialog", Font.BOLD, 15);
        g.setFont(font);
        g.setColor(Color.blue);
        g.drawString(msg, 20, 250);
        g.setColor(Color.green);
        Polygon p1 = new Polygon();
        p1.addPoint(60, 10);
        p1.addPoint(160, 80);
        p1.addPoint(110, 130);
        p1.addPoint(70, 60);
        p1.addPoint(60, 30);
        g.drawPolygon(p1);
        g.setColor(Color.red);
        Polygon p2 = new Polygon();
        p2.addPoint(210, 10);
        p2.addPoint(310, 80);
        p2.addPoint(260, 130);
        p2.addPoint(220, 60);
        p2.addPoint(210, 30);
        g.drawPolygon(p2);
        g.setColor(Color.blue);
        int[] xPoints = {190, 250, 240, 216, 160};
```

```
        int[] yPoints = {130, 180, 200, 220, 185};
        int nPoints = xPoints.length;
        g.fillPolygon(xPoints, yPoints, nPoints);
    }
  }
  public static void main(String [] args) {
      new DrawPolygonEx();
  }
}
```

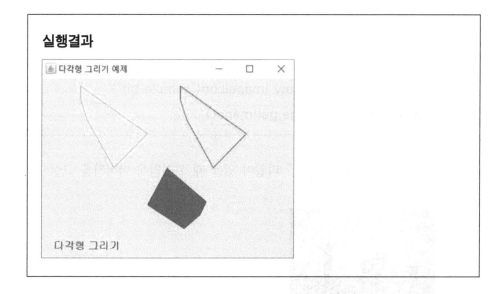

13.6 이미지 그리기

자바에서 이미지를 그리는 방법은 JLabel을 사용하는 방법이 있고 Graphics의
drawImage() 메소드를 사용하는 방법이 있다. JLabel을 사용할 경우 이미지 크기
를 제어하기 어렵지만 이벤트를 처리할 때 이미지를 관리하는 것이 쉽다.

drawImage() 메소드

drawImage() 메소드를 사용할 경우 원하는 위치에 원하는 크기로 이미지를 그릴 수 있다. ImageIcon 객체에 이미지 파일을 생성하고 Image 객체에 **getImage()** 메소드를 사용해 해당 이미지를 가져온다.

형식

ImageIcon image = new ImageIcon(이미지파일이름);

Image 객체명 = image.getImage();

사용 예

ImageIcon image = new ImageIcon("sample.gif")

Image sample = image.getImage();

다음과 같은 "sample.jpg" 파일이 있을 때 프레임에 이미지를 그릴 수 있다.

이미지 아이콘을 로딩할 때 자바 파일이 속한 자바 프로젝트와 그림 파일이 같은 폴더에 있는 경우에는 그림 파일명만 지정하고, 자바 프로젝트와 다른 폴더에 있는 경우 해당 경로명을 지정해야 한다.

예를 들면 "example.jpg"를 사용할 경우 자바 프로젝트 안에 "image" 폴더를 생성하고 이 폴더에 저장해서 사용할 수 있고, 자바 프로젝트와 같은 폴더에 저장해 사용할 수도 있다. 탐색기에서 그림 파일이나 이미지 폴더("image")를 복사

(ctrl+c)하고, 이클립스에서 해당 자바 프로젝트를 선택한 후 그림 파일이나 이미지 폴더("image")를 붙여넣기(ctrl+v)하거나, 탐색기에서 드래그 앤드 드롭으로 이미지 폴더나 그림 파일을 클릭해서 해당 자바프로젝트에 끌어서 놓으면 이미지를 사용할 수 있다.

Image 객체로 생성된 sample을 화면에 원본 크기대로 그리기 위해서 다음과 같이 **drawImage()** 메소드를 사용한다.

```
g.drawImage(sample, x, y, this);  // (x, y) 지점에 이미지 그리기
```

첫 번째 실인수는 Image 객체 이름이고, x와 y는 이미지를 표시할 (x, y) 좌표 지점이고 마지막은 ImageObserver로 이미지를 관리하는 인터페이스를 말하는데 키워드 **this**를 사용한다.

```
g.drawImage(sample, 20, 20, this);
```

위에서 정의한 이미지 객체인 sample을 (20, 20) 지점에 그린다.
이미지의 원래 사이즈가 아닌 다른 사이즈로 이미지를 표시할 경우 가로 폭과

세로 높이를 w, h로 나타내어 다음과 같이 작성한다.

```
g.drawImage(sample, x, y, w, h, this);
```

다음 예제는 "image" 폴더 안에 있는 "example.jpg"를 사용해 축소된 사이즈와 원본 사이즈로 이미지를 표시하는 프로그램이다.

 예제 13-6 DrawImageEx.java

```java
import javax.swing.*;
import java.awt.*;

public class DrawImageEx extends JFrame {
    DrawImageEx() {
        setTitle("이미지 그리기");
        setDefaultCloseOperation(JFrame.EXIT_ON_CLOSE);
        setContentPane(new MyPanel());
        setSize(500, 630);
        setVisible(true);
    }
    class MyPanel extends JPanel {
        ImageIcon image = new ImageIcon("image/example.jpg");
        Image img = image.getImage(); // 이미지 객체
        public void paintComponent(Graphics g) {
            super.paintComponent(g);
            Font font = new Font("TimesRomans", Font.BOLD, 17);
            g.setFont(font);
            g.drawString("120×100 크기 이미지",20,150);
            g.drawImage(img, 20, 20, 120, 100, this);    // 120×100
```

```
        g.drawString("원본크기 이미지",20,550);
        // 이미지를 패널의 (20,180) 지점에 원래 크기로 그린다.
        g.drawImage(img, 20, 180, this);
    }
  }
  public static void main(String [] args) {
      new DrawImageEx();
  }
}
```

실행결과

첫 번째 그림은 이미지를 120×100 사이즈로 표시한 것이고, 두 번째 그림은 원본 사이즈대로 표시한 것이다.

다음 예제는 버튼을 클릭해 얼굴을 그리는 이벤트를 처리하는 프로그램으로, JColorChooser 클래스의 색상 팔레트를 사용해서 색상을 선택하고 두 가지 유형의 얼굴을 그리는데, JComponent의 서브 클래스의 **paint()** 메소드를 사용해 그림을 그린다.

 예제 13-7 FaceCompEx.java

```java
import javax.swing.*;
import java.awt.event.*;
import java.awt.*;

public class FaceCompEx extends JFrame implements ActionListener
{
  MyFaceComp comp;
  JButton[] bt = new JButton[5];    // 멤버 변수로 선언
  String[] str = {"웃는 얼굴","얼굴 색","눈동자 색","입술 색","화난 얼굴"};

  public FaceCompEx(){
    setLayout(null);
    for (int i = 0; i < str.length; i++) {
      bt[i] = new JButton(str[i]);
      bt[i].addActionListener(this);
      bt[i].setBounds(260, 60+40*i, 100, 30);
      add(bt[i]);
    }
    comp = new MyFaceComp();
    comp.setBounds(10,10,400,340);
```

```java
        add(comp);
        setSize(410,350); // Frame size
        setDefaultCloseOperation(JFrame.EXIT_ON_CLOSE);
        setTitle("얼굴 그리기");
        setVisible(true);
        setResizable(false); // 사이즈 고정
    }
    public void actionPerformed(ActionEvent e){
        Object obj = e.getSource();
        if( obj == bt[1] ){           // 얼굴색
            Color FaceColor = JColorChooser.showDialog(null,
                            "색상을 선택하세요.", Color.BLACK);
            comp.SetFaceColor(FaceColor);
            comp.paint(comp.getGraphics());
        }else if(obj == bt[0]){        // 웃는 얼굴
            comp.IsSmile();
            comp.paint(comp.getGraphics());
        }else  if(obj == bt[4]){       // 화난 얼굴
            comp.IsNotSmile();
            comp.paint(comp.getGraphics());
        }else  if( obj == bt[2] ){     // 눈동자색
            Color eyeColor =  JColorChooser.showDialog(null,
                            "색상을 선택하세요.", Color.BLACK);
            comp.SetEyeColor(eyeColor);
            comp.paint(comp.getGraphics());
        } else  if( obj == bt[3] ){    // 입술색
            Color lipColor =  JColorChooser.showDialog(null,
                            "색상을 선택하세요.", Color.BLACK);
            comp.SetlipColor(lipColor);
            comp.paint(comp.getGraphics());
        }
    }
    public static void main(String[] args){
```

```
            new FaceCompEx();
      }
   }
   class MyFaceComp extends JComponent {
      int mode;
      Color eyeColor, faceColor, lipColor, color;

      MyFaceComp(){
         color = eyeColor = lipColor = Color.DARK_GRAY;
         faceColor = Color.pink;
         mode=0;
      }
      void SetEyeColor(Color c){ eyeColor =c;  }
      void SetlipColor(Color c){ lipColor =c;  }
      void SetFaceColor(Color c){ faceColor = c; }
      void IsSmile(){ mode=1; }
      void IsNotSmile(){ mode=2; }
      public void paint(Graphics g){    // 얼굴 그리기
         g.setColor(faceColor);           // 기본 얼굴색
         g.fillOval(10,50,200,200);       // 얼굴 크기
         g.setColor(color);               // 기본 테두리색
         if(mode==0)
         { g.setColor(eyeColor);          // 눈 색
            g.fillOval(50,120,40,20);      // 왼쪽 눈
            g.fillOval(130,120,40,20);     // 오른쪽 눈
            g.setColor(lipColor);
            g.drawArc(40,110,142,120,180,180); // 입술 그리기
         }
         else if(mode==1){                          // 웃는 얼굴
            g.setColor(eyeColor);                    // 눈 색
            g.drawArc(50,120,40,20,180,-180);  // 왼쪽 눈
            g.drawArc(130,120,40,20,180,-180); // 오른쪽 눈
            g.setColor(lipColor);
```

```
    g.drawArc(40,110,142,120,180,180);  // 입술
}else{   // 화난 얼굴
    g.setColor(eyeColor);                    // 눈 색
    g.drawLine(50,120,90,120);             // 왼쪽 눈
    g.drawLine(130,120,170,120);          // 오른쪽 눈
    g.setColor(lipColor);
    g.drawArc(65,180,90,50,180,-180);   // 입술
    }
  }
}
```

실행결과

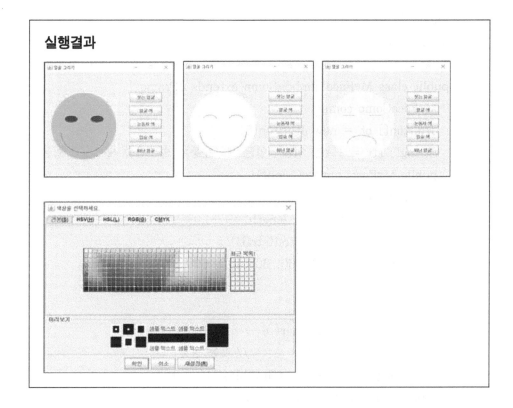

　[얼굴색], [눈동자색], [입술색] 버튼을 누르면 색상 팔레트를 사용해 얼굴색과 눈 동자색과 입술색을 각각 다른 색상으로 지정할 수 있고 웃는 얼굴과 화난 얼굴을

표시할 수 있다.

comp.paint() 메소드를 호출해 얼굴을 그리는데, paint() 메소드의 매개변수가 Graphics 객체이므로, **comp.getGraphics()** 메소드를 사용해 comp 컴퍼넌트의 Graphics 객체를 반환해서 paint() 메소드의 실인수로 전달한다. getGraphics() 메소드는 Graphics 객체를 반환하는 메소드이다.

다음 예제는 람다식을 사용하여 예제 13-7의 이벤트를 처리하는 프로그램이다.

 예제 13-8 MyFaceLambdaComp.java

```java
import javax.swing.*;
import java.awt.*;

public class MyFaceLambdaComp extends JFrame {
  MyFaceComp comp;
  JButton[] bt = new JButton[5];
  String[] str = {"웃는 얼굴","얼굴 색","눈동자 색","입술 색","화난 얼굴"};
  public MyFaceLambdaComp(){
    setLayout(null);
    for (int i = 0; i < str.length; i++) {
        bt[i] = new JButton(str[i]);
        bt[i].setBounds(260, 60+40*i, 100, 30);
        add(bt[i]);
     }
    bt[0].addActionListener( e ->
     { comp.IsSmile();            // 웃는 얼굴
       comp.paint(comp.getGraphics()); } );
    bt[1].addActionListener( e ->
     { Color FaceColor = JColorChooser.showDialog(null,
                   "색상을 선택하세요.", Color.BLACK);
```

```
         comp.SetFaceColor(FaceColor);      // 얼굴 색 지정
         comp.paint(comp.getGraphics());  } );
      bt[2].addActionListener( e ->
       { Color eyeColor = JColorChooser.showDialog(null,
                      "색상을 선택하세요.", Color.BLACK);
         comp.SetEyeColor(eyeColor);    // 눈동자색 지정
         comp.paint(comp.getGraphics()); } );
      bt[3].addActionListener( e ->
       { Color lipColor = JColorChooser.showDialog(null,
                      "색상을 선택하세요.", Color.BLACK);
         comp.SetlipColor(lipColor);       // 입술색 지정
         comp.paint(comp.getGraphics());  } );
      bt[4].addActionListener( e ->
        { comp.IsNotSmile();       // 화난 얼굴
          comp.paint(comp.getGraphics());  } );
      comp = new MyFaceComp();
      comp.setBounds(10,10,400,340);
      add(comp);
      setSize(410,350);            // 프레임 크기
      setDefaultCloseOperation(JFrame.EXIT_ON_CLOSE);
      setTitle("얼굴 그리기");
      setVisible(true);
      setResizable(false);   // 사이즈 고정
   }

   public static void main(String[] args){
      new MyFaceLambdaComp();
   }
}
class MyFaceComp extends JComponent {
   int mode;
   Color eyeColor, faceColor, lipColor, color;
```

```
MyFaceComp(){
    color = eyeColor = lipColor = Color.DARK_GRAY;
    faceColor = Color.pink;
    mode=0;
}
void SetEyeColor(Color c){ eyeColor =c;  }
void SetlipColor(Color c){ lipColor =c;  }
void SetFaceColor(Color c){ faceColor = c; }
void IsSmile(){ mode=1; }
void IsNotSmile(){ mode=2; }
public void paint(Graphics g){      // 얼굴 그리기
    g.setColor(faceColor);          // 기본 얼굴색
    g.fillOval(10,50,200,200);      // 얼굴 크기
    g.setColor(color);              // 기본 테두리색
    if(mode==0)
    { g.setColor(eyeColor);         // 눈 색
      g.fillOval(50,120,40,20);     // 왼쪽 눈
      g.fillOval(130,120,40,20);    // 오른쪽 눈
      g.setColor(lipColor);
      g.drawArc(40,110,142,120,180,180); //입술 그리기
    }
    else if(mode==1){                         // 웃는 얼굴
      g.setColor(eyeColor);                   // 눈 색
      g.drawArc(50,120,40,20,180,-180);       // 왼쪽 눈
      g.drawArc(130,120,40,20,180,-180);      // 오른쪽 눈
      g.setColor(lipColor);
      g.drawArc(40,110,142,120,180,180);      // 입술
    } else {   // 화난 얼굴
      g.setColor(eyeColor);                   // 눈 색
      g.drawLine(50,120,90,120);              // 왼쪽 눈
      g.drawLine(130,120,170,120);            // 오른쪽 눈
```

```
        g.setColor(lipColor);
        g.drawArc(65,180,90,50,180,-180);   // 입술
    }
}
}
```

실행결과

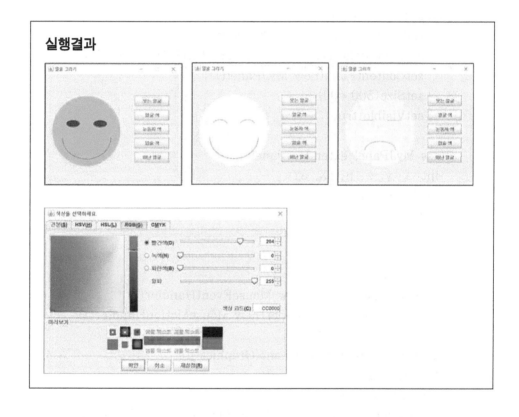

다음 예제는 마우스를 이동하면서 드래그하여 사각형을 그리는 프로그램이다. **getX()** 메소드는 이벤트가 발생한 x 지점의 좌표 값을 얻는 것이고, **getY()** 메소드는 이벤트가 발생한 y 지점의 좌표 값을 얻는 것이다. MouseAdapter와 MouseMotionAdapter 클래스를 상속받아 이벤트를 처리하는데, 필요한 메소드에 대해서만 이벤트 처리기를 작성한다.

```java
import javax.swing.*;
import java.awt.*;
import java.awt.event.*;

public class DrawMouseEvt extends JFrame {
  public DrawMouseEvt() {
      setTitle("사각형 그리기 이벤트 예제");
      setDefaultCloseOperation(JFrame.EXIT_ON_CLOSE);
      setContentPane(new MyJPanel());
      setSize(500,400);
      setVisible(true);
  }
  class MyJPanel extends JPanel {
    int  x, y, w, h, eX, eY;
    MyJPanel(){
      x= 0;
      y = 0;
      w = 5;
      h = 5;
      addMouseListener(new MouseEventHandler());
      addMouseMotionListener(new MouseMotionHandler());
    }
    public void paintComponent(Graphics g) {
      super.paintComponent(g);
      g.setColor(Color.blue);
      Font font = new Font("TimesRomans", Font.BOLD, 17);
      g.setFont(font);
      g.drawString("마우스를 드래그해서 사각형을 그리세요.", 20, 20);
      g.setColor(Color.darkGray);
      int xx = Math.min(x, eX); // 오른쪽에서 왼쪽으로 그릴경우 작은 값 대입
      int yy = Math.min(y, eY); // 아래에서 위로 그릴 경우 작은 값 대입
      g.drawRect(xx, yy, w, h);
    }
```

```java
public class MouseEventHandler extends MouseAdapter {
    public void mousePressed(MouseEvent e) {
        x = e.getX();
        y = e.getY();
        setTitle("좌표 지점 ( "+x+" , "+y+" )");
    }
    public void mouseReleased(MouseEvent e) {
        eX = e.getX(); eY = e.getY();
        w = Math.abs(x - eX);
        h = Math.abs(y - eY);
    }
    public void mouseEntered(MouseEvent e) {
        Component com= (Component)e.getSource();
        com.setBackground(Color.GREEN);  // 마우스가 들어올 때 색변경
    }
    public void mouseExited(MouseEvent e) {
        Component com = (Component)e.getSource();
        com.setBackground(Color.YELLOW); // 마우스가 나갈 때 색변경
    }
}
public class MouseMotionHandler extends MouseMotionAdapter
{ public void mouseDragged(MouseEvent e) {
        eX = e.getX(); eY = e.getY();
        w = Math.abs(x - eX);
        h = Math.abs(y - eY);
        repaint();
        setTitle("좌표 지점 ( "+x+" , "+y+" )");  }
    }
}
public static void main(String [] args) {
    new DrawMouseEvt();
}
}
```

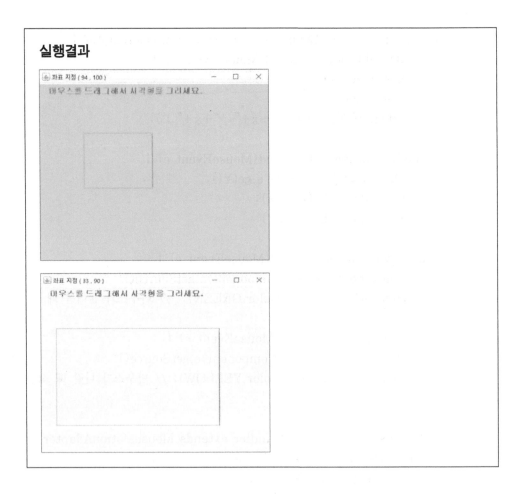

실행결과

다음 예제는 네 가지 도형을 그리는 [Line], [Oval], [Rect], [Round] 버튼을 만들어 해당 버튼을 클릭한 후 마우스를 드래그하면서 선택한 도형을 그려주는 프로그램이다. 패널의 **paintComponent()** 메소드를 사용해 도형을 그린다.

✎ 예제 13-10 VarDrawEvt.java

```
import javax.swing.*;
import java.awt.*;
import java.awt.event.*;
```

```java
public class VarDrawEvt extends JFrame {
    public VarDrawEvt() {
        setTitle("사각형 그리기 이벤트 예제");
        setDefaultCloseOperation(JFrame.EXIT_ON_CLOSE);
        setContentPane(new MyJPanel());
        setSize(500,400);
        setVisible(true);
    }
    class MyJPanel extends JPanel implements ActionListener{
        int  p, x, y, w, h, eX, eY;
        JButton[] bt = new JButton[4];
        String[] str = {"Line", "Oval", "Rect", "Round"};
        MyJPanel(){
            x = 0;
            y = 0;
            w = 5;
            h = 5;
            setLayout(new BorderLayout());
            JPanel pan = new JPanel();
            pan.setLayout(new FlowLayout(FlowLayout.CENTER, 20, 10));
            pan.setBackground(Color.darkGray);
            add("South", pan);
            for (int i = 0; i < str.length; i++) {    // 버튼 네 개 생성
                bt[i] = new JButton(str[i]);
                bt[i].addActionListener(this);
                pan.add(bt[i]);
            }
            addMouseListener(new MouseEventHandler());
            addMouseMotionListener(new MouseMotionHandler());
        }
        public void paintComponent(Graphics g) {
```

```java
        super.paintComponent(g);
        g.setColor(Color.blue);
        Font font = new Font("TimesRomans", Font.BOLD, 17);
        g.setFont(font);
        g.drawString("마우스를 드래그해서 도형을 그리세요.", 70, 20);
        g.setColor(Color.darkGray);
        int xx = Math.min(x, eX);
        int yy = Math.min(y, eY);
        if(p==2)
            g.drawLine(x, y, eX, eY);
        else if(p==3)
            g.drawOval(xx, yy, w, h);
        else if(p==4)
            g.drawRect(xx, yy, w, h);
        else if(p==5)
            g.drawRoundRect(xx, yy, w, h, 20, 20);
    }
    public void actionPerformed (ActionEvent e) {
        String cmd = e.getActionCommand();
        if(cmd.equals("Line"))
            p = 2;
        else if(cmd.equals("Oval"))
            p = 3;
        else if(cmd.equals("Rect"))
            p = 4;
        else if(cmd.equals("Round"))
            p = 5;
    }

    public class MouseEventHandler extends MouseAdapter {
        public void mousePressed(MouseEvent e) {
```

```
            x = e.getX();
            y = e.getY();
            setTitle("좌표 지점 ( "+x+" , "+y+" )");
        }
        public void mouseReleased(MouseEvent e) {
            eX = e.getX(); eY = e.getY();
            w = Math.abs(x - eX);
            h = Math.abs(y - eY);
        }
    public void mouseEntered(MouseEvent e) {
        Component com = (Component)e.getSource();
        com.setBackground(Color.GREEN); // 마우스가 들어올 때 색변경
    }
    public void mouseExited(MouseEvent e) {
        Component com = (Component)e.getSource();
        com.setBackground(Color.YELLOW); // 마우스가 나갈 때 색 변경
        }
    }
    public class MouseMotionHandler extends MouseMotionAdapter {
        public void mouseDragged(MouseEvent e) {
            eX = e.getX(); eY = e.getY();
            w = Math.abs(x - eX);
            h = Math.abs(y - eY);
            repaint();
            setTitle("좌표 지점 ( "+eX+" , "+eY+" )");        }
    }
    }
    public static void main(String [] args) {
        new VarDrawEvt();
    }
    }
```

실행결과

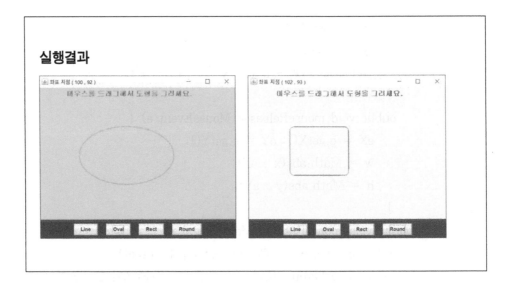

다음 예제는 버튼 이벤트만 람다식을 사용해 예제 13-10의 이벤트를 처리하는 프로그램이다.

✎ 예제 13-11 VarDrawLambdaEvt.java

```
import javax.swing.*;
import java.awt.*;
import java.awt.event.*;

public class VarDrawLambdaEvt extends JFrame {
    public VarDrawLambdaEvt() {
        setTitle("사각형 그리기 이벤트 예제");
        setDefaultCloseOperation(JFrame.EXIT_ON_CLOSE);
        setContentPane(new MyJPanel());
        setSize(500,400);
        setVisible(true);
    }
```

```java
class MyJPanel extends JPanel {
    int  p, x, y, eX, eY, w, h;
    JButton[] bt = new JButton[4];   // 멤버 배열로 선언
    String[] str = {"Line", "Oval", "Rect", "Round"};
    MyJPanel(){
        x = 0;
        y = 0;
        w = 5;
        h = 5;
        setLayout(new BorderLayout());
        JPanel pan =new JPanel();
        pan.setLayout(new FlowLayout(FlowLayout.CENTER, 20, 10));
        pan.setBackground(Color.darkGray);
        add("South", pan);
        for (int i = 0; i < str.length; i++) { // 버튼 네 개 생성
            bt[i] = new JButton(str[i]);
            pan.add(bt[i]);
         }
        bt[0].addActionListener( e-> p = 2 );
        bt[1].addActionListener( e-> p = 3 );
        bt[2].addActionListener( e-> p = 4 );
        bt[3].addActionListener( e-> p = 5 );
        addMouseListener(new MouseEventHandler());
        addMouseMotionListener(new MouseMotionHandler());
    }
    public void paintComponent(Graphics g) {
        super.paintComponent(g);
        g.setColor(Color.blue);
        Font font = new Font("TimesRomans", Font.BOLD, 17);
        g.setFont(font);
        g.drawString("마우스를 드래그해서 도형을 그리세요.", 70, 20);
        g.setColor(Color.darkGray);
        int xx = Math.min(x, eX);
```

```java
      int yy = Math.min(y, eY);
      if(p==2)
        g.drawLine(x, y, eX, eY);
      else if(p==3)
        g.drawOval(xx, yy, w, h);
      else if(p==4)
        g.drawRect(xx, yy, w, h);
      else if(p==5)
        g.drawRoundRect(xx, yy, w, h, 20, 20);
    }


  public class MouseEventHandler extends MouseAdapter {
    public void mousePressed(MouseEvent e) {
      x = e.getX();
      y = e.getY();
      setTitle("좌표 지점 ( "+x+" , "+y+" )");
    }
    public void mouseReleased(MouseEvent e) {
      w = Math.abs(x - e.getX());
      h = Math.abs(y - e.getY());
    }
    public void mouseEntered(MouseEvent e) {
      Component com = (Component)e.getSource();
      com.setBackground(Color.GREEN); // 마우스가 들어올 때 색 변경
    }
    public void mouseExited(MouseEvent e) {
      Component com = (Component)e.getSource();
      com.setBackground(Color.YELLOW); // 마우스가 나갈 때 색 변경
    }
  }
  public class MouseMotionHandler extends MouseMotionAdapter {
    public void mouseDragged(MouseEvent e) {
      eX = e.getX();
```

```
                    eY = e.getY();
                    w = Math.abs(x - eX);
                    h = Math.abs(y -  eY);
                    repaint();
                    setTitle("좌표 지점 ( "+eX+" , "+eY+" )");
                }
            }
        }
        public static void main(String [] args) {
            new VarDrawLambdaEvt();
        }
    }
```

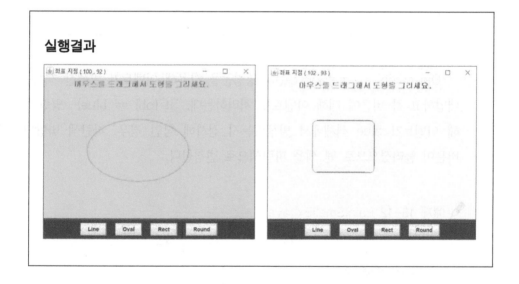

다음 예제는 마우스를 움직여 캔버스에 그림을 그리는 프로그램이다. 배경색을 바꾸는 기능이 있고 원하는 색상을 선택하여 선택한 색상으로 그림을 그리는 기능이 있다. [지우개] 버튼을 사용해 그려진 그림의 일부분을 지울 수 있고 [모두 지우기] 버튼으로 모든 그림을 한꺼번에 지울 수 있다. [펜 크게], [펜 작게] 버튼은 그려지는 펜의 두께를 크게 조정하거나 작게 조정한다.

마우스를 움직여서 그림을 그리고, 마우스를 클릭한 상태에서 다른 위치로 이동해서 다시 그릴 수 있다.

여백을 조정하는 Insets 클래스를 생성하면서 상(上), 좌(左), 하(下), 우(右) 값을 순서대로 지정해 여백을 조정할 수 있고, **getInsets()** 메소드를 사용해 패널 pan1의 바깥 여백을 가져온다.

```
pan1 = new JPanel(new GridLayout(10,0)) {
  public Insets getInsets(){
    return new Insets(10, 10, 10, 10); // 상(上),좌(左),하(下),우(右) 여백
  }
};
```

"Object obj = e.getSource();" 명령문을 사용해 이벤트가 발생한 객체를 obj에 대입하고 각 버튼에 대해 이벤트를 처리하는데, "if (obj == blue)" 명령문을 사용해 이벤트가 blue 객체에서 발생했는지 검사해 참인 경우, 파란색 바탕의 [펜색] 버튼이 눌러졌으므로 펜 색을 파란색으로 변경한다.

📝 **예제 13-12** PaintSmallEx.java

```
import java.awt.*;
import java.awt.event.*;
import javax.swing.*;
public class PaintSmallEx extends JFrame implements ActionListener
{ JPanel pLeft, pRight, pan1, pan2;
  JButton blue, yellow, green, red, pink;
  JButton plus, minus, erase, eraseAll;
  JButton bred, bgreen, bblue, bpink, byellow;
```

```java
CanvasDemo cd;
int x, y, w, h, p, col, sw;
Color color;

public PaintSmallEx() {
  super("그림판 Test");
  pLeft = new JPanel(new BorderLayout());
  pLeft.setBackground(Color.lightGray);
  add(pLeft,"West");
  pan1 = new JPanel(new GridLayout(10,0)){
    public Insets getInsets(){
      return new Insets(10, 10, 10, 10); //상, 좌, 하, 우 여백
    }
  };
  pLeft.add(pan1,"North");
  // pan1 패널에 버튼 생성
  blue = new JButton("펜색 ");
  blue.setBackground(Color.blue);
  yellow = new JButton("펜색");
  yellow.setBackground(Color.yellow);
  green = new JButton("펜색");
  green.setBackground(Color.green);
  red = new JButton("펜색 ");
  red.setBackground(Color.red);
  pink = new JButton("펜색 ");
  pink.setBackground(Color.pink);
  byellow = new JButton("배경색");
  byellow.setBackground(Color.yellow);
  bgreen = new JButton("배경색 ");
  bgreen.setBackground(Color.green);
  bblue = new JButton("배경색 ");
  bblue.setBackground(Color.blue);
  bred = new JButton("배경색 ");
  bred.setBackground(Color.red);
```

```java
bpink = new JButton("배경색 ");
bpink.setBackground(Color.pink);
pan1.add(yellow); pan1.add(green);
pan1.add(blue); pan1.add(red); pan1.add(pink);
pan1.add(byellow); pan1.add(bgreen);
pan1.add(bblue); pan1.add(bred); pan1.add(bpink);
// pan2 패널에 버튼 생성
plus = new JButton("펜 크게");
minus = new JButton("펜 작게");
erase = new JButton("지우개");
eraseAll = new JButton("모두 지우기");
pan2 = new JPanel(new GridLayout(4,1)){
    public Insets getInsets(){
        return new Insets(20, 10, 20, 10);
    }
};
pan2.add(plus); pan2.add(minus);
pan2.add(erase); pan2.add(eraseAll);
pLeft.add(pan2, "Center");
pRight = new JPanel(){
  public Insets getInsets(){
        return new Insets(0, 0, 0, 0);
    }
};
pRight.setBackground(Color.gray);
add(pRight, "Center");
cd = new CanvasDemo();
cd.setSize(500, 500);
pRight.add(cd);
cd.setBackground(Color.WHITE);
blue.addActionListener(this);
yellow.addActionListener(this);
green.addActionListener(this);
red.addActionListener(this);
```

```java
    pink.addActionListener(this);
    plus.addActionListener(this);
    green.addActionListener(this);
    bblue.addActionListener(this);
    byellow.addActionListener(this);
    bgreen.addActionListener(this);
    bpink.addActionListener(this);
    bred.addActionListener(this);
    plus.addActionListener(this);
    minus.addActionListener(this);
    erase.addActionListener(this);
    eraseAll.addActionListener(this);
    cd.addMouseMotionListener(new EventHandler());
    addWindowListener(new WindowAdapter() { // 프레임 창 닫기
       public void windowClosing(WindowEvent we){
          System.exit(0);
       }
    });
  }
  public void actionPerformed(ActionEvent e) {
    Object obj = e.getSource();
    sw = 0;
    // 〔펜색〕 버튼이 눌러진 경우
    if(obj==blue)          // 파란색 〔펜색〕 버튼이 눌러진 경우
       color = Color.blue;
    else if(obj==yellow)
       color = Color.yellow;
    else if(obj==green)
       color = Color.green;
    else if(obj==red)
       color = Color.red;
    else if(obj==pink)
       color = Color.pink;
    // 〔배경색〕 버튼이 눌러진 경우
```

```
      if(obj==bblue)              // 파란색 [배경색] 버튼이 눌러진 경우
         cd.setBackground(Color.blue);
      else if(obj==byellow)
         cd.setBackground(Color.yellow);
      else if(obj==bgreen)
         cd.setBackground(Color.green);
      else if(obj==bred)
         cd.setBackground(Color.red);
      else if(obj==bpink)
         cd.setBackground(Color.pink);
      if(obj==plus){              // 펜 굵기 조정
         w += 3; h += 3;  }
      else if(obj==minus){
         if(w > 3) {              // 최소값 설정
            w -= 3; h -= 3;  }
       }
      if(obj==erase)              // [지우개] 버튼 눌러진 경우
         color = cd.getBackground();
      else if(obj==eraseAll){  // [모두 지우기] 버튼 눌러진 경우
         sw = 1;
         cd.repaint();
       }
    }
   class EventHandler extends MouseMotionAdapter {
      // 마우스를 움직이면 그림이 그려짐.
      public void mouseMoved(MouseEvent e){
         x = e.getX();
         y = e.getY();
         cd.repaint();
       }
      // mouseMoved()나 mouseDragged() 중 둘 중 하나 사용
      // mouseDragged()를 사용하면 마우스를 드래그해야 그려짐.
      /* public void mouseDragged(MouseEvent e){
            x = e.getX();
```

```
                y = e.getY();
                cd.repaint();
          }  */
     }
class CanvasDemo extends Canvas{
   CanvasDemo(){
      w = 5; h = 5;
      x = -10; y = -10; // x, y를 -값으로 지정해 점이 찍히지 않게 함.
   }
   public void update(Graphics g){
      paint(g);
    }
   public void paint(Graphics g){
      if(sw == 0){
         g.setColor(color);
         g.fillOval(x, y, w, h); }   // 그림 그리기
       else if(sw == 1)
         g.clearRect(0, 0, 500, 500);
     }
   }
   public static void main(String[] args) {
      PaintSmallEx ps = new PaintSmallEx();
      ps.setBounds(300,100,600,500);
      ps.setVisible(true);
    }
 }
```

실행결과

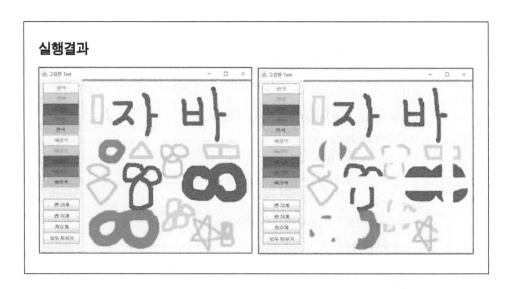

위에서 두 번째 프레임은 [지우개] 버튼을 누른 후 마우스를 움직여서 그려진 그림의 일부분을 지운 것이다.

다음 예제는 캔버스를 사용해 여러 가지 모양의 도형을 그리는 프로그램이다. 배경색을 지정하는 버튼과 펜 색을 지정하는 버튼을 누른 후 배경색과 펜 색을 설정하고, 도형(선, 원, 사각형, 라운드 사각형)을 그리는 버튼을 누른 다음 오른쪽 그림판에 원하는 위치로 가서 클릭하고 마우스를 움직여 도형을 그린다. 캔버스의 **update()**를 사용해 마우스로 여러 가지 모양의 도형을 추가하여 그릴 수 있다. [지우개] 버튼을 눌러 마우스를 드래그해서 그려진 그림을 지울 수 있고 [모두 지우기] 버튼을 누르면 그림판의 모든 그림이 지워진다.

✎ 예제 13-13 PaintEx.java

```java
import java.awt.*;
import java.awt.event.*;
import javax.swing.*;
public class PaintEx extends Frame implements ActionListener
```

```
{  JPanel pLeft, pRight, pan1, pan2, pan3;
   JButton plus, minus, erase, eraseAll, dimg;
   JButton draw, line, oval, rect, round, foval, frect, fround;
   JButton red, green, blue, pink, yellow;
   JButton bred, bgreen, bblue, bpink, byellow;
   CanvasDemo cd;
   int x, y, eX, eY, p, col, w = 3, h = 5, sw = 0;
   Color color;
   Boolean clear;
   public PaintEx() {
     super("그림판 Test");
     pLeft = new JPanel(new BorderLayout());
     pLeft.setBackground(Color.lightGray);
     add(pLeft,"West");
     pan1 = new JPanel(new GridLayout(5,2)){
       public Insets getInsets(){
           return new Insets(10, 10, 20, 10); //위,좌,아래,우 여백
           }
       };
     pLeft.add(pan1,"North");
     // pan1 패널에 버튼 생성
     yellow = new JButton("색상");
     yellow.setBackground(Color.yellow);
     green = new JButton("색상");
     green.setBackground(Color.green);
     blue = new JButton("색상");
     blue.setBackground(Color.blue);
     red = new JButton("색상");
     red.setBackground(Color.red);
     pink = new JButton("색상");
     pink.setBackground(Color.pink);
     byellow = new JButton("배경색");
```

```java
byellow.setBackground(Color.yellow);
bgreen = new JButton("배경색 ");
bgreen.setBackground(Color.green);
bblue = new JButton("배경색 ");
bblue.setBackground(Color.blue);
bred = new JButton("배경색 ");
bred.setBackground(Color.red);
bpink = new JButton("배경색 ");
bpink.setBackground(Color.pink);
pan1.add(byellow); pan1.add(yellow);
pan1.add(bgreen); pan1.add(green);
pan1.add(bblue); pan1.add(blue);
pan1.add(bred); pan1.add(red);
pan1.add(bpink); pan1.add(pink);
// pan2 패널에 버튼 생성
line =  new JButton("선");
oval = new JButton("원");
rect = new JButton("사각형");
round = new JButton("라운드사각");
foval = new JButton("fill 원");
frect  = new JButton("fill 사각");
fround = new JButton("fill 라운드사각");
erase = new JButton("지우개");
eraseAll = new JButton("모두 지우기");
pan2 = new JPanel(new GridLayout(4,2)){
    public Insets getInsets(){
        return new Insets(10, 10, 10, 10); // 위, 좌, 아래, 우 여백
    }
};
pan2.add(line); pan2.add(oval);
pan2.add(rect); pan2.add(round);
pan2.add(foval); pan2.add(frect); pan2.add(fround);
```

```
    pLeft.add(pan2, "Center");
  pan3 = new JPanel(new GridLayout(1,2)){
    public Insets getInsets(){
      return new Insets(20, 10, 50, 10); // 위, 좌, 아래, 우 여백
    }
  };
pan3.add(erase); pan3.add(eraseAll);
pLeft.add(pan3, "South");
pRight = new JPanel();
pRight.setBackground(Color.gray);
add(pRight, "Center");
cd = new CanvasDemo();
cd.setSize(520,450);
pRight.add(cd);
cd.setBackground(Color.WHITE);
blue.addActionListener(this);
yellow.addActionListener(this);
green.addActionListener(this);
red.addActionListener(this);
pink.addActionListener(this);
bblue.addActionListener(this);
byellow.addActionListener(this);
bgreen.addActionListener(this);
bred.addActionListener(this);
bpink.addActionListener(this);
line.addActionListener(this);
oval.addActionListener(this);
rect.addActionListener(this);
round.addActionListener(this);
foval.addActionListener(this);
frect.addActionListener(this);
fround.addActionListener(this);
```

```java
erase.addActionListener(this);
eraseAll.addActionListener(this);
cd.addMouseListener(new MouseEventHandler());
addWindowListener(new WindowAdapter() {
    public void windowClosing(WindowEvent we){
        System.exit(0);
    }
});
}
public void actionPerformed(ActionEvent e) {
    Object obj = e.getSource();
    clear = false;
    sw = 0;
    // [펜색] 버튼이 눌러진 경우
    if(obj==blue)  // 파란색 [펜색] 버튼이 눌러진 경우
        col = 1;
    else if(obj==yellow)
        col = 2;
    else if(obj==green)
        col = 3;
    else if(obj==red)
        col = 4;
    else if(obj==pink)
        col = 5;
    // [배경색] 버튼이 눌러진 경우
    if(obj==bblue)     // 파란색 [배경색] 버튼이 눌러진 경우
        cd.setBackground(Color.blue);
    else if(obj==byellow)
        cd.setBackground(Color.yellow);
    else if(obj==bgreen)
        cd.setBackground(Color.green);
    else if(obj==bred)
```

```
        cd.setBackground(Color.red);
  else if(obj==bpink)
        cd.setBackground(Color.pink);
// 도형 그리기 설정
if(obj==line)
      p = 1;
  else if(obj==oval)
      p = 2;
  else if(obj==rect)
      p = 3;
  else if(obj==round)
      p = 4;
  else if(obj==foval)
      p = 5;
  else if(obj==frect)
      p = 6;
  else if(obj==fround)
      p = 7;
if (obj==plus){        // 크기 조정
    w += 10; h += 10; }
else if (obj==minus){
    if (w > 10){          // 최소값 설정
      w -= 10; h -= 10;
    }
}
if(obj==erase)          // 일부분 지우기
  { color = cd.getBackground(); clear=true; p=10;}
else if(obj==eraseAll) {  // 그림 전체 지우기
    sw = 1;
    cd.repaint();  }
}
```

```java
public class MouseEventHandler extends MouseAdapter {
    public void mousePressed(MouseEvent e) {
        x = e.getX();
        y = e.getY();
    }
    public void mouseReleased(MouseEvent e) {
        eX = e.getX();
        eY = e.getY();
        w = Math.abs(x - eX);
        h = Math.abs(y - eY );
        cd.repaint();
    }
}

class CanvasDemo extends Canvas{
    public void update(Graphics g){
        paint(g);
    }

    public void paint(Graphics g){
        try {
            if(!clear)         // 펜 색 지정
                switch(col){
                    case 1: color = Color.blue;break;
                    case 2: color = Color.yellow;break;
                    case 3: color = Color.green;break;
                    case 4: color = Color.red;break;
                    case 5: color = Color.pink;break;
                }
        }
        catch (Exception e) {  }
        g.setColor(color);     // 펜 색 설정
```

```
            if(sw == 0){        // 도형 그리기
              if(p==1)
                  g.drawLine(x, y, eX, eY);
              x = Math.min(x, eX);
              y = Math.min(y, eY);
              if(p==2)
                  g.drawOval(x, y, w, h);
              if(p==3)
                  g.drawRect(x, y, w, h);
              if(p==4)
                  g.drawRoundRect(x, y, w, h, 20, 20);
              if(p==5)
                 g.fillOval(x, y, w, h);
              else if(p==6)
                  g.fillRect(x, y, w, h);
              else if(p==7)
                  g.fillRoundRect(x, y, w, h, 20, 20);
              if (p==10)   // 지우개 작동 -- 배경색으로 그려서 지움
                  g.fillOval(x, y, w, h);
             }
           else if(sw == 1){        // 모두 지우기
               g.clearRect(0, 0, 700, 500);
           }
        }
    }
  public static void main(String[] args) {
    PaintEx pe = new PaintEx();
    pe.setBounds(300,100,800,500);
    pe.setVisible(true);
   }
 }
```

실행결과

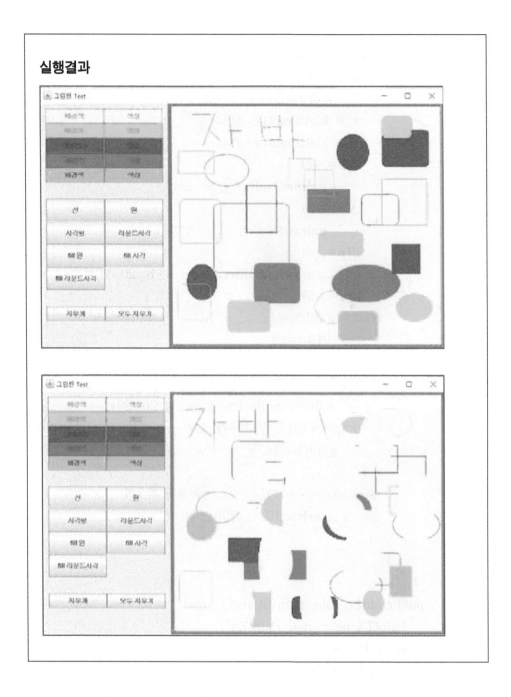

두 번째 프레임은 [지우개] 버튼을 누른 후 마우스로 드래그해서 그려진 그림의 일부분을 지운 것이다. 마우스를 드래그하는 동작을 크게 하면 드래그한 크기만큼 넓은 영역을 지울 수 있다.

연습문제

1. 자바 graphics 객체의 기능을 설명하시오.

2. 자바에서 제공하는 그리기 도형들을 나열하시오.

3. 호를 그리는 방법을 예를 들어 설명하시오.

4. 자바에서 다각형을 그리기 위한 방법 두 가지를 예를 들어 설명하시오.

5. 여러 가지 도형을 활용하여 실세계의 물체를 하나만 정하여 그리시오.
   (예, 연필, 전화기, 책, 컴퓨터, 노트, 식물, 동물 등)

6. 다음과 같이 색상(왼쪽 버튼)과 배경색(맨 아래 버튼)을 지정하여 도형을
   그리는 그림판을 작성하시오. 오른쪽 [지우개] 버튼은 그림을 모두 지우
   고 다시 그리는 기능이다. (힌트 캔버스를 사용해 도형을 그림.)

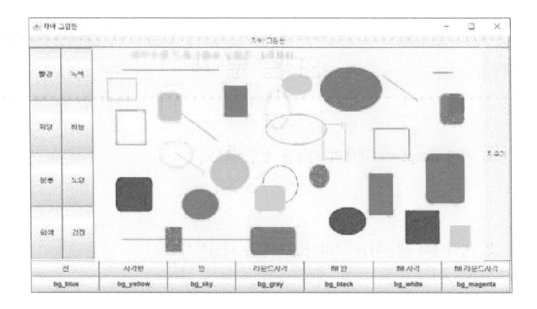

제네릭과 컬렉션

제네릭은 다양한 종류의 자료 유형을 처리할 수 있도록 일반화된 타입 매개변수(generic type)를 사용해 클래스나 메소드를 선언하는 기술이다. 컬렉션은 프로그래밍에 필요한 다양한 자료 구조들을 제네릭 형식으로 제공해주는 자바 라이브러리이다. 자바에서는 벡터(Vector), 배열리스트(ArrayList), 스택(Stack), 큐(Queue), 맵(Map) 등의 자료구조를 제공하고 있다. 사용자는 원하는 자료형으로 컬렉션 객체를 생성한 후 사용한다.

14.1 제네릭

제네릭은 다양한 종류의 자료 유형을 처리할 수 있도록 일반화된 타입 매개변수(generic type)를 사용해 클래스나 메소드를 선언하는 기술이다. 변수에 자료형을 정의해 사용하듯이 클래스를 정의할 때 원하는 타입을 지정해 사용하는 것이다. 제네릭은 자바 5부터 추가된 기능으로 복잡한 응용 프로그램을 개발할 때 유용하게 사용할 수 있다.

제네릭은 클래스를 정의할 때 클래스 안에서 사용할 타입을 명시적으로 정의하지 않고 E와 같이 기호로 표시해서, 사용자가 필요할 때 E에 원하는 타입을 지정해 클래스를 만드는 것으로, E는 타입 매개변수로 사용하는 것이다. 변수에 자료형을 정의하듯이 클래스에 타입을 지정해 사용하는 것이다.

```
class Stack<E> {
    // ...
    void push(E element) { // ... }
    E pop() { // ... }
    // ...
}
```

사용자는 스택 클래스를 생성할 때 정수, 문자열, 객체 등 다양한 자료 값을 갖는 스택을 생성할 수 있는데, 스택 클래스를 생성할 때 원하는 타입을 지정하여 사용한다. 정수를 저장하는 스택일 경우 E 자리에 Integer가 들어가도록 Stack<Integer>라고 하고, String 자료를 저장하는 스택일 경우 Stack<String>, Student 클래스를 저장하는 스택일 경우 Stack<Student>라고 지정한다.

다음과 같이 정수 값을 갖는 스택을 생성할 수 있다.

```
Stack<Integer> = new Stack<Integer>();
// Stack<Integer> = new Stack<>();     --- 자바 7부터 가능
```

자바 7부터 다이아몬드(<>) 지시자를 제공해 두 번째 나오는 <Integer> 대신 <>를 사용할 수 있다.

스택에 기본 자료형의 데이터를 사용할 경우 기본 자료형을 그대로 사용하지 않고 대신 래퍼클래스(wrapper class)15)를 지정하여 생성한다.

---

15) 래퍼 클래스(Wrapper Class)는 자바 기본 자료형(int, float, double 등)을 객체(Object) 형식으로 표현해야 할 경우에 사용하는 클래스들이다. 예를 들어 int형을 클래스로 표현한 Integer, double을 클래스로 표현한 Double을 래퍼 클래스라 한다.

제네릭 타입 매개변수

스택과 같은 컬렉션에서 타입 매개변수를 사용할 때 다른 변수와 구별하기 위해 일반적으로 하나의 대문자로 Element나 타입이나 값 등을 표시한다.

〔표 14.1〕 제네릭 타입 매개변수 유형

문자	설 명
E	Element로 컬렉션에서 요소를 표시할 때 클래스 타입으로 지정해 사용
T	Type을 의미
V	Value를 의미
K	Key를 의미

14.2 컬렉션

컬렉션은 프로그래밍에 필요한 다양한 자료 구조들을 제네릭 형식으로 제공해주는 자바 라이브러리이다. 자바에서는 벡터(Vector), 배열리스트(ArrayList), 스택(Stack), 큐(Queue), 맵(Map) 등의 자료구조를 제공하고 있다.

사용자는 원하는 타입으로 자료구조를 선언하고 컬렉션을 사용하는데, 주의할 점은 기본 자료형을 직접 사용하지 않고 클래스 타입의 자료를 지정해야 한다. 즉, 기본 자료형의 데이터를 사용할 경우 래퍼(wrapper) 클래스로 지정해서 컬렉션을 사용한다. 그런데, 실제로 컬렉션에 값을 저장하는 메소드를 사용할 경우, 기본 자료형의 값을 바로 저장하면 기본 자료형의 값을 클래스 객체로 자동 변환한다. 기본 자료형을 객체로 자동 변환하는 것을 박싱(boxing)이라 하고, 반대로 객체를 기본 자료형으로 자동 변환하는 것을 언박싱(unboxing)이라 한다. JDK 1.5부터 기본 자료형과 객체간에 자동 변환(박싱/언박싱)이 이뤄진다.

14.2.1 Vector

벡터는 가변 크기의 배열을 다룰 수 있는 자료구조로 삽입과 삭제, 이동 등의 기능을 손쉽게 사용할 수 있다. 벡터는 일반 배열과 달리 삽입하는 요소 수에 따라 벡터의 크기를 자동으로 조절하고, 요소를 삽입하거나 식제했을 때 사용자가 요소를 이동할 필요 없이 요소를 자동으로 이동시킨다.

벡터 Vector<E> 생성

벡터 객체를 생성할 때 Vector<E>의 E에 요소로 사용할 클래스 타입을 지정한다. 정수 형 배열을 사용할 경우 int가 아닌 Integer로 지정한다.

```
Vector<Integer> v1 = new Vector<Integer>();  // 정수 값의 벡터
// Vector<Integer> v1 = new Vector<>();    --- 자바 7부터 사용
Vector<String> v2 = new Vector<String>();   // String의 벡터
// Vector<String> v2 = new Vector<>();     --- 자바 7부터 사용
```

벡터를 처음 생성할 때 요소의 수는 지정하지 않아도 벡터의 크기는 자동으로 조절되는데, 벡터의 요소 수를 지정하지 않았을 때 기본 용량은 10이다. 벡터의 용량을 지정해 생성할 경우는 다음과 같이 사용한다. 자바 7부터 두 번째 나오는 Integer는 생략 가능해 <>로 표시한다.

```
Vector<Integer> v = new Vector<>(6); // 용량이 6인 정수 값 벡터
```

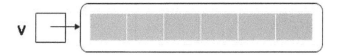

벡터 요소 삽입

벡터에 요소를 삽입하려면 **add(value)** 메소드를 사용하고, 정해진 인덱스에 삽입할 경우 **add(index, value)** 메소드를 사용한다.

```
v.add(12);  // v.add(new Integer(12));
v.add(16);  // v.add(new Integer(16));
v.add(19);  // v.add(new Integer(19));
```

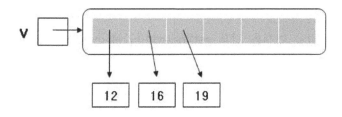

인덱스 0에 12가 들어가고, 인덱스 1에 16이 들어가고, 인덱스 2에 19가 들어간다. add() 메소드를 호출하는 순서대로 벡터에 들어간다.

```
v.add(1, 31);  // v.add(1, new Integer(31)); 인덱스 1에 31 삽입
```

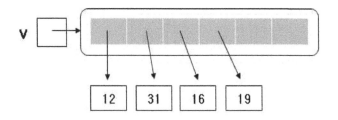

"v.add(1, 31);" 명령문에 의해 인덱스 1 자리에 31이 들어가고, 16은 인덱스 2 자리로, 19는 인덱스 3 자리로 자동으로 이동한다.

만일 "v.add(1, 31);" 명령문을 수행할 때 벡터의 인덱스 바로 앞에 요소가 없을 경우 오류가 발생한다. 즉 삽입할 위치의 인덱스가 1이므로 적어도 한 개의 요소가 있어야 한다. 벡터에 인덱스로 삽입할 경우 주의할 점은 요소의 크기보다 큰 인덱스에는 바로 삽입할 수 없다. 벡터 v의 경우 크기가 4이므로 "v.add(5, 31);" 명령문은 오류가 발생한다.

벡터 요소 가져오기

벡터에 있는 요소의 값을 가져올 경우 get(index)이나 elementAt(index) 메소드를 사용한다.

```
int n = v.get(1); // 31 반환
                  // Integer iObj = v.get(1); int n = iObj.intValue();
```

벡터 요소 삭제

remove(index) 메소드를 사용해 벡터 안에 있는 인덱스 위치의 요소를 삭제할 수 있다. removeAllElements() 메소드는 벡터 안에 있는 모든 요소를 삭제한다.

```
v.remove(1);   // 31을 삭제하고 뒤에 있는 요소가 앞으로 한자리씩 이동함.
```

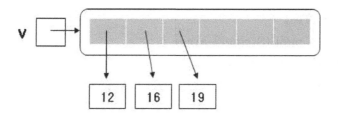

```
v.removeAllElements(); // 모든 요소 삭제
```

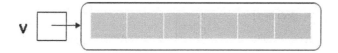

벡터 크기와 용량

벡터 크기는 벡터 안에 저장된 요소의 개수를 말하고 용량은 벡터에 들어갈 수 있는 총 요소의 수를 말한다. **size()** 메소드는 벡터 안에 있는 요소들의 개수를 반환하고, **capacity()** 메소드는 벡터의 용량을 반환한다.

```
int size = v.size();          // 벡터의 크기 - 저장된 요소의 수
int length = v.capacity();  // 벡터에 저장할 수 있는 총 요소의 수
```

다음 예제는 벡터에 정수 자료를 저장하기 위해 벡터를 선언할 때 자료 형을 Integer로 선언하고 벡터에 정수 값을 저장한 후 합계와 최댓값을 구하여 출력하는 프로그램이다.

```java
import java.util.Vector;
public class VectorTest {
  public static void main(String[] args) {
    // 정수 값만 다루는 제네릭 벡터 생성
    Vector<Integer> v = new Vector<>(); // 기본 용량은 10
    v.add(12);      // index 0에 12 삽입
    v.add(16);      // index 1에 16 삽입
    v.add(19);      // index 2에 19 삽입
    v.add(-5);      // index 3에 -5 삽입
    // 벡터 중간에 삽입하기
    v.add(1, 32); // 12와 16 사이에 정수 32 삽입
    // 모든 요소 정수 출력하기
    int sum = 0, max = 0;
    System.out.println("** 벡터 요소 **");
    for(int i = 0; i < v.size(); i++) {
      int num = v.get(i); // 벡터의 i 번째 요소 정수
      System.out.println("index "+i+": "+num);
      sum += num;
      if(max < num) max = num;
    }
    System.out.println("\n벡터에 있는 요소 합 : " + sum);
    System.out.println("벡터에 있는 가장 큰 요소 : " + max);
    System.out.println("벡터 내의 요소 수 : " + v.size());  // 크기 5
    System.out.println("벡터의 총 용량 : " + v.capacity()); // 벡터기본용량 10
  }
}
```

최신 JAVA 프로그래밍

실행결과

```
** 벡터 요소 **
index 0: 12
index 1: 32
index 2: 16
index 3: 19
index 4: -5

벡터에 있는 요소 합 : 74
벡터에 있는 가장 큰 요소 : 32
벡터 내의 요소 수 : 5
벡터의 총 용량 : 10
```

다음 예제는 벡터에 정수, 실수, 문자열 등의 다양한 자료 형을 갖는 데이터를 저장하기 위해 벡터를 선언할 때 자료 형을 지정하지 않고 선언한 프로그램이다.

✎ **예제 14-2** VectorObjTest.java

```java
import java.util.Vector;
public class VectorObjTest {
  public static void main(String[] args) {
    // 정수 값만 다루는 제네릭 벡터 생성
    Vector v = new Vector(5);  // 벡터 용량은 5
    v.add(12);        // 12 삽입
    v.add("hello");   // "hello" 삽입
    v.add(19);        // 19 삽입
    v.add(-13.5);     // -13.5 삽입
```

```
        v.add(true);      // true 삽입
        // 벡터 중간에 삽입하기
        v.add(1, "computer"); // 12와 "hello" 사이에 "computer" 삽입
        // 모든 요소 출력하기
        System.out.println("** 벡터 요소 **");
        for(int i=0; i<v.size(); i++)
            System.out.println("index "+i+": "+v.get(i));
        System.out.println("벡터 내의 요소 수 : " + v.size());    // 크기 6
        // 벡터 용량 10 --- 5에서 두 배씩 증가
        System.out.println("벡터의 총 용량 : " + v.capacity());
    }
}
```

실행결과

```
** 벡터 요소 **
index 0: 12
index 1: computer
index 2: hello
index 3: 19
index 4: -13.5
index 5: true
벡터 내의 요소 수 : 6
벡터의 총 용량 : 10
```

다음 예제는 Student 클래스를 요소로 갖는 벡터 프로그램이다. toString() 메소드를 재정의해서 이름과 학과로 이뤄진 학생 정보를 반환한다.

예제 14-3 VectorStudentEx.java

```java
import java.util.Vector;
class Student {
    String name;      // 이름
    String depart;    // 학과
    public Student(String name, String depart){
        this.name = name;
        this.depart = depart;
    }
    public String toString() {
        return name+"\t"+depart;
    }
}
public class VectorStudentEx {
    public static void main(String[] args) {
        Vector<Student> v = new Vector<Student>();
        v.add(new Student("김미희", "컴퓨터공학과"));
        v.add(new Student("박정숙", "컴퓨터공학과"));
        v.add(new Student("이경미", "컴퓨터공학과"));
        v.add(new Student("조희선", "소프트웨어공학과"));
        v.add(new Student("홍현오", "소프트웨어공학과"));
        System.out.println("** 벡터 Student 요소 **\n이름\t학과");
        for(int i = 0; i < v.size(); i++) {
            Student st = v.get(i);  // 벡터의 i 번째 요소 정수
            System.out.println(st); // System.out.println(st.toString());
        }
    }
}
```

실행결과

```
** 벡터 Student 요소 **
이름        학과
김미희      컴퓨터공학과
박정숙      컴퓨터공학과
이경미      컴퓨터공학과
조희선      소프트웨어공학과
홍현오      소프트웨어공학과
```

14.2.2 ArrayList

ArrayList는 가변 크기를 갖는 배열을 구현한 컬렉션으로 벡터와 유사하다. 벡터는 스레드간 동기화를 지원하는 반면 ArrayList는 스레드 동기화를 지원하지 않아 성능은 우수하지만, 멀티 스레드를 사용할 경우에는 동기화를 지원하는 벡터를 사용하는 것이 좋다.

ArrayList 객체를 생성하고 요소를 삽입, 삭제하는 기능은 벡터와 유사하다.

ArrayList<E> 객체 생성

ArrayList 객체를 생성할 때 ArrayList<E>의 E에 요소로 사용할 클래스 타입을 지정한다. 정수 형 배열을 사용할 경우 Integer로 지정한다.

```
ArrayList〈Integer〉 a1 = new ArrayList〈〉(); // 정수의 ArrayList
// ArrayList〈Integer〉 a1 = new ArrayList〈Integer〉();
ArrayList〈String〉 a2 = new ArrayList〈〉();  // String의 ArrayList
// ArrayList〈String〉 a2 = new ArrayList〈String〉();
```

ArrayList에서 요소의 수는 지정하지 않아도 ArrayList의 크기는 자동으로 조절된다. ArrayList의 용량을 지정해 생성할 경우는 다음과 같이 사용한다.

```
ArrayList<Integer> a = new ArrayList<>(6);  // 용량은 6, 요소는 정수
```

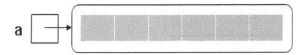

ArrayList 요소 삽입

ArrayList에 요소를 삽입하려면 **add(value)** 메소드를 사용하고 정해진 인덱스에 삽입할 경우 **add(index, value)** 메소드를 사용한다. ArrayList의 index에 저장된 값을 가져올 때는 **get(index)** 메소드를 사용한다.

```
a.add(12);  // a.add(new Integer(12));
a.add(16);  // a.add(new Integer(16));
a.add(19);  // a.add(new Integer(19));
```

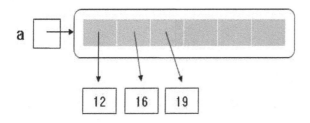

add() 메소드를 호출하는 순서대로 인덱스 0에 12가 들어가고, 인덱스 1에 16이 들어가고, 인덱스 2에 19가 들어간다.

```
a.add(1, 31);  // a.add(1, new Integer(31)); 인덱스 1에 31 삽입
```

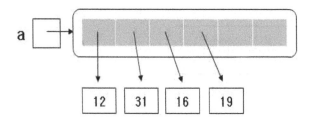

"a.add(1, 31);" 명령문에 의해 인덱스 1 자리에 31이 들어가고, 16은 인덱스 2 자리로, 19는 인덱스 3 자리로 자동으로 이동한다.

만일 "a.add(1, 31);" 명령문을 수행할 때 ArrayList의 인덱스 바로 앞에 요소가 없을 경우 오류가 발생한다. ArrayList에 인덱스로 삽입하는 것은 벡터와 같은 방법으로 지정하는데, ArrayList에 삽입하는 인덱스가 ArrayList 요수의 개수보다 크면 오류가 발생한다. 요소의 개수가 4이므로 인덱스로 삽입할 경우 4까지만 가능하다.

ArrayList 요소 가져오기
ArrayList에 있는 요소의 값을 가져올 경우 **get(index)** 메소드를 사용한다.

```
int n = a.get(1); // 31 반환
            // Integer iObj = a.get(1); int n = iObj.intValue();
```

ArrayList 요소 삭제

remove(index) 메소드를 사용해 ArrayList 안에서 인덱스 위치의 요소를 삭제할 수 있다.

```
a.remove(1);  // 31을 삭제하고 뒤에 있는 요소가 앞으로 한자리씩 이동함.
```

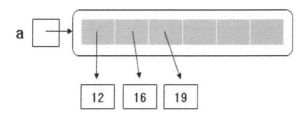

clear() 메소드는 ArrayList 안에 있는 모든 요소를 삭제하는 기능이다.

```
a.clear(); // 모든 요소 삭제
```

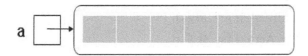

ArrayList 크기

ArrayList 크기는 ArrayList 안에 저장된 요소의 개수를 말한다. **size()** 메소드는 ArrayList 안에 있는 요소들의 개수를 반환한다. 벡터와 달리 capacity() 메소드는 사용할 수 없다.

```
int size = a.size();  // 벡터의 크기 - 저장된 요소의 수
```

다음 예제는 Point 객체를 저장하는 ArrayList를 생성해 요소를 출력하는 프로
그램이다. Point의 toString() 메소드를 재정의해서 출력문에서 객체 p를 출력하면
(x, y) 형태로 출력한다.

 예제 14-4 ArrayListPointEx.java

```java
import java.util.ArrayList;
class Point {
  private int x, y;
    public Point(int x, int y) {
      this.x = x; this.y = y;
    }
    public String toString() {
      return "(" + x + "," + y + ")";
    }
}

public class ArrayListPointEx {
  public static void main(String[] args) {
    // Point 객체 요소의 ArrayList 생성
    ArrayList<Point> a = new ArrayList<>();
    // ArrayList<Point> a = new ArrayList<Point>();

    // 4 개의 Point 객체 삽입
    a.add(new Point(5, 10));
    a.add(new Point(1, -7));
    a.add(new Point(-12, 24));
    a.add(new Point(25, -3));
```

```
        a.remove(1); // 인덱스 1의 Point(1, -7) 객체 삭제

        // ArrayList에 있는 Point 객체 출력
        System.out.println("** Point 요소 : "+a);  // 세 요소 한꺼번에 출력
        System.out.println("\n* Point 요소 *");
        for(int i=0; i<a.size(); i++) { // 각 요소를 라인 별로 출력
            Point p = a.get(i);        // ArrayList의 i 번째 Point 객체 얻기
            // p.toString()을 이용하여 객체 p 출력
            System.out.println(p);     // System.out.println(p.toString());
        }
    }
}
```

실행결과

```
** Point 요소 : [(5,10), (-12,24), (25,-3)]

* Point 요소 *
(5,10)
(-12,24)
(25,-3)
```

14.2.3 Set

ArrayList와 Vector는 요소 간에 순서가 있는데, 순서 없이 데이터만 저장할 경우도 있다. Set은 요소 간에 순서 없이 들어가는 자료구조이다. Set 안의 요소는 인덱스로 관리하지 않고, 수학의 집합과 비슷한 개념이다. Set 인터페이스는 데이터가 중복해서 들어가지 않도록 설계되어 있다.

자바에서는 HashSet, TreeSet, LinkedHashSet의 세 가지 Set 인터페이스가 있다. HashSet은 해쉬 테이블에 원소를 저장해서 성능면에서 가장 우수하지만 원소들의 순서가 일정하지 않다. HashSet은 저장하는 순서를 유지하지 않으므로 저장 순서를 유지하려면 LinkedHashSet을 사용해야 한다.

TreeSet은 요소의 값에 의해 저장 순서를 결정해서 요소가 오름차순으로 들어가고 속도는 HashSet보다 느리다. LinkedHashSet은 해쉬 테이블과 연결리스트를 결합하여 원소들의 순서는 삽입하는 순서대로 들어가고 HashSet의 단점을 보완한 것이다.

HashSet<E> 생성

E 자리에 원하는 타입을 지정해 HashSet 객체를 생성한다. 문자열을 갖는 HashSet을 다음과 같이 생성한다. HashSet에 값을 넣을 경우 **add(value)** 메소드를 사용하고, HashSet에 있는 값은 중복해서 들어가지 않는다.

```
HashSet<String> hs = new HashSet<String>();
// HashSet<String> hs = new HashSet<>();
hs.add("망고");
```

요소 삭제

HashSet 안에 있는 요소를 삭제할 경우 **remove(value)** 메소드를 사용한다. hs의 모든 요소를 삭제할 때 **removeAll(hs)**과 **clear()** 메소드를 사용한다.

```
hs.remove("망고");
hs.removeAll(hs);  // hs.clear();
```

요소 확인

HashSet 안에 어떤 요소가 있는 지 확인할 경우 **contains(value)** 메소드를 사용한다.

```
hs.contains("수박")
```

다음 예제는 String 자료를 갖는 HashSet를 생성하여 요소에 과일 이름을 넣은 후 출력하는 프로그램이다.

 예제 14-5 HashSetEx.java

```java
import java.util.HashSet;
public class HashSetEx {
  public static void main(String[] args) {
    // String 요소의 HashSet 생성
    HashSet<String> hs = new HashSet<>();
    // 5 개의 요소 삽입 - 중복된 것은 삽입 불가
    hs.add("망고");
    hs.add("딸기");
    hs.add("사과");
    hs.add("수박");
    hs.add("딸기"); // 딸기는 하나만 들어간다.
    System.out.println("** HashSet 크기 : "+hs.size()); // HashSet 크기
    System.out.println("** HashSet 요소 : "+hs);  // HashSet 요소 출력
    hs.remove("망고");
    System.out.println("** 망고 삭제후 HashSet 요소 : "+hs);
    if(hs.contains("수박"))  // 수박이 있는지 확인
      System.out.println("\n수박은 HashSet 안에 있다.");
```

```
        hs.removeAll(hs);
        System.out.println("\n** 모든 요소 삭제후 HashSet 요소 : "+hs);   }
    }
```

실행결과

```
** HashSet 크기 : 4
** HashSet 요소 : [망고, 수박, 사과, 딸기]
** 망고 삭제후 HashSet 요소 : [수박, 사과, 딸기]

수박은 HashSet 안에 있다.

** 모든 요소 삭제후 HashSet 요소 : []
```

14.2.4 Map

Map은 Map에 저장된 데이터들 중에서 사용자가 원하는 데이터를 빠르게 찾을 수 있는 컬렉션이다. 사전에서 단어가 주어졌을 때 뜻을 찾듯이, Map에서는 키 (key)를 주면 키에 대한 설명(value)을 찾을 수 있는데, 단어와 단어에 대한 설명 이 서로 연결되어 있고, 각 키는 오직 하나의 값(value)만 매핑할 수 있다. 사용자 가 찾고자 하는 키를 주면 키에 연결된 값을 반환한다. 예를 들면, 학생에 대한 정 보를 Map에 저장하고 학번으로 학생 이름을 찾을 경우 키는 학번으로, 값은 학생 이름으로 지정한다.

자바에서 Map에는 세 가지 Map 인터페이스가 있는데, HashMap, TreeMap, LinkedHashMap이다. HashMap은 해싱 테이블에 데이터를 저장하고, TreeMap은 탐색트리에 데이터를 저장한다. 키를 정렬된 순서대로 방문하지 않아도 된다면 HashMap이 TreeMap보다 빠르고 유용하다.

HashMap<K, V> 생성

키(Key)와 값(Value)을 지정해 HashMap을 생성하는데, String 타입 데이터를 갖는 HashMap을 다음과 같이 생성한다. HashMap도 다른 컬렉션과 같이 요소의 크기는 자동으로 조절된다.

```
HashMap〈String, String〉 dict = new HashMap〈String, String〉();
// HashMap〈String, String〉 dict = new HashMap〈〉();
```

HashMap 요소 삽입

요소를 삽입할 때는 **put(key, value)** 메소드를 사용하고 키와 값을 순서대로 넣는다. 간단한 영한사전을 만들 경우 다음과 같이 키와 값을 순서대로 지정한다.

```
dict.put("man","남성");
dict.put("woman","여성");
```

HashMap의 키로 요소 값 얻기

키를 주고 저장된 요소 값을 가져올 경우 **get(key)** 메소드를 사용하고, 특정 키를 갖는 요소를 삭제할 경우 **remove(key)** 메소드를 사용한다.

```
String value = dict.get("man");  // value = 남성
dict.remove("man");
```

예제 14-3 "VectorStudentEx.java" 프로그램의 Student 클래스를 HashMap의 값으로, 학번을 키로 연결하는 HashMap을 다음과 같이 생성하여 학생 정보를 넣을 수 있다.

```
HashMap<String, Student> hm = new HashMap<String, Student>();
// HashMap<String, Student> hm = new HashMap<>();
Student st = new Student("김미희", "컴퓨터공학과");
hm.put("1001", st);
```

다음 예제는 학생 정보를 HashMap에 저장하여 출력하는 프로그램이다.

 예제 14-6 HashMapStudentEx.java

```
import java.util.HashMap;
class Student {
    String name;        // 이름
    String depart;      // 학과
    public Student(String name, String depart){
        this.name = name;
        this.depart = depart;
    }
    public String toString() { // Student 타입 객체의 출력 양식 지정
        return name+" "+depart;
    }
}

public class HashMapStudentEx {
    public static void main(String[] args) {
        HashMap<String, Student> hm = new HashMap<>();
        // HashMap<String, Student> hm = new HashMap<String, Student>();
        hm.put("1001", new Student("김미희","컴퓨터공학과"));
        hm.put("1002", new Student("박정숙","컴퓨터공학과"));
        hm.put("1003", new Student("이경미","컴퓨터공학과"));
        System.out.println("* Student 요소:"+hm); // 한 줄에 한꺼번에 출력
```

```
        hm.remove("1003");
        System.out.println("1002: "+hm.get("1002"));
        hm.put("1004", new Student("조희선","소프트웨어공학과"));
        hm.put("1005", new Student("홍현오","소프트웨어공학과"));
        System.out.println("\n** HashMap Student 요소 **");
        // 학생정보를 라인별로 출력
        for(HashMap.Entry<String, Student> st : hm.entrySet())
        {   String key = st.getKey(); // 키를 가져옴
            Student stud = hm.get(key);
            System.out.println(key+": "+stud); // 키, 이름, 학과 출력
            // System.out.println(key+": "+stud.toString());
        }
    }
}
```

실행결과

```
* Student 요소:{1003=이경미 컴퓨터공학과, 1002=박정숙 컴퓨터공학과, 1001=김미희 컴퓨터공학과}
1002: 박정숙 컴퓨터공학과

** HashMap Student 요소 **
1005: 홍현오 소프트웨어공학과
1004: 조희선 소프트웨어공학과
1002: 박정숙 컴퓨터공학과
1001: 김미희 컴퓨터공학과
```

14.2.5 Iterator 순차 검색

Vector, ArrayList, Set 등의 컬렉션에서 요소를 순차적으로 검색할 때 Iterator<E> 인터페이스를 사용하면 편리하다. 다만, Iterator 객체를 생성할 때 순차 검색하려는 컬렉션과 동일한 자료형을 E에 선언해서 사용한다.

Iterator<E> 객체 생성

순차 검색을 원하는 컬렉션 객체를 먼저 생성한 후 그 객체의 Iterator를 생성한다. 정수 Set에 대한 Iterator 객체 it를 다음과 같이 생성한다.

```
Set<Integer> set = new TreeSet<Integer>(); // 정수 Set 생성
// Set<Integer> set = new TreeSet<>();
Iterator<Integer> it = set.iterator();          // Integer Iterator 생성
```

Iterator 객체 it를 사용하면 인덱스 없이 바로 순서대로 요소를 사용할 수 있어 Set 객체일 경우 아주 유용하다. 다음 요소를 가져올 때 **next()** 메소드를 사용하고, **hasNext()** 메소드는 반복할 요소가 있는지 확인하는 것으로, 반복할 요소가 있으면 true를 반환한다.

```
while (it.hasNext())
   int n = it.next();  // 정수형으로 자동 변환 -- 언박싱
```

다음 예제는 TreeSet 요소를 Iterator를 사용해 출력하는 프로그램이다. TreeSet 요소는 오름차순으로 자동 정렬된다.

✎ 예제 14-7 SetIteratorEx.java

```
import java.util.*;
public class SetIteratorEx {
   public static void main(String[] args) {
      Set<Integer> set = new TreeSet<Integer>();
```

```
// Set<Integer> set = new TreeSet<>();
set.add(5); // 정수 값 추가
set.add(7);
set.add(1);
set.add(2);
set.add(7);  // 중복 불가
set.add(2);  // 중복 불가
Iterator<Integer> it = set.iterator(); // 정수 요소 반복자 생성
System.out.print("* 정수 TreeSet : ");
while (it.hasNext())
    System.out.print(it.next()+" ");
System.out.println("\n");
Set<String> fts = new TreeSet<String>();
fts.add("수박");
fts.add("망고");
fts.add("사과");
fts.add("딸기");
Iterator<String> itr = fts.iterator();
System.out.print("* 과일 TreeSet : ");
while (itr.hasNext())
    System.out.print(itr.next()+" ");
System.out.println();
    }
}
```

실행결과

* 정수 **TreeSet** : 1 2 5 7

* 과일 **TreeSet** : 딸기 망고 사과 수박

1. 자바의 제네릭과 컬렉션에 대해 설명하시오.

2. 컬렉션에는 어떤 종류가 있는지 나열하고 기능을 설명하시오.

3. Vector와 ArrayList를 비교하고 다른 점을 기술하시오.

4. Iterator 객체를 사용하는 방법을 예를 들어 설명하시오.

5. 임의의 개수의 숫자를 입력받아 벡터에 저장한 후 합계와 평균을 구하
   는 프로그램을 작성하시오.

```
Problems   Javadoc   Declaration   Console
<terminated> VectorSumTest [Java Application] C:\Program Files\Ja
요소 수 입력 --> 5
벡터 요소 입력 --> 7 15 67 13 54

* 벡터에 있는 요소 합 : 156
* 벡터에 있는 요소 평균 : 31.2
```

6. 학생 수를 입력하고 학생 수만큼 학생이름을 입력하고 각 학생의 점수
   는 난수로 생성해 학생정보를 생성한다. 학생이름과 점수를 갖는 학생정
   보를 저장하는 클래스를 해쉬맵에 값으로 저장하고, 키는 학번을 넣어서
   가장 큰 점수를 갖는 학생을 찾아 학생이름과 최고점수를 출력하는 프
   로그램을 작성하시오.

```
Problems  Javadoc  Declaration  Console
<terminated> StudentHashMap [Java Application] C:\Program Files\Java\jre-9.0.4\bin\javaw.exe (2019.
학생 수 입력 --> 5
* Student 요소:{1001=김미희 41, 1002=박정숙 63, 1003=이경미 87, 1004=강정훈 2}

최고 점수 학생: 이경미
최고점수: 87
```

15 파일 입출력

자바에서는 파일을 사용해 입출력하는 기능을 제공하고 있다. 바이트들의 연속적인 모임을 스트림이라 하는데 java.io 패키지에 스트림을 지원하는 클래스가 있고 이 클래스를 활용해 파일에 입출력할 수 있다.

15.1 입출력 스트림과 텍스트 파일 입출력

입출력 스트림은 프로그램과 입출력 장치를 연결하는 것으로 사용자가 입력한 순서대로 입출력 장치에서 프로그램으로 데이터를 전달한다. 자바에서 입출력 스트림은 문자 스트림과 바이트 스트림으로 나눈다.

문자 스트림은 문자만 다룰 수 있어 문자가 아닌 이진 데이터일 경우 오류가 발생해서 텍스트 파일 입출력에만 활용하고 FileReader, FileWriter 클래스를 사용한다.

바이트 스트림은 이진 데이터를 다루기 때문에 이미지나 영상, 문자 모두 전달하고 FileInputStream, FileOutputStream 클래스를 사용한다.

15.1.1 텍스트 파일 입력

문자 스트림은 문자만 다룰 수 있어 텍스트 파일 입출력에 사용하고 FileReader 와 FileWriter 클래스를 이용해 입출력한다.

파일에서 입력받으려면 파일 입력 스트림을 생성하면서 텍스트 파일을 여는데, 텍스트 파일의 경로를 지정하여 텍스트 파일을 파일 입력 스트림에 연결한다. 만일 텍스트 파일 이름이 "data.txt"일 때 자바 파일이 속한 자바 프로젝트와 같은 폴더에 텍스트 파일을 생성하거나, 자바 프로젝트와 다른 경로에 있는 경우 절대주소를 사용해 "c:/data.txt"와 같이 파일 경로를 지정한다. 파일 경로를 나타낼 때

"c:\\data.txt"처럼 사용할 수도 있는데. "\\"를 두개 사용하는 이유는 "\"를 나타
내기 위해 "\"기호를 사용하여 표시하기 때문이다.

```
FileReader  in = new FileReader("data.txt");
// FileReader  in = new FileReader("c:/data.txt")
```

FileReader 객체 in에서 한 문자씩 문자 단위로 읽을 경우, **in.read()** 메소드를
사용해 텍스트 파일에서 한 문자씩 읽을 수 있다.

```
int c;
while( (c = in.read()) != -1)
    System.out.print((char)c);
```

read() 메소드의 반환형이 문자가 아닌 정수형을 사용하는 이유는 파일의 끝에
도달했을 때 -1을 반환하는데, 유니코드인 0xFFFF가 -1이고 이 값이 텍스트 파일
안에 있으면 두 값이 서로 혼동될 수 있으므로 정수형으로 반환해야 한다.

문자형 배열을 사용해 read() 메소드에서 한 블록씩 읽을 수도 있다.

```
char[] buffer = new char[1024];
int no = in.read(buffer); // buffer 크기(1024)만큼 파일에서 읽기
                          // 읽은 문자 수를 반환해 no에 대입함.
```

파일 읽기가 종료되면 **close()** 메소드를 사용해 문자 스트림을 닫는다.

```
in.close();
```

파일에서 입출력할 때 파일의 경로가 잘못된 경우나 파일 오류 등으로 파일을 열 수 없는 경우, FileNotFoundException 예외가 발생하고, 입출력 과정의 오작동이나 파일이 깨진 경우 IOException 예외가 발생한다. 따라서 예외가 발생할 경우를 고려하여 파일 입출력 시에는 **try-catch** 구문을 사용해야 한다.

```
try {
  // ...
  FileReader infile = new FileReader("data.txt")
  int c;
  while( (c = infile.read()) != -1)
    System.out.print((char)c);
    infile.close();
  }
catch(IOException e) {
  System.out.println(e.getMessage());
}
```

자바 7 버전부터 자원을 자동으로 관리하는 기능을 추가하여 키워드 **try** ( )의 ( ) 안에 리소스를 지정하면 "in.close();" 문은 생략가능한데, 리소스 사용이 끝났을 때 리소스를 자동으로 닫아준다.

```
try (FileReader infile = new FileReader("data.txt")) {
  // ...
}
```

위의 **try-catch** 구문을 자바 7의 새 버전을 적용하여 다시 작성하면 다음과 같다.

```
try (FileReader infile = new FileReader("data.txt"))
  {
    // ...
    int c;
    while( (c = infile.read()) != -1)
      System.out.print((char)c);
      // infile.close();    생략 가능
  }
catch(IOException e) {
    System.out.println(e.getMessage());
}
```

다음 예제는 "data.txt" 파일에서 문자를 읽은 후 출력하는 프로그램이다.
"data.txt" 파일의 내용은 다음과 같다.

입출력 스트림은 프로그램과 입출력 장치를 연결하는 것으로,
입출력 장치에서 프로그램으로 사용자가 입력한 순서대로 데이터를 전달한다.
자바에서 입출력 스트림은 문자 스트림과 바이트 스트림으로 나눈다.

```java
import java.io.*;
public class FileInputEx {
  public static void main(String[] args) {
    try (FileReader infile = new FileReader("data.txt")) // 입력스트림 생성
      { int c;
        while ((c = infile.read()) != -1) // 문자 단위로 파일을 읽는다.
            System.out.print((char)c);
            // infile.close();
      }
    catch (IOException e) {
        System.out.println(e.getMessage());
      }
  }
}
```

실행결과

입출력 스트림은 프로그램과 입출력 장치를 연결하는 것으로,
입출력 장치에서 프로그램으로 사용자가 입력한 순서대로 데이터를 전달한다.
자바에서 입출력 스트림은 문자 스트림과 바이트 스트림으로 나눈다.

data.txt (지정된 파일을 찾을 수 없습니다)

"FileInputEx.java" 파일이 속한 자바 프로젝트에 "data.txt" 파일이 없는 경우
data.txt (지정된 파일을 찾을 수 없습니다) 라는 오류 메시지를 출력한다.

15.1.2 텍스트 파일 출력

FileWriter 클래스를 사용해 파일 출력 스트림을 만들어 텍스트 파일에 텍스트를 저장할 수 있다.

"data1.txt" 파일에 텍스트를 쓰는 출력 스트림을 다음과 같이 생성한다. **out.write()** 메소드를 사용해 "data1.txt" 파일 안에 한 문자씩 기록한다.

```
FileWriter out = new FileWriter("data1.txt");
// FileWriter out = new FileWriter("c:/data1.txt")
out.write('w');
```

char 배열을 사용해 블록 단위로 파일에 기록할 수 있다.

```
char[] buffer = new char[1024];
out.write(buffer,0,buffer.length);//buffer[0]에서 크기(1024)만큼 파일에 기록
```

다음 예제는 "data.txt" 파일 내용을 "data1.txt"에 기록해 텍스트 파일을 복사하는 프로그램이다.

 예제 15-2 FileCopy.java

```
import java.io.FileReader;
import java.io.FileWriter;
import java.io.IOException;
```

```
public class FileCopy {
    public static void main(String[] args) {
        try ( FileReader in = new FileReader("data.txt");  // 입력스트림 생성
            FileWriter out = new FileWriter("data1.txt")) // 출력스트림생성
        { int c;
            while ((c = in.read()) != -1) // 문자 단위로 파일을 읽는다.
                out.write(c);
        }
        catch (IOException e) {
            System.out.println(e.getMessage());
        }
        System.out.println("data.txt 파일을 data1.txt 파일에 복사했습니다.");
    }
}
```

실행결과

data.txt 파일을 data1.txt 파일에 복사했습니다.

"FileCopy.java" 파일이 속한 자바 프로젝트의 가장 아래쪽에 data1.txt 파일이
생성된 것을 확인할 수 있다.

이름	수정한 날짜	유형	크기
.settings	2020-02-03 오후 8:33	파일 폴더	
bin	2020-02-03 오후 8:33	파일 폴더	
src	2020-02-03 오후 8:33	파일 폴더	
.classpath	2020-02-03 오후 8:33	CLASSPATH 파일	1KB
.project	2020-02-03 오후 8:33	PROJECT 파일	1KB
data	2020-02-03 오후 8:34	텍스트 문서	1KB
data1	2020-02-03 오후 8:34	텍스트 문서	1KB

15.2 이진 파일 입출력

바이트 스트림은 8비트의 바이트 단위로 입출력을 수행하는 입출력 스트림으로 이진 데이터를 다룬다. 이미지나 동영상 파일을 입출력하려면 반드시 바이트 스트림을 사용해야 한다. 바이트 스트림은 이미지나 동영상, 문자 모두를 전달하고 FileInputStream, FileOutputStream 클래스를 사용한다.

15.2.1 이진 파일 출력

바이트 스트림으로 파일을 기록하는 클래스는 FileOutputStream이다.

```
FileOutputStream bout = new FileOutputStream("data.bin");
```

다음 예제는 FileOutputStream을 이용하여 byte 배열에 있는 내용을 파일에 저장하는 프로그램이다.

 예제 15-3 FileOutStreamEx.java

```java
import java.io.FileOutputStream;
import java.io.IOException;
public class FileOutStreamEx {
  public static void main(String[] args) {
    byte data[] = {10, 20, 40, 80, 120};
    try (FileOutputStream fout = new FileOutputStream("d:/data.bin"))
    { for(byte b : data)
        fout.write(b); // 배열 b의 모든 숫자를 이진수로 기록
    } catch(IOException e) { }
    System.out.println("d:/data.bin을 저장했습니다.");
  }
}
```

실행결과

d:/data.bin을 저장했습니다.

15.2.2 이진 파일 입력

바이트 스트림으로 파일을 읽는 클래스는 FileInputStream이다.

```java
FileInputStream bin = new FileInputStream("data.bin");
```

다음 예제는 15-3 예제에서 생성한 "d:/data.bin" 파일에서 데이터를 읽어 출력하는 프로그램이다.

 예제 15-4 FileInStreamEx.java

```java
import java.io.FileInputStream;
import java.io.IOException;

public class FileInStreamEx {
  public static void main(String[] args) {
      byte data[] = new byte[5];
      try (FileInputStream fin = new FileInputStream("d:/data.bin"))
      {  fin.read(data); // 파일 내용을 배열 data로 읽음.
      } catch(IOException e) { }
      System.out.print("data : ");
      for(byte b : data)
         System.out.print(b+" ");
      System.out.println();
  }
}
```

실행결과

```
data : 10 20 40 80 120
```

다음 예제는 원본 이미지 파일명을 입력받고 파일을 복사할 이미지 파일명을 입력한 후 원본 이미지 파일을 읽어서 이미지를 복사하는 프로그램이다.

 예제 15-5 ImageCopyEx.java

```java
import java.io.FileInputStream;
import java.io.FileOutputStream;
import java.io.IOException;
import java.util.Scanner;

public class ImageCopyEx {
  public static void main(String[] args) {
    Scanner scanner = new Scanner(System.in);
    System.out.print("이미지 원본 파일명을 입력하시오 : ");
    String inName = scanner.next();
    System.out.print("복사할 파일명을 입력하시오 : ");
    String outName = scanner.next();
    try ( FileInputStream fin = new FileInputStream(inName);
        FileOutputStream fout = new FileOutputStream(outName))
    {
        int c;
        while ((c = fin.read()) != -1)
            fout.write(c);
      } catch(IOException e) { }
    System.out.println(inName+" 파일을 "+outName+" 파일에 저장했습니다.");
  }
}
```

실행결과

이미지 원본 파일명을 입력하시오 : test.gif
복사할 파일명을 입력하시오 : image.gif
test.gif 파일을 **image.gif** 파일에 저장했습니다.

위 프로그램을 실행한 결과 "image.gif" 파일이 생성된 것을 확인할 수 있다.

이름	수정한 날짜	유형	크기
.settings	2020-02-03 오후 8:33	파일 폴더	
bin	2020-02-03 오후 8:33	파일 폴더	
src	2020-02-03 오후 8:33	파일 폴더	
.classpath	2020-02-03 오후 8:33	CLASSPATH 파일	1KB
.project	2020-02-03 오후 8:33	PROJECT 파일	1KB
data	2020-02-03 오후 8:34	텍스트 문서	1KB
data1	2020-02-03 오후 8:34	텍스트 문서	1KB
image	2020-02-03 오후 8:50	GIF 파일	66KB
test	2020-02-03 오후 8:49	GIF 파일	66KB

15.3 스트림 결합

스트림은 문자들의 흐름으로 두 스트림을 서로 연결하여 다양한 작업을 수행할 수 있다. 입출력 스트림 객체를 생성할 때 버퍼를 사용하면 유용하게 활용할 수 있다.

BufferedReader, BufferedWriter 버퍼 스트림 클래스의 객체를 생성해 버퍼를 사용할 수 있다. 버퍼가 있는 스트림을 사용하는 방법은 입출력 스트림을 생성할 때 버퍼 스트림 객체의 생성자 안에 입출력 스트림 객체를 실인수로 넣으면 된다.

```
BufferedReader in = new BufferedReader(new FileReader("in.txt"));
BufferedWriter out = new BufferedWriter(new FileWriter("out.txt"));
```

프로그램을 작성하다보면 문자 단위로 입출력하는 경우도 있지만 한 줄 단위로 입출력해야 편리한 경우도 있는데, BufferedReader와 PrintWriter 클래스를 활용한다.

보통, Java에서 파일에 출력할 때에는 PrintWriter와 BufferedWriter를 사용한다. PrintWriter의 경우는 print(), println(), printf() 메소드처럼 다양한 출력 메소드를 제공하여 파일에 출력할 때 편리하다.

BufferedWriter의 경우는 버퍼를 통해 좀 더 효율적인 파일쓰기를 지원한다. 따라서 두 가지를 모두 활용하면 아주 유용하다.

다음 문장처럼 PrintWriter를 만들어서 사용하면 PrintWriter의 장점과 BufferedWriter의 장점을 모두 이용할 수 있다.

```
FileWriter fw = new FileWriter("data.txt");
PrintWriter out = new PrintWriter(new BufferedWriter(fw));
```

다음 예제는 한 줄 단위로 입력받아 라인 단위로 파일에 출력하는 프로그램이다.

예제 15-6 LineCopyEx.java

```java
import java.io.BufferedReader;
import java.io.FileReader;
import java.io.PrintWriter;

public class LineCopyEx {
 public static void main(String[] args) {
   try(BufferedReader br = new BufferedReader(new FileReader("data.txt"));
      PrintWriter out = new PrintWriter("test.txt"))
   {   String line;
       while((line = br.readLine())!=null) // 한 줄 단위로 입력
           out.println(line);              // 한 줄 단위로 출력
     } catch (Exception e) {
        e.getMessage();
     }
    System.out.println("data.txt 파일을 test.txt 파일에 저장했습니다.");
  }
}
```

실행결과

```
data.txt 파일을 test.txt 파일에 저장했습니다.
```

"LineCopyEx.java" 파일이 속한 자바 프로젝트 폴더의 맨 아래쪽에 test.txt 파일이 생성된 것을 확인할 수 있다. "LineCopyEx.java" 파일은 src 폴더 안에 생성된다.

이름 ^	수정한 날짜	유형	크기
.settings	2020-02-03 오후 8:33	파일 폴더	
bin	2020-02-03 오후 8:33	파일 폴더	
src	2020-02-03 오후 8:33	파일 폴더	
.classpath	2020-02-03 오후 8:33	CLASSPATH 파일	1KB
.project	2020-02-03 오후 8:33	PROJECT 파일	1KB
data	2020-02-03 오후 8:34	텍스트 문서	1KB
data1	2020-02-03 오후 8:34	텍스트 문서	1KB
image	2020-02-03 오후 8:50	GIF 파일	66KB
test	2020-02-03 오후 8:49	GIF 파일	66KB
test	2020-02-03 오후 8:55	텍스트 문서	1KB

15.4 파일 클래스

File 클래스는 파일이나 디렉토리(폴더)에 대해 파일 경로명, 파일 크기나 타입 등 파일에 대한 정보를 제공하고 파일 삭제, 디렉토리 생성, 파일이름 변경 등 파일을 관리하는 작업을 지원한다. File 클래스는 파일을 입출력하는 기능이 없어 FileReader, FileWriter, FileInputStream, FileOutputStream같은 파일 입출력 클래스를 사용해야 한다.

파일 객체 생성
File 클래스의 객체를 생성하여 파일에 관한 정보를 활용할 수 있다. "data.txt" 파일에 대한 파일 객체 file를 생성하려면 파일 객체의 생성자를 호출할 때 파일 경로명을 전달하는데 파일 경로명을 바로 전달할 수도 있고 디렉토리와 파일명을 따로 전달할 수도 있다.

```
File file = new File("c:/data.txt");
File file = new File("c:/", "data.txt");
```

파일 입출력을 위한 스트림을 생성할 때 file 객체를 사용할 수 있다.

```
FileReader in = new FileReader(file);
```

〔표 15.1〕 File 클래스의 메소드

메소드	설 명
boolean canRead()	파일 읽기가 가능하면 true, 아니면 false
boolean canWrite()	파일 쓰기가 가능하면 true, 아니면 false
boolean delete()	파일이나 디렉토리 삭제
String getPath()	파일 경로 반환
String getName()	파일 이름 반환
long length()	파일 길이 반환
boolean mkdir()	새로운 디렉토리(폴더) 생성
boolean isDirectory()	디렉토리일 경우 true 반환
boolean isFile()	일반 파일일 경우 true 반환
File[] listFiles()	디렉토리 안에 있는 파일과 서브디렉토리 리스트를 File[] 배열로 반환

파일 크기

length()는 파일이나 디렉토리 크기를 반환한다.

```
File file = new File("d:/image.gif");  // 파일 크기 55,833바이트
long size = file.length();              // size = 55,833
```

파일 경로

getName()은 파일 이름만 반환하고 getPath()는 파일 경로명을 반환한다.

```
String fileName = file.getName();  // "image.gif"
String filePath = file.getPath();      // "d:\image.gif"
```

파일이나 디렉토리 판별

isFile()은 파일인지 판별하고, isDirectory()는 디렉토리인지 판별한다.

```
if(file.isFile())
  System.out.println(file.getPath()+"는 파일입니다.");
else if(file.isDirectory())
  System.out.println(file.getPath()+"는 디렉토리입니다.");
```

✎ 예제 15-7 FileEx.java

```java
import java.io.File;
public class FileEx {
    public static void main(String[] args) {
        File file= new File("d:/image.gif");
```

```
        long s=file.length();
        System.out.println(file.getName()+" 크기 : "+s+" 바이트");
        System.out.println(file.getName()+" 경로 : "+file.getPath());
        if(file.isFile())
           System.out.println(file.getPath()+"는 파일입니다.");
        else if(file.isDirectory())
           System.out.println(file.getPath()+"는 디렉토리입니다.");
     }
  }
```

실행결과

```
image.gif 크기 : 55833 바이트
image.gif 경로 : d:\image.gif
d:\image.gif는 파일입니다.
```

1. 자바의 입출력 스트림에 대해 설명하시오.

2. 문자 스트림으로 파일을 입출력하는 방법에 대해 기술하시오.

3. 바이트 스트림으로 파일을 입출력하는 방법에 대해 기술하시오.

4. File 클래스에 대해 설명하시오.

5. 자신을 소개하는 "text.txt" 파일을 만든 후 이 파일에서 내용을 읽어서 화면에 출력하는 프로그램을 작성하시오.

```
Problems  Javadoc  Declaration  Console ☒
<terminated> FileInputText [Java Application] C:\Program Files\Java\jre
안녕하세요?
내 이름은 홍길동...
컴퓨터공학 전공하고 있고
장차 유능한 프로그래머가 되도록 노력하고 있어요...
```

6. File 클래스를 사용해 원하는 폴더를 입력받고 이 폴더에서 파일 크기가 가장 큰 파일 이름과 가장 작은 파일 이름을 출력하시오.

```
Problems  Javadoc  Declaration  Console
<terminated> MaxMinFile [Java Application] C:\Program Files\Java\
폴더명 입력 --> d:\temp

* d:\temp 폴더의 파일 크기 목록 *
copy.txt 크기 : 132 바이트
image.gif 크기 : 55833 바이트
words.txt 크기 : 6184 바이트
가위.jpg 크기 : 14556 바이트
사인.jpg 크기 : 40235 바이트

가장 큰 파일: image.gif
가장 작은 파일: copy.txt
```

참 고 문 헌

- Thinking in Java, Bruce Eckel, Prentice-Hall Computer Books

- Java 2 Platform Unleashed, Jamie Jaworski, Sams Press

- The Java™ Programming Language, Ken Arnold, James Gosling, and David Homes, Addison-Wesley Pub Co.

- Teach Yourself Java 2 in 21 Days, Laura Lemay and Rogers Cadenhead, Sams Press

- Java™ Thread Programming, Paul Hyde, Sams Press

- Practial Java Programming Language Guide, Peter Haggar, Addison-Wesley Pub Co.

- Just Java 2, Peter van der Linden, Prentice-Hall Computer Books

- C++ Primer, Stanley B. Lippman, Addison-Wesley Pub Co.

- The C++ Programming Language, Bjarne Stroustrup, Addison-Wesley Pub Co.

- The C Programming Language, Brian W. Kernighan and Dennis M. Ritchie, Prentice-Hall Computer Books

- Compilers: Principles, Techniques, and Tools, Alfred V. Aho, Ravi Sethi, and Jeffrey D. Ullman, Addison-Wesley Pub Co.

- The HTML Source Book, Ian S. Graham, John Wiley & Sons Inc.

- Programming Language Design and Implementation, Terrence W. Pratt and Marvin V. Zelkowitz, Prentice-Hall Computer Books

- Java Virtual Machine, Jon Meyer, Troy Downing, and Andrew Shulman, O'Reilly & Associates

- JAVA 기초부터 활용까지, 한정란, 21세기사
- 자바 입문, 오세만외 3인, 생능출판사
- 프로그래머를 위한 JAVA2, 최재영 외 3인, 홍릉과학출판사
- Java 2, 곽용재 외 3인 역, 정보문화사
- Power Java, 천인국, INFINITY Books
- 명품 자바 에센셜, 황기태, 생능출판사
- 자바 가이드, 지선수 외 1인, 학문사
- 자바배움터, 안용화, 생능출판사

찾아보기

(A)

abstract	88, 207
ActionEvent	354, 361
ActionListener	354
actionPerformed()	354
Adapter 클래스	358
add()	295
addActionListener()	355, 361
addItemListener()	389
addKeyListener()	414
addPoint()	438
addSeparator()	341
ArrayList	492
Arrays 클래스	69, 258
AWT(Abstract Window Toolkit)	287

(B)

Boolean	251
boolean	65
BorderLayout	304
break 문	181
BufferedReader	519
BufferedWriter	519
ButtonGroup	333
byte	63

(C)

Calendar 클래스	260
capacity()	487
Character	248
Character.isDigit()	251
charAt()	159
clear()	495
close()	510
Color 클래스	297
Component 클래스	288
concat()	252
contains()	499
continue 문	184

(D)

Date 클래스	262
default	163
default 메소드	225
default 메소드 상속	229
do-while 문	178
Double	248
double	65
drawArc()	429
drawImage()	442
drawLine()	422
drawOval()	428
drawPolygon()	438
drawRect()	423
drawRoundRect()	423, 424
drawString()	421

(E)

enum 클래스	173
Exception 클래스	267, 268
exit()	247

(F)

File 클래스	522
FileInputStream 클래스	516
FileOutputStream 클래스	515
FileReader	508, 509
FileWriter 클래스	508, 513
fillArc()	430
fillOval()	428
fillPolyon()	439
fillRect()	424
fillRoundRect()	425
final	87, 94
float	64
FlowLayout	301
Font 클래스	297
for 문	166
for-each 문	172
FunctionalInterface 어노테이션	232

(G)

gc()	248
generic type	481
get()	486
getActionCommand()	361
getContentPane()	294
getGraphics()	450
getImage()	442
getInsets()	464
getInstance()	260
getKeyChar()	414
getKeyCode()	414
getName()	524
getPath()	524
getSelectedIndex()	386

getSource()	364
getStateChange()	390
getText()	364
getX()	403
getY()	403
Graphics 클래스	420
GridLayout	309

(H)

HashMap	500
HashSet	498
hasNext()	504

(I)

IDE(Integrated Development Environment)	
	21
if 문	154
ImageIcon 객체	319
implements	216
import	240
Insets 클래스	464
int	63
Integer	248
interface	213
isDirectory()	524
isFile()	524
ItemEvent	354, 389
itemStateChanged()	389
Iterator	503

(J)

JAR	16
java.awt	245
java.awt.event	353

java.beans	246
java.lang	245
java.sql	246
java.util	245
javax.swing	245
javax.swing.event	353
JButton 클래스	318
JCheckBox	329, 390
JCheckBoxMenuItem	406
JColorChooser 클래스	380, 446
JColorChooser.showDialog()	381
JComboBox	338, 385
JDialog 클래스	289, 406
JDK(Java Development kit)	19
JFrame	291
JFrame 클래스	289
JLabel	322
JList	336, 398
JMenu	341
JMenuBar	341
join()	277
JOptionPane	406
JOptionPane 클래스	344
JOptionPane.showConfirmDialog()	344
JOptionPane.showInputDialog()	344
JOptionPane.showMessageDialog()	345
JPanel	306
JRadioButton	333, 394
JRE(Java Run−time Environment)	19
JScrollPane	337
JSP	12, 14
JTextArea	327
JTextField	325
JVM(Java Virtual Machine)	12

(K)

KeyEvent	354, 413
KeyListener 인터페이스	413
keyPressed()	413
keyReleased()	413
keyTyped()	413

(L)

length	69, 70, 75
length()	523
Listener 인터페이스	353
ListSelectionEvent	398
long	63

(M)

main()	15, 40
Map	500
Math 클래스	257
MouseAdapter	403
mouseClicked()	403
mouseDragged()	403
mouseEntered()	403
MouseEvent	354
mouseExited()	403
MouseListener 인터페이스	402
MouseMotionAdapter	403
MouseMotionListener 인터페이스	402
mouseMoved()	403
mousePressed()	402
mouseReleased()	403
multi−catch	270

(N)

new 연산자	67, 88

next()	55, 504	Runnable 인터페이스 구현	279
nextDouble()	55		
nextInt()	55, 258	(S)	
		Scanner 클래스	54
(O)		Set	497
Object	246	setBackground()	296
OpenJdk	21	setBounds()	313
		setContentPane()	295
(P)		setDefaultCloseOperation()	292
package	241	setEnabled()	320
package-private	92	setFont()	297
paint()	420	setForeground()	296
paintComponent()	420, 456	setIcon()	386
parseInt()	250	setLayout()	300
Perspectives	27	setLocation()	313
Polygon	437	setSelectedIcon()	330, 334
PrintWriter 클래스	520	setSize()	293, 313
private	92	setText()	361
protected	92	setTitle()	292
public	87, 92	setVisible()	293
		short	63
(Q)		showDialog()	380
Quick fix	34	SimpleDateFormat 클래스	263
		super	196
(R)		super()	201
Random 클래스	258	size()	487, 495
random()	257	start()	273
read()	509	static	93, 98, 117
readLine()	521	static 메소드	225
remove()	486	String 클래스	252
removeAllElements()	486	StringBuffer 클래스	254
return 문	186	Swing	287
run()	273	switch 문	162
Runnable 인터페이스	273	System	247

System.in.read()	54	객체 배열	113
System.out.print()	59	관계 연산자	134
System.out.printf()	60	구분자(delimiter)	42
System.out.println()	41, 59	기본 자료형	62

(T)

this	96, 98, 106	**(ㄴ)**	
this()	107	내부 클래스(inner class)	119
Thread 클래스	273	논리 리터럴	49
throw	269	논리 연산자	136
Throwable 클래스	267		
toString()	69, 250	**(ㄷ)**	
trim()	161	다이아몬드(⟨⟩) 지시자	482
try-catch	510	다중 상속	222
try-catch-finally	269	다형성(polymorphism)	11, 112

(U)

		(ㄹ)	
update()	470	라디오버튼	333, 394
		람다식	359
		람다식(lambda expression)	229, 230

(V)

		래퍼(wrapper) 클래스	248, 483
valueChanged()	398	레이블	321
Vector	484	레이아웃	300
void	110	레이아웃 매니저	300
		리스트	336, 398
		리터럴(literal)	42

(W)

while 문	176	**(ㅁ)**	
WindowEvent	354	매개변수	99
wrapper	248	매개변수 전달	99
write()	513	멀티 스레딩(multithreading)	272
		멀티스레드	272

(ㄱ)

		멀티태스킹(multi-tasking)	273
가비지 컬렉터(garbage collector)	248	메뉴	341
가상키(Virtual Key)	415	메뉴바(JMenubar)	340
객체	84		

메뉴아이템	341
메소드	38, 96
메소드 자격자	98
메소드 중복(overloading)	112
메소드의 복귀형	109
멤버 변수	38, 91
명령문	127
모달형(Modal Dialog)	406
모듈(module)	24, 30
문자 리터럴	50
문자 스트림	508
문자열(String) 리터럴	51

(ㅂ)

바이트 스트림	508
바이트코드(bytecode)	12
박싱(boxing)	483
반복문	166
배열	66
배정 연산자	146
배정문	127, 128
버튼	318
벡터	484
변수	62
부작용(side-effect)	233
분기문	181
비모달형(Non-Modal Dialog)	406
비트 연산자	140

(ㅅ)

산술연산자	132
상속	11
상수	62
생성자(constructor)	105

서브 인터페이스	218
서브 클래스	191
서블릿	12, 13
슈퍼 인터페이스	218
슈퍼(상위)클래스(superclass)	191
스레드(thread)	272
스윙(Swing)	287
스트림	508
식별자(identifier)	42
실수 리터럴	48
실인수(actual parameter)	99

(ㅇ)

애플릿	13, 16
애플릿뷰어(appletviewer)	17
언박싱(unboxing)	483
연산자	132
예외 처리	269
예외처리기(exception handler)	267
윈도우(JWindow)	289
응용(application) 프로그램	12
이벤트 객체	354
이벤트 프로그래밍	353
이차원 배열	73
이클립스	22
인터페이스	79, 213
인터페이스 상속	222
입출력 스트림	508

(ㅈ)

자료 추상화	11
자바FX	287, 288
자원 자동 관리	510
재정의(overriding)	112

접근 수정자 92

정수 리터럴 44

정적 메소드 122

제네릭 481

제네릭 타입 매개변수 483

세어문 153

조건 연산자 144

조건문 154

주석문 52

중첩 반복(nested loop) 171

중첩 클래스(nested class) 119

중첩(nested) if 문 157

증가 감소 연산자 139

(ㅊ)

참조형 66

체크박스 329, 390

추상 메소드 207

추상 클래스 207

(ㅋ)

캐스트 연산자 148

컨테이너 289

컨텐트팬 294

컬렉션 481, 483

컴포넌트 289

콤보박스 338, 385

클래스 38, 86

(ㅌ)

텍스트 영역 327

텍스트필드 325

토큰(token) 41

(ㅍ)

팝업 다이얼로그 344

패널 302

패키지(package) 92, 240

프레임(JFrame) 289

프로세스 272

프로젝트 26

(ㅎ)

함수 프로그래밍 233

함수형 인터페이스 229, 231

형식매개변수(formal parameter) 99

혼합문 130

확장 클래스(extended class) 191

최신 JAVA 프로그래밍

1판 1쇄 발행   2019년 03월 04일
1판 3쇄 발행   2021년 03월 10일
저   자 한정란
발 행 인 이범만
발 행 처 **21세기사** (제406-00015호)
　　　　경기도 파주시 산남로 72-16 (10882)
　　　　Tel. 031-942-7861　　Fax. 031-942-7864
　　　　E-mail : 21cbook@naver.com
　　　　Home-page : www.21cbook.co.kr
　　　　ISBN 978-89-8468-823-0

정가 32,000원